브라질에
비가 내리면
스타벅스
주식을 사라

일러두기

1. 단행본에는 《 》, 잡지와 신문에는 〈 〉 기호를 사용했다.
2. 외국 책 중에서 한국에 번역 출간된 것은 《한국 책 제목(원서 제목)》,
   출간되지 않은 것은 《원어 제목(한글 해석)》 형식으로 표기했다.
3. 원서가 2002년 출간되었으므로, 책에 실린 내용과 참고 사이트 일부는 2022년 현재 유효하지 않다.

브라질에 비가 내리면 스타벅스 주식을 사라

피터 나바로 지음 | 이창식 옮김 | 윤지호 감수

에프엔미디어

명저의 재발간을 축하드린다

나는 1993년 말 한국금융연구원 경제동향팀 연구원을 시작으로 29년째 이코노미스트 일을 하고 있다. 이코노미스트란 금리나 주가, 환율 같은 중요한 경제 변수를 분석하고 예측하는 것을 주업으로 삼는 이를 뜻한다.

이코노미스트들은 기본적으로 '탑다운(top-down)' 분석 기법을 사용한다. 탑다운 분석은 거시경제, 기후 여건 등 다양한 환경을 분석하는 데서 시작해 어떤 산업이 혜택을 받는지, 더 나아가 산업 내에서 어떤 기업에 투자하는 것이 유망할지까지 분석하는 과정을 거친다.

반대쪽에는 '바텀업(bottom-up)' 투자 전략이 존재한다. 바텀업 전략은 말 그대로 기업 분석을 통해 산업과 경기에 대한 판단으로 나아가는 것이다. 나는 이코노미스트임에도 바텀업 전략이 훨씬 우월한 성과를 올리는 경우가 있다는 점을 인정한다. 기업이 어떤 분야에 경쟁력을 가지고 있는지, 더 나아가 신규 프로젝트가 얼마나 수익성이 있는지 분석할 능력이 있는 투자자에게 수익은 어쩌면 당연할 것 같다.

그러나 바텀업 전략을 실행하기 위해서는 많은 공부가 필요하다. 내가 겪은 여러 바텀업 투자자는 거의 매일 기업의 사업보고서와 애널리스트의 분석 보고서를 통독하고 발품을 아끼지 않고 직접 기업을 방문하는 등 많은 노력을 기울인다.

그렇지만 대부분의 투자자는 이런 시간과 노력을 기울이기 힘들다. 직장인이든 사업가든 그렇게 많은 시간을 기업 분석에 들이기는 쉽지 않다. 이런 분들에게 탑다운 투자 전략은 매우 유용하다. 오늘 추천사를 쓸 기회를 준 명저 《브라질에 비가 내리면 스타벅스 주식을 사라》에 담긴 내용처럼 경기와 기상 여건의 변화 등을 분석해 투자 대응 매뉴얼을 만들면 상대적으로 더 쉬우면서도 승률은 괜찮을 것으로 기대되기 때문이다.

탑다운 분석을 활용한 대표적인 투자 사례가 책에 소개된 브라질의 커피 농장 작황과 스타벅스 주가의 관계다.

뛰어난 경영과 탄탄한 펀더멘털에도 불구하고 스타벅스 주식은 최근 몇 개월 사이에 8포인트 이상 하락했다. 이때 거시경제에 밝은 한 투자자는 〈월스트리트저널〉에 실린, 세계 최대의 커피콩 생산국인 브라질에 비가 내려, 심각했던 가뭄이 해소되었다는 토막 기사에 주목했다.

이 뉴스를 근거로 그 투자자는 스타벅스 주식을 수천 주 매입했다. 비가 와서 브라질의 커피콩 생산량이 늘어나면 커피콩 가격이 급격히 떨어질 것이고, 그러면 스타벅스의 이윤 폭이 늘어날 것이며, 그러면 주가도 오를 거라고 판단한 것이다. (27쪽)

최근(2022년 초)에도 비슷한 일이 벌어지고 있다. 브라질의 커피 농가 수확량이 회복되는 신호가 때맞춘 비로 시작될 것인지 궁금하다. 사실 이보다 더 큰 문제는 인플레이션이다. 커피콩 가격이 오르는 것에 그치지 않고 경제 전체의 물가 수준이 가파르게 상승할 때에는 금융시장이 큰 영향을 받곤 한다. 중앙은행이 인플레이션의 기세를 꺾기 위해 금리를 인상할 수 있는 데다, 인플레이션만큼 임금이 오르지 않으면 가계의 실질 소득 수준이 악화될 수 있기 때문이다. 특히 책의 102쪽 내용처럼 소비자물가의 변화에 매우 크게 반응하는 업종 목록을 보면 시장이 단일한 덩어리가 아니라는 것을 알게 된다.

표 5-1. 소비자물가지수에 강하게 반응하는 업종들

은행

중개, 투자

건설, 주택

금융 서비스

가계 금융

레저

멀티미디어

특히 흥미로운 것은 인플레이션뿐만 아니라 경기의 변동에도 산업이 각기 다르게 반응한다고 지적한 부분이다.

매크로 투자자는 증시를 바라볼 때 셰브런, 델, 월마트 같은 기업보다는 에너지, 컴퓨터, 소매와 같은 업종을 먼저 살핀다. 주식시장에서 커다란 움직임 대부분은 기업보다 업종이 만들어낸다는 것을 알기 때문이다. 실제로 개별 주식들의 움직임은 대개 기업 자체의 매출 실적보다 그 업종의 사건에 비롯된다. 세계적인 일류 기업에 투자해도 나쁜 시기에 잘못된 업종을 선택하면 쪽박을 찰 수도 있다는 뜻이다.(109쪽)

졸저 《돈의 흐름에 올라타라》에서도 이와 비슷한 이야기를 했는데, 예전에 이 책을 읽었던 기억 때문이 아닌가 싶다. 시장을 예측해서 멋지게 돈을 버는 방법도 있겠지만, 이처럼 경기 여건의 변화에 시장이 어떤 식으로 반응하는지 지식을 갖춰 '잘 대응하는 것'도 충분히 큰 성과를 낼 거라고 생각한다.

거시경제 분석과 매크로 투자가 익숙하지 않은 개인 투자자는 책 말미의 해설을 먼저 읽기를 권한다. 윤지호 이베스트투자증권 리서치센터장이 책의 내용을 친절하게 해설해주어서 이해하는 데 도움이 될 것이다. 부디 많은 투자자가 이 책을 통해 거시적 관점에 입각한 투자의 길에 접어들기를 기대한다.

절판되었던 양서를 다시 출간해준 에프엔미디어에도 감사드린다.

2022년 3월
홍춘욱
프리즘투자자문 대표

차례

1부. 누가 경제의 큰 판을 움직이나

1장. 시장을 압박하는 거시적 파동 · 27

거시적 파동이란 | 증시의 가장 무서운 적, 인플레이션 | 그다음으로 위험한 불황 | 월스트리트가 가장 숭배하는 경제 성장 | 경기 순환기에 움직이는 주식 | 투자자의 영혼을 달래주는 생산성 | 경제와 증시를 파괴하는 재정적자 | 화폐가치를 무너뜨리는 무역적자 | 사회적 대변동은 절호의 기회 | 정부와 당신의 포트폴리오 | 주가 변동의 결정적 요소, 기술 변화

2장. 무대 뒤의 실세, 경제학파들 · 49

대공황 앞에 길 잃은 고전주의 | 구세주 케인스 | 네이팜탄과 통화주의 | 고된 시련을 주문한 프리드먼 통화주의 | 달콤한 성장의 유혹, 공급 측 경제학 | 경제 전쟁에 희생된 신고전주의 | 다우지수 1만 포인트만큼 가치 있는 것

3부. 매크로 투자 실전 매뉴얼

경제의 큰 흐름을 읽어라

2000년 3월 10일, 나스닥지수가 5,000포인트의 장벽을 힘차게 뚫고 사상 처음으로 5,132포인트를 기록했다. 그러나 나스닥이 이런 역사적 정점에 도달했을 때에도 거시경제의 강력한 힘은 이 성난 황소의 무릎을 꺾으려고 모여들었다.

첫 번째 거시적 파동macrowave의 타격은 규제였다. 주말인 4월 2일, 마이크로소프트Microsoft 측 변호사와 미국 법무부는 이 거대 소프트웨어 기업을 상대로 한 정부의 반독점 소송에 대한 절충안을 찾으려고 열한 시간째 협상을 벌이고 있었다. 협상은 오만한 태도와 신랄한 말투 속에 결렬되었다. 월요일 주식시장이 열리자 밑바닥으로 곤두박질친 것은 마이크로소프트 주식만이 아니었다. 나스닥지수도 349포인트라는 기록적인 폭으로 떨어졌다.

거시적 파동의 두 번째 타격은 빌 게이츠Bill Gates가 완패하자마자 뒤따라 일어난 인플레이션이었다. 4월 14일, 노동통계청은 소비자물가지수를 발표했는데, 예상외로 급격히 상승한 수치였다. 찬바람이 쌩쌩 부는 이 거시경제 뉴스에 시장이 얼어붙었고 나스닥지수는 355포인트 떨어졌다. 나스닥이 비틀거리자 연방준비제도이사회(Federal Reserve Board, 이하 연준) 의장 앨런 그린스펀Alan Greenspan이 개입했고 이것이 거시적 파동의 강펀치 중 결정타가 되었다. 5월 16일, 연준은 재할인율을 0.5% 인상했다. 11개월 사이 6번째 이루어진 인상일 뿐 아니라 인상 폭도 가장 컸다. 이 조치는 이미 막대한 평가 손실을 입었지만 나스닥이 두려움을 떨쳐버리고 빨리 고지를 되찾길 바라는 주식 트레이더와 투자자들의 심장에 말뚝을 박았다.

실로 3개월도 채 안 되는 짧은 기간에 나스닥지수는 2,000포인트 이상 떨어졌다. 40%에 이르는 이 대폭락은 수백만 투자자에게서 수십억 달러의 평가 이익을 앗아갔을 뿐만 아니라, 나스닥 물결에 편승해 신용매수(margin buying, 일정한 증거금을 내고 빌린 돈으로 주식을 매입하는 것)에 뛰어들었지만 추가 증거금 납부 요구를 감당할 자금이 없었던 투자자 수천 명을 전멸시켰다. 나스닥의 실패로 투자자들의 마음에 상처가 남고, 집이 날아갔으며, 꿈이 산산이 부서졌다. 시장의 상승 모멘텀과 막대한 닷컴의 부에 익숙한 투자자들에게 최대의 한파가 닥친 것이다.

슬프게도 최악의 거시적 파동은 끝난 것이 아니었다. 아직도 멀었다. 그 후 6개월 동안이나 시장은 에너지를 모으기 위해 발버둥 쳤고, 주식 트레이더와 투자자 수천 명도 살아남기 위해 필사적으로 매달렸다. 그러나 나스닥이 만신창이가 된 지수를 끌어올리려고 할 때마다 또 다른 거시적 파동의 강펀치가 쓰러뜨리려고 달려들었다.

첫째, 탐욕스러운 석유수출국기구(이하 OPEC) 카르텔과 급격한 유가 상승이 있었다. 이는 특히 운송과 기술 종목에 심한 타격을 입혔다. 다음으로 유로화 약세와 달러화 강세가 이어졌다. 이 치명적인 결합은 미국 수출 산업을 강타하고 무역적자를 심화했을 뿐만 아니라 국제 통화위기까지 자극했다. 마지막으로 그린스펀이 금리를 최고로 올려 대형주들에 커다란 희생을 요구했음에도, 대통령 선거에 대한 추한 논쟁이 미국을 강타했다. 조지 W. 부시George W. Bush와 앨 고어 Al Gore 중 누가 대통령인가 하는 법적, 정치적 불확실성은 결국 경제와 주식시장 모두에 독약으로 작용했다.

그 결과 우아하게 연착륙시키려고 했던 그린스펀의 시도는 모두 허사가 되어버렸다. 오히려 지독한 불경기, 반토막 난 나스닥, 정보 고속도로를 따라 교수형에 처해진 신경제New Economy 주식군, 완전히 털린 채 길가에 팽개쳐진 신세대 온라인 주식 트레이더와 투자자들을 남겨놓았다.

이런 대격변은 우리에게 한 가지 분명한 교훈을 주었다. 세계 금융시장을 움직이는 거시경제의 힘을 무시하는 주식 트레이더나 투자자는 기대보다, 어쩌면 가진 것보다 더 많이 잃는다는 것이다.

이 책의 목적은 여러분이 거시적 파동을 이용하는 매크로 투자자 macrowave investor가 되도록 돕는 것이다. 매크로 투자자는 거시경제 화물 열차가 돌진해 들어올 때 뛰어내릴 수 있을 뿐만 아니라, 방향에 상관없이 이익을 얻기 위해 그 열차에 올라탈 수 있다.

거시경제를 내 편으로 만들자

연준은 금리를 인상하고, 소비자 신뢰도는 떨어지고, 발칸반도에서는 전쟁이 터지고, 브라질에서는 가뭄으로 커피콩 수확이 줄어들고, 로테르담에서는 유가가 급격히 상승하고, 의회는 조제약 가격을 규제하는 새 의료 법안을 통과시키고, 미국의 무역적자는 신기록을 세웠다. 이런 거시경제 파동 각각은 수천 킬로미터나 떨어진 것도 있는데, 다양한 방식을 취하겠지만 체계적이고 예측 가능한 방법으로 주식시장을 움직일 것이다. 이런 거시적 파동을 완전히 이해한다면, 투자나 거래 스타일이 어떻든 더 나은 투자나 거래를 할 수 있을 것이다. 이것이 매크로 투자의 힘이자 이 책에서 설명할 내용이다. 매우 실제적인 상황에 처한 가상의 미시적 투자자 사례를 몇 가지 들어 이 말의 의미를 설명해보겠다.

- 짐 플릿은 데이 트레이더day trader로 아주 잘하는 축에 든다. 그는 보통 '초단타 매매로 소액의 시세 차익을 얻기 위한' 모멘텀 전략을 따른다. 즉, 주가가 상승하고 하락하는 타성에 근거해 주식을 대량으로 매수하거나 공매도(높은 가격에 주식을 빌려서 매도하고 낮은 가격에 주식을 사서 상환해 차익을 노리는 방법)하는 것이다. 주식을 보유하는 시간은 길어야 몇 분으로, 주가의 '작은' 상승과 하락(16분의 1포인트 이상)을 이용해 차익을 벌어들인다. 그는 자본금 5만 달러를 투자해서 1주일에 보통 2,500달러를 긁어모은다. 그러나 어제는 월마트Walmart 주식을 거래하던 중 컴퓨터 결함으로 몇 분 동안 시장에 접속하지 못하는 바람에 2만 달러를 날렸다. 그 짧은 시간에 콘퍼런스보드(Conference Board, 미국의 대표적 경제 조사 기관)는 소비자 신뢰도가 예기치 못할 정도로 크게 떨어질 거라고 발표했다. CNBC가 이 뉴스를 보도하고 몇 분 후, 소매 업종의 모든 주식이 오그라들었다. 짐이 시장에 접속할 때까지 월마트 주가는 계속 곤두박질쳤고 짐은 한 달 치 수익을 날렸다.

- 제인 엘링턴은 1~5일 주기로 주식을 매수하거나 공매도하는 스윙swing 투자자다. 기술적 분석을 이용해, 거래량이 많고 변동성이 적당해서 어떤 범위에서는 안정적으로 거래되는 주식을 찾은 다음 '바닥에서 매수'하고 '천장에서 매도'하는 것이 전략이다. 작년 한 해 동안 이 전략으로 1주일에 500달러를 벌었고, 마케팅부 고위 간부인 그녀의 부족한 월급을 보충하기에 충분했다. 그러나 지난주 정부가 월별 소비자물가지수를 발표한 후 그녀는 8,000달러를 날렸다. 그 발표에 급격한 인플레이션을 예고하는 내용이 담겨 있었기 때문이다. 주식시장은 즉시 내려앉았고, 이

뉴스를 귀담아듣지 않았던 제인도 밑바닥으로 떨어졌다.

- ■ 에드 버크는 해군 하사관 출신이고 은퇴한 석유 기술자다. 그는 셰브런Chevron, 엑손Exxon 같은 석유 업종의 우량주를 상당량 보유하고 장기 투자를 선호하는, 꽤나 고전적인 투자자다. 지난 5월, 3주 동안 유가가 배럴당 26달러에서 39달러로 꾸준히 올라서 그는 4만 달러의 평가 이익을 올렸다. 그러나 6월 OPEC이 생산량 한도를 늘리기로 합의하면서 유가가 다시 내려가기 시작했다. 유가가 배럴당 20달러로 곤두박질치고 석유 관련 주식도 함께 끌려다닌 7월, 에드의 평가 이익 4만 달러는 손실 1만 달러로 바뀌었다. 이것은 그의 포트폴리오 가치가 5만 달러나 하락했음을 의미한다.

이들 세 명의 거래 전략과 투자 스타일은 낮과 밤처럼 다르다. 그러나 한 가지 공통점이 있다. 그들 모두 거시적 파동의 힘이 증시에 미치는 강한 영향력을 무시했기 때문에 돈을 잃었다는 점이다.

짐의 컴퓨터에 문제가 생긴 것은 분명 불운이다. 그러나 데이 트레이더라면 누구나 알듯이, 짐도 컴퓨터가 언제든 고장 날 수 있다는 걸 알았다. 그걸 알면 소비자 신뢰도와 같은 주요 경제 지표를 발표하는 날에 소매 업종의 주식 거래를 쉽게 피할 수 있었을 것이다. 매크로 투자자처럼 생각할 수 있었다면 말이다.

제인 같은 기술적 트레이더들이 저지르는 최악의 실수는 인플레이션 가능성이나 실업률의 급격한 상승 같은 거시경제의 신호들을 무시하는 것이다. 거시경제의 충격이 모든 주식을 갑자기 거래 범위 바깥으로 밀어내고, 기술적인 분석을 적어도 일시적으로는 무의미하게 만들기 때문이다.

물론 에드는 적어도 자신을 위해서는 잘하고 있는지도 모른다. 체질상 기반이 튼튼한 우량주를 사서 장기간 보유하고 평가 이익의 변동에는 신경 쓰지 않는 장기 투자자이기 때문이다. 반면에 에드와 같은 투자자가 분산하지 않고 석유 같은 특정 업종만 집중 보유한다면, 그 업종에 강하게 영향을 미칠 수 있는 거시적 파동을 무시하는 것은 어리석은 행동이다. 실제로 에드가 세계 석유시장의 가격 변동에 관심을 가졌다면 1만 달러를 잃는 것이 아니라 4만 달러를 벌었을 것이다.

이 사례들이 담고 있는 요점이자 이 책의 궁극적인 목표는 어떤 유형의 트레이더이든 투자자든 관계없이 거시경제적 사건이 증시에 미치는 영향력을 체계적으로 이해하면 거래와 투자를 결정하는 데 큰 도움을 받는다는 것이다. 이런 거시적인 관점은 구체적이고 유익한 방법으로 도움을 줄 것이다.

첫째, 거시적 관점을 지님으로써 시장의 전체 동향을 더 잘 예측하게 될 것이다. 오늘의 주식시장은 상승세일까, 하락세일까? 다음 주는? 다음 해는? 추세에 반하는 거래나 투자를 원하는 사람은 아무도 없다. 그렇기 때문에 거시적 관점은 자신을 무장시키는 강력한 정보가 된다. 그것을 간과한 것이 바로 제인 엘링턴의 실수였고, 그 대가로 제인은 큰 손실을 입었다.

거시적 관점이 도움을 주는 두 번째 방법도 강력하다. 곧 알게 되겠지만, 상승 추세의 호황에도 컴퓨터나 전자 같은 업종은 화학이나 자동차 같은 업종보다 더 빨리 상승할 수 있다. 그리고 불황 시에 주택과 기술 같은 업종은 더 안전한 투자처를 제공하는 식품과 약품 같은 소위 '방어적 업종'보다 더 빠르고 더 크게 폭락할 수 있다.

여기서 거시적 관점이 도움을 줄 수 있다. 거시적 관점은 특정한 거시경제 뉴스를 들었을 때 거래할(혹은 멀리할) 주요 업종을 찾는 데 도움을 준다. 그런 점에서 거래하는 데 아주 효율적인 나침반 역할을 해서, 짐 플릿과 에드 버크가 이를 사용했다면 많은 이득을 얻을 수 있었을 것이다. 다음은 우리가 보고 따라가야 할 지도다.

1부는 매크로 투자의 기초를 다룬다. 1장에서는 미국과 세계의 다양한 금융시장들을 압박하고 때려눕히고 부양하는 온갖 거시적 파동의 힘을 체계적으로 배우게 될 것이다. 이 거시적 파동에는 인플레이션, 실업, 느린 경제 성장에서 지진, 전쟁, 국제 통화위기까지 포함된다.

2장에서는 의견이 분분한 거시경제 학파들의 재미있고 유익한 역사를 살펴볼 것이다. 이 학파들에는 케인스주의, 통화주의, 공급 측 경제학, 합리적 기대(rational expectation)라는 논쟁적인 사상에 근거한 신고전파까지 포함된다. 이 장이 중요한 것은 미국 의회와 백악관, 연준이 결정하는 수많은 거시경제 정책이 특정 시기에 유행하는 특정 경제학파에 의해 도출되기 때문이다.

3장과 4장에서는 거시경제 정책의 주요 수단 중에서 주로 재정과 통화 정책을 검토한다. 이를 통해 이런 정책들이 어떻게 작동하고 얼마나 자주, 그리고 광범위하게 세계 금융시장에 영향을 끼칠 수 있는지 이해하게 될 것이다. 예를 들어 그린스펀 의장이 연준에서 재채기를 할 때마다 유럽은 감기에 걸린다. 유럽으로 대량 수출하는 미국 기업들의 주식은 말할 것도 없다. 우리는 그 이유를 이해해야 한다. 마찬가지로 OPEC이 유가를 올리거나 일본 경제가 불경기에 접어들면 미국 경제가 비틀거릴 것이고 증시도 함께 내려앉을 것이다. 우리는 그 이유도 이해해야만 한다.

2부는 매크로 투자의 기본을 다룬다. 5장에서는 매크로 투자의 중요한 원칙들을 검토하면서, 이런 원칙들을 똑바로 이해하면 어떻게 이익을 낼 기회가 만들어지는지 설명한다. 6장과 7장에서는 거시적 관점에서 주식시장을 검토할 것이다. 이 핵심 장들에서 우리는 매크로 투자자들이 주식시장을 바라볼 때 셰브런, 컴팩Compaq, 월마트와 같은 '기업'만 보는 것이 아님을 알게 될 것이다. 이들은 에너지, 컴퓨터, 소매와 같은 '업종'도 살펴본다. 주식시장의 큰 움직임들은 대개 기업이 아니라 업종이 주도해서 만들어지기 때문이다. 다양한 업종의 체계상 차이를 이용하는 것이 매크로 투자 접근의 핵심이다.

8장과 9장에서는 투자 자금을 보호하고 투자 리스크를 조정하는 방법을 설명할 것이다. 그리고 10장에서는 어떤 유형의 트레이더나 투자자도 매크로 투자의 힘으로 이익을 얻을 수 있음을 재확인할 것이다. 그러기 위해서 스타일과 전략이 서로 다른 거래와 투자에 매크로 투자를 적용하는 방법을 설명할 것이다.

2부를 마무리하는 11장에서는 매크로 투자자의 체크리스트를 제공한다. 유능한 비행사가 비행하기 전에 체크리스트를 체계적으로 검토하듯, 매크로 투자자도 거래하기 전에 체크리스트를 확인해야 한다.

3부에서는 매크로 투자의 실행을 설명하는 중요한 일로 넘어간다. 3부의 각 장은 인플레이션, 불경기, 생산성과 같은 특정 거시경제 지표의 힘에 초점을 맞춘다. 이들 장은 구성이 똑같다.

먼저 소비자물가지수와 고용보고서 같은 경제 지표들 중에서 어떤 것을 가장 중요하게 따라야 하는지, 그리고 이런 지표들에 관한 자료가 언제 정기적으로 발표되는지 배운다. 이어서 특정한 거시경제적 힘들 각각이 주식시장의 여러 업종에 어떤 영향을 미치는지 검토하는 중요한 과제로 넘어간다. 이 분석이 이 책의 핵심이므로 요령 있는 매크로 투자자는 여기에서 가장 큰 도움을 얻을 것이다.

예를 들어 15장에서 인플레이션을 다룰 때, 은행업과 중개업, 소매업처럼 금리에 민감한 업종이 전형적으로 인플레이션 뉴스에 가장 강하게 반응하는 반면, 공익사업, 에너지, 필수소비재 등 방어적 업종은 가장 약하게 반응한다는 것을 보게 된다. 이런 종류의 정보를 이용해서, 좋은 인플레이션 뉴스일 때에는 강하게 반응하는 업종의 주식을 사고, 나쁜 뉴스일 때에는 공매도하거나, 간단하게 피난처인 방어적 업종으로 도망칠 수 있다.

3부의 각 장은 독립적인 내용이라는 것이 중요하다. 서로 관련이 없는 내용이니 순서를 무시하고 읽어도 된다. 이런 점 때문에, 일단 읽은 후에는 이 책이 꽤 유용한 금융 관련 참고 자료가 된다. 급박한 거시경제에 관한 최신 토막 뉴스에 어떻게 반응할지 기억을 상기하고 싶을 때 참고할 수 있기 때문이다.

더불어 이 지도에 관한 주의 사항을 얘기하겠다. 이 책의 1부에는 거시경제 기초를 담았기 때문에 읽기 어려울 수도 있다. 그러나 용기를 가져라. 일단 2, 3부로 접어들면 식은 죽 먹기일 테니까 말이다. 1부의 중요한 개념들을 이해하기 위해 쏟은 노력은 커다란 보상을 받을 것이다. 약속한다. 이는 이 책에 담긴 아이디어들을 개발한 수년간의 내 경험에 근거한 것이다. 그러니 내 말을 믿고 매크로 투자의 힘으로 시작해보자.

1부

누가 경제의
큰 판을
움직이나

1장

시장을 압박하는
거시적 파동

뛰어난 경영과 탄탄한 펀더멘털에도 불구하고 스타벅스 주식은 최근 몇 개월 사이에 8포인트 이상 하락했다. 이때 거시경제에 밝은 한 투자자는 〈월스트리트저널〉에 실린, 세계 최대의 커피콩 생산국인 브라질에 비가 내려, 심각했던 가뭄이 해소되었다는 토막 기사에 주목했다.

이 뉴스를 근거로 그 투자자는 스타벅스 주식을 수천 주 매입했다. 비가 와서 브라질의 커피콩 생산량이 늘어나면 커피콩 가격이 급격히 떨어질 것이고, 그러면 스타벅스의 이윤 폭이 늘어날 것이며, 그러면 주가도 오를 거라고 판단한 것이다.

다음 주 스타벅스 주식은 2포인트 더 빠졌지만 그 매크로 투자자는 침착하게 기다렸다. 마침내 주가가 아주 빠른 속도로 치솟기 시작했고 3일 만에 10포인트나 올랐다. 그 투자자는 주식을 팔아 이익 8,000달러를 챙기고 빠져나왔다.

새로운 거시경제의 파동이 경제에 몰아칠 때마다, 그 여파는 체계적이고 예측 가능한 방법으로 미국과 세계의 금융시장에 영향을 미친다. 이러한 여파는 예측하지 못한 거대한 거시경제의 사건들로 인해 해일로 변할 수도 있다.

작은 여파의 사례로 스타벅스를 들 수 있다. 브라질에 내린 비는 커피 도매 가격을 낮추고, 스타벅스와 같은 커피 소매업자들은 더 많은 이윤과 주가 상승을 맛보게 된다. 이와 반대인 거시경제적 해일의 사례는 태국의 통화 붕괴가 시발점이 된 1990년대 후반 아시아의 금융위기를 들 수 있다. 이 위기는 다우지수와 나스닥 시장을 휘청거리게 했을 뿐만 아니라 세계의 증권거래소, 즉 일본의 닛케이와 홍콩의 항셍부터 런던의 FTSE100, 프랑크푸르트의 제트라 DAX, 뭄바이의 센섹스까지 모두 무너뜨렸다.

이번 장에서는 어떤 경제라도 압박할 수 있는 중요한 거시경제적 파동들을 설명하려고 한다. 이 거시적 파동macrowave에는 인플레이션, 불경기, 생산성 하락, 전쟁, 가뭄, 무거운 정부 규제 등이 포함된다. 그뿐만 아니라 거친 거시경제의 바다를 헤치고 당신의 포트폴리오가 순항하는 데 도움이 되도록 거시적 파동 논리로 알려진 강력한 도구를 사용하는 방법도 소개할 것이다.

거시적 파동이란

거시적 파동 논리는 시장과의 관계를 다룬다. 이런 관계를 이해하기 위해 다음 문제들을 생각해보자. 인플레이션이 증대되면 금리는 어떻게 될까? 금리가 오르면 달러 가치는 오를까, 아니면 내릴까? 달러 가치가 오르면 수출과 수입, 무역수지는 어떻게 될까? 무역적자가 늘어나면 어떤 산업과 기업의 주식이 매입 1순위인 승리자가 되고, 어떤 것들이 피하거나 공매도해야 할 패배자가 될까? 새로운 거시경제적 사건이 펼쳐질 때마다 거시경제에 밝은 투자자가 해답을 구해야 하는 문제들이다. 이런 사고 과정에 필요한 기본적인 수단이 바로 거시적 파동 논리다.

예를 들어 매크로 투자자는 인플레이션이 증가하면 연준이 금리를 올린다는 것을 알고 있다. 그리고 금리가 오르면 외국의 투자를 추가로 끌어들이기 때문에 달러 가치가 상승한다. 거시적 파동 논리의 이 특별한 연결에서 중요한 고리는 외국인이 미국에 투자하기 위해서는 먼저 외환을 달러로 환전해야 한다는 점이다. 이렇게 달러 수요가 급증하면 달러 가격이 상승한다.

그렇다면 달러 강세는 무역수지에 어떤 영향을 미칠 것인가? 매크로 투자자는 적자가 늘어난다는 것을 안다. 달러 강세는 미국의 수출 가격을 올리고 수입품을 값싸게 만들기 때문에 미국 기업들의 수출량은 줄어들고 소비자들의 수입품 구매는 증가한다. 그래서 무역적자가 늘어난다.

그렇다면 증시에서는 누가 이익을 얻고 누가 손해를 입을까? 농업, 약품, 철강과 같은 수출 의존 업종은 수출량이 떨어지면서 이윤이 감소하기 쉬우니 철강회사 뉴코어Nucor와 제약회사 머크Merck와 같은 쪽박주는 매크로 투자자가 피하거나 공매도해야 할 대상이 된다. 반면에 미국에 대량 수입되는 BASF, BMW, 에릭슨Ericsson 같은 외국계 기업은 매출액 상승을 누리게 된다. 달러 강세로 이익을 누리는 이런 기업들의 주식을 매입하는 것이 좋을 것이다.

좀더 넓은 관점에서 바라보자. 거시적 파동 논리는 인플레이션, 실업, 금리와 같은 중요한 거시경제적 변수들 간에 잘 구축된 관계에서 출발한다. 이 이론은 인플레이션을 일으키는 뉴스와 같은 거시경제적 사건에서 시작해 개별 주가 변동으로 끝나는 기다란 연결고리를 시각화하기 위해 위의 관계를 활용한다. 이러한 시각화 과정을 통해 매크로 투자자는 시장 추세의 방향, 업종들의 동향, 주가의 향방 등을 예측하게 된다. 이런 예상들은 투자자들의 거래 결정이나 매크로 투자의 핵심을 이룬다.

앞에서 소개한 스타벅스 투자 사례는 거시적 파동 논리를 비교적 단순하게 적용한 경우다. 매크로 투자의 사례를 몇 가지 더 살펴보자.

- 미국 법무부는 마이크로소프트의 독점을 종식하기 위한 계획을 발표했다. 미시적 투자자들이 탈출구를 향해 모여들고 마이크로소프트의 주식이 바닥으로 곤두박질치는 동안, 거시경제에 정통한 투자자들은 선 마이크로시스템즈Sun Microsystems와 오라클Oracle의 주가가 이 뉴스 덕분에 이익을 볼 것임을 즉시 감지했다. 두 기업이 마이크로소프트의 주요 경쟁사이기 때문이다. 그래서 한 매크로 투자자는 조용히 이들 기업의 주식을 수천 주 매입했다. 수 주일 후, 그는 1만 2,000달러의 수익을 챙긴 뒤 빠져나갔다.
- 유나이티드항공United Airlines은 세계 최대의 항공회사로 거듭나기 위해 유에스에어U.S. Air를 인수한다고 발표했다. 투자자들이 유에스에어 쪽에 붙기 위해 각축을 벌이는 동안, 거시경제에 밝은 투자자는 조용히 노스웨스트항공Northwest Airlines 주식을 매입했다.

그 투자자는 며칠 후면 노스웨스트가 델타항공Delta Airlines이나 아메리칸항공American Airlines(유나이티드항공의 강력한 경쟁사들)의 인수 대상이 되리라는 걸 알았다. 합병 발표에서 13일이 지난 행운의 날, 그는 10포인트 수익을 올리고 빠져나갔다.

■ 거시경제에 밝은 투자자는 다음 날 정부가 소비자물가지수를 발표한다는 것을 알고 있다. 소비자물가지수가 그만그만하다면 주식시장엔 아무 영향도 끼치지 않을 것이다. 그러나 인플레이션 증대를 암시한다면, 연준의 금리 인상 정책에 대한 두려움 때문에 주식시장은 크게 내려앉을 것이다. 이런 상황은 매크로 투자자에겐 하락 리스크가 적으면서 크게 상승할 수 있는 멋진 매크로 투자 기회로 보인다. 그래서 그는 폐장하기 바로 전에 QQQ(나스닥지수에 연결된 주식) 2,000주를 공매도했다. 다음 날 아침 8시 30분, 소비자물가지수는 한마디로 공포 그 자체였고 나스닥지수는 끝없이 추락했다. 이 매크로 투자자는 정오까지 10포인트의 이득을 남기고 절반 정도를 현금화했다. 3주일 후 연준이 금리를 또 0.5% 올리고 QQQ가 다시 15포인트 떨어지자, 이 투자자는 나머지도 현금화해서 총 3만 5,000달러의 수익을 남겼다. 마우이섬에서 1주일 휴가를 즐겨야겠다. 고맙소, 앨런 그린스펀!

이런 매크로 투자의 예시들이 거시경제적 사건들이 시장을 움직인다는 요지를 잘 전달했길 바란다. 이어서 거래와 투자와 전략을 계획할 때 철저히 따를 필요가 있는 중요한 거시적 파동들을 간단히 살펴보자. 이 거시적 파동들을 추적하기 위해 사용하는 주요 경제 지표와 정보들을 표 1-1에 정리했다.

표 1-1. 주요 거시적 파동과 지표들

거시적 파동	지표
인플레이션	소비자물가지수(CPI) 생산자물가지수(PPI) 고용비용지수(ECI)
불황	고용보고서 소비자 신뢰도 개인 소득과 신용 소매 판매
경제 성장과 경기 순환	GDP 자동차·트럭 판매 가동률 주택 착공과 건축 비용 지출 S&P의 DRI 예측
생산성	생산성과 비용
재정적자	미 재무부 예산보고서
무역적자	상품 무역수지 수입·수출 가격
행정부: 규제, 과세, 반독점	〈배런스〉, 〈비즈니스위크〉, 〈포브스〉, 〈포천〉, 〈인베스터스 비즈니스 데일리〉, 〈로스앤젤레스타임스〉, 〈뉴욕타임스〉, 〈머니〉, 〈월스트리트저널〉, 〈워싱턴포스트〉, 〈워스〉 CNBC, CNN
사회적 대변동	블룸버그 〈이코노미스트〉, 〈파이낸셜타임스〉
기술적 변화	〈액티브 트레이더〉, 〈인디비주얼 인베스터〉, 〈레드 헤링〉 changewave.com

증시의 가장 무서운 적, 인플레이션

미국 증시는 하루 동안 다우존스지수와 나스닥지수가 기록적으로 급락하며 변동이 심했던 한 주를 마감했다. … 이 자유낙하는 노동부의 월간 인플레이션 보고서가 이른 아침에 발표되면서 불붙었다. … 그 보고서는 연준이 오는 5월에 예상치인 4분의 1포인트보다 높은 금리 인상을 단행할 것이라는 공포를 불러일으켰다.

〈월드 뉴스 다이제스트(World News Digest)〉

인플레이션은 월스트리트에서 가장 무서운 호랑이다. 이 사나운 호랑이가 배회하면 곰들은 기어 나오고 황소들은 도망친다. 도대체 이 야수의 정체는 무엇이며, 그것이 먹이를 찾으러 마을로 들어오는 때는 어떻게 알 수 있을까?

기술적으로 인플레이션은 한 해에서 다음 해까지의 물가 상승률을 말한다. 보통 소비자물가지수, 생산자물가지수, 혹은 고용비용지수와 같은 가격 지수들의 백분율 변화로 측정한다. 인플레이션 호랑이에게 접근하기 전에, 먼저 이 위험한 짐승에는 세 종류가 있다는 걸 알아야 한다.

첫째, 경제 호황과 함께 부족한 상품을 사기 위한 현금이 넘쳐날 때 발생하는 수요 견인(demand-pull) 인플레이션이 있다. 해결하기 쉬운 인플레이션은 없지만 그나마 이 호랑이는 쉽게 길들여지는 편이다. 둘째, 유가 상승이나 가뭄으로 인한 식품 가격 상승처럼 공급 감소로 인해 발생하는 비용 인상(cost-push) 인플레이션이 있다. 이 인플레이션은 매우 빠르게 진행되고 상처도 대단히 커서 연준이 종종 욕을 많이 먹는다. 마지막으로, 천천히 모습을 드러내지만 위험도가 가장 높은 임금(wage) 인플레이션이 있는데, 대개 수요 견인 인플레이션과 비용 인상 인플레이션의 압력 때문에 일어난다.

이 세 종류의 인플레이션 호랑이를 빠르고 확실히 구분하지 못하면 소비자물가지수와 생산자물가지수 같은 경제 지표의 메시지를 잘못 해석하기 쉽다. 그럴 경우 예상되는 결과는 인플레이션 호랑이 중 하나가 점심으로 당신의 투자 자금을 삼키고 크게 트림한 다음 고맙다는 말 한마디 없이 유유히 사라지는 것이다. 이런 사태는 한 가지 단순한 이유만으로도 사실이 될 수 있다. 인플레이션에 대한 뉴스를 들었을 때, 연준과 월스트리트는 각자 실제로 두려워하는 호랑이 종류에 따라 전혀 다르게 반응하기 때문이다.

예를 들어 연준은 수요 견인 인플레이션이 근원인플레이션율(core rate of inflation, 소비자물가지수에서 식품과 에너지 비용을 뺀 것)을 증가시킬 때에는 재빨리 금리를 올리지만, 에너지나 식품처럼 공급 감소로 비용 인상 인플레이션의 압력이 발생했을 때에는 훨씬 더 조심스럽게 행동한다. 이런 반응과 정반대편에 선다면 완전히 망하는 것이다.

그다음으로 위험한 불황

대선을 치르는 해에 정치적으로 가장 민감한 경제 지표인 전국 실업률이 6월에 급격히 상승했다. (고용)보고서가 발표되고 몇 분 후, 연준은 침체된 경제를 자극하기 위해 금리 인하 조치를 취했다. … 경기 침체를 우려해 오늘 뉴욕증권거래소의 주식은 하락했다.

〈뉴욕타임스(The New York Times)〉

불황이라는 곰은 인플레이션 다음으로 위험한 거시적 파동이다. 게다가 불황이 깊어지면, 실직한 성난 유권자들을 일터로 돌려보내기 위해 안간힘을 쓰는 걱정스러운 정치가들에게 인플레이션은 걱정거리도 못 된다.

거시경제에 밝은 투자자는 경제 불황의 여러 조짐을 주시하기 위해서 위의 기사에 언급된 고용보고서를 따르는 게 최선이다. 미국 노동부에서 매달 발표하는 이 보고서는 부문별, 지역별, 인구별로 실업률을 추적할 뿐만 아니라 주당 근무 일수와 시급 같은 중요한 정보도 제공한다.

고용보고서 외에 다른 유용한 불황 지표들도 있다. 예를 들어 매크로 투자자들은 자동차 판매와 주택 착공에 관한 월간 보고서를 주시한다. 이 보고서는 경제가 불황기로 접어들 때 가장 먼저 쇠퇴하는 두 가지 경제 지표를 관측한다. 소비자들이 경제 전망을 어둡게 볼 때 가장 먼저 자동차나 주택을 구매하는 일을 연기하거나 취소하기 때문에 이 두 가지 지표가 가장 먼저 떨어진다.

이런 점을 생각하면 시장의 모든 업종이 동등하게 창조된 것은 아니다. 예를 들어 자동차와 주택, 항공사 같은 소위 '순환적인 업종'은 식품, 의약, 의료 등과 같은 비순환적 혹은 방어적 업종보다 불황 소식에 더 큰 상처를 입을 가능성이 크다. 이유는 단순하다. 불황이라도 사람들은 여전히 밥을 먹고 약을 사며 병원을 찾아야 하지만, 새 자동차나 집을 사거나 휴가를 떠나는 일은 연기할 수 있기 때문이다.

월스트리트가 가장 숭배하는 경제 성장

상무부는 6월 30일 자로 마감한 지난 3개월 GDP가 0.5%의 미미한 성장을 달성했다고 발표했다. … 시장지수 대부분이 서리를 맞았다.

〈더 타임스-피카윤(The Times-PICAYUNE)〉

월스트리트(금융계)와 메인스트리트(기업계) 모두 한 가지 이유로 경제 성장의 신을 숭배한다. 장기적으로 볼 때 경제 성장률은 광범위한 번영을 위한 가장 중요한 요소다. 왜 그럴까? 경제 성장은 느린데 인구가 급증하면 빈민층만 늘어날 뿐이다. 내 말이 믿어지지 않는다면 방글라데시로 휴가를 가보라. 단, 음식과 물과 약을 가지고 가야 한다.

그런데 미국의 성장률만 중요한 것이 아니다. 매크로 투자자라면 전 세계, 특히 중요한 무역 상대국인 독일, 일본, 캐나다 등의 성장률도 비교할 필요가 있다. 여기에는 거시적 이론에 근거한 이유가 있다. 예를 들어 미국이 독일보다 성장 속도가 빠르다면 이런 경제 성장률 차이는 미국의 무역적자 증가와 그에 따르는 인플레이션 압력에 지대한 영향을 미치게 된다. 한 국가의 수입 수요는 소득과 직결되기 때문인데, 예를 들어 미국의 소득 증가는 외국 물품에 대한 미국의 수요 증가를 불러온다. 따라서 강력한 경제 성장 뉴스를 접한다면 유럽 수출 기업들에 매크로 투자를 실행해야 할 것이다.

경기 순환기에 움직이는 주식

경기 순환주는 마켓 타이밍을 노리는 투자자에게 인기가 있다. 경기 순환주는 경기 침체에서 벗어날 때 사서 경제 성장이 절정일 때 판다. … 유에스 트러스트의 최고투자책임자인 프레드 테일러는 이렇게 말했다. "경기 순환주 매수 시기를 찾기란 늘 까다롭지만 지금은 더욱 어렵다. 경기 순환주가 어떤 리듬을 타고 있고, 당신이 경기 순환의 어느 지점에 있으며, 주식시장 순환의 어느 지점에 있는지도 살펴야 하기 때문이다."

〈휴스턴 크로니클(The Houston Chronicle)〉

경기 순환과 그와 관련된 주식시장 순환은 경제 성장과 밀접하게 관련되어 있다. '경기 순환'이라는 용어는 여러 해 동안 국내총생산(이하 GDP)에서 되풀이되는 기복을 말한다. 개별 경기 순환은 기간과 강도 면에서 다양하지만 그림 1-1(38쪽)처럼 공통된 국면을 보인다.

경기 순환은 보는 바와 같이 롤러코스터와 비슷하다. 경제활동이 최고조에 이르는 정점, 총생산이 침체해 만들어지는 저점, 완전고용으로 경제가 팽창하는 회복기 혹은 호황기가 있다. 이 순환의 각 단계는 성장 추세선을 따라 오르내린다는 것을 유념하라.

이제 경기 순환이 왜 그처럼 중요한지 설명하겠다. 〈휴스턴 크로니클〉의 발췌문에서 언급했듯이, 예측 가능한 주식시장 순환도 경기 순환과 함께 움직인다. 그림 1-2(39쪽)는 경기 순환과 주식시장 순환 간의 전형적인 관계를 더 자세히 보여준다.

이 그림을 자세히 보면 중요한 사실을 적어도 세 가지 관찰할 수 있다. 첫째, 주식시장 순환은 경기 순환과 마찬가지로 다양한 국면을 나

그림 1-1. 경기 순환의 롤러코스터

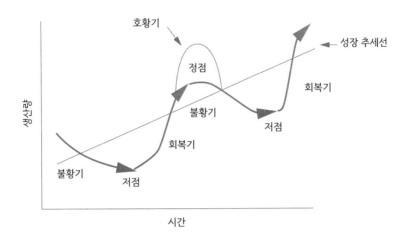

타내며 나란히 움직인다. 예를 들어 경기 순환을 보면 경제 팽창이 최고조인 곳에 정점, 맨 밑바닥에 저점, 정점과 저점 사이에 중간 불황기, 저점과 정점 사이에 중간 회복기가 있다. 마찬가지로 주식시장 순환은 상승기에 초반 강세, 중반 강세, 후반 강세 국면이 있고, 하락기에 초반 약세와 후반 약세가 있다.

둘째, 주식시장 순환과 경기 순환은 앞뒤로 나란히 움직이는 것이 아니라, 주식시장 순환이 경기 순환의 선행지표 역할을 한다. 이를 확인하려면 주식시장 순환의 바닥을 보라. 경기 순환의 저점보다 꽤 앞서 있다. 또한 경제가 정점에 이르기 전에 주식시장 순환은 이미 초반 약세 단계에 들어선 것을 확인할 수 있다.

이제 터득해야 할 요령은 각각 다른 두 개의 순환 지점에서 어떤 업종이 가장 강하고 어떤 업종이 가장 약한지를 확실하게 이해하는 것이다. 실제로 이런 시장의 역동성을 이해하는 것은 업종별 순환매

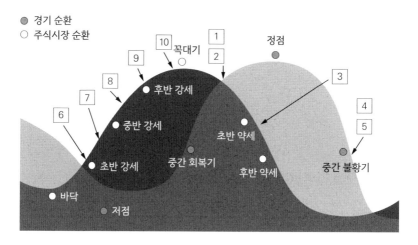

그림 1-2. 경기 순환과 주식시장 순환

● 경기 순환
○ 주식시장 순환

[10] 꼭대기 [1]/[2] 정점

[9] 후반 강세

[8]

[7] 중반 강세

[6] 초반 약세 [3]

초반 강세 [4]/[5] 중간 불황기

중간 회복기

후반 약세

바닥 저점

1. 소비 비순환재(식품, 약품, 화장품 등)
2. 의료
3. 공익사업(전기, 가스)
4. 소비 순환재(자동차, 주택)
5. 금융

6. 운송
7. 기술
8. 자본재
9. 기간산업(알루미늄, 화학, 제지, 철강 등)
10. 에너지

sector rotation 문제와 효과적인 매크로 투자의 심장부로 들어가는 지름 길이다. 그것이 우리가 세 번째로 관찰하게 될 내용이다.

그림 1-2는 초반 강세 단계에서 후반 약세 단계까지 운송, 기술 업 종을 시작으로 금융, 소비 순환재 업종까지 9개 업종의 진행 상황을 확실히 보여준다. 투자자가 에너지나 금융과 같은 특정 업종에서 기 술 혹은 의료 쪽으로 주식을 회전시킬 때 가장 큰 이윤을 남길 수 있 는 지점도 표시해놓았다.

예를 들어 기술주와 운송주는 초반 강세 단계에서 시장을 능가한 반면, 자본재와 기간산업주는 중반에서 후반 강세 단계가 될 때까지 좋지 않았다. 반대로 경기 순환이 정점에 이르고 주식시장 순환이 초반 약세 영역에 들어서면 약품과 의료뿐만 아니라 식음료 같은 기본 소비재를 포함하는 방어주 쪽으로 돌릴 때다.

앞으로 이런 정보와 업종별 순환매라는 개념이 거시경제에 밝은 투자자에게 가치 있는 이유를 이해하게 될 것이다. 그 내용은 3부에서 자세하게 다룰 예정이다.

투자자의 영혼을 달래주는 생산성

> 연준 의장 앨런 그린스펀은 '주식시장'이라는 단어를 언급조차 하지 않았다. 하지만 그가 목요일에 신기술이 미 경제의 생산성을 높일 거라고 발표한 덕분에 월스트리트는 2주간 지난 12년 사이 가장 큰 오름세를 유지했고, 어제 나스닥지수는 최고치를 기록했다.
>
> 〈워싱턴포스트(The Washington Post)〉

생산율은 노동자당 생산량 증가를 측정하는 것으로, 생산성에 관한 좋은 뉴스만큼 월스트리트의 영혼을 달래주는 것도 없다. 사실 생산율은 매크로 투자자가 추적할 수 있는 가장 중요한 경제 지표 중 하나이며, 거기에는 두 가지 이유가 있다.

첫째, 생산성 증가는 임금 인플레이션을 막을 수 있는 최고의 해독제다. 다음을 생각해보자. 만약 생산성이 매년 3% 상승한다면, 임금도 인플레이션 효과 없이 3% 증가할 수 있다. 그러나 생산성은 매년 1% 미만 상승하는데 임금이 3% 증가한다면 어떻게 될까? 임금 인플레이션이 발생하고 연준의 관심과 진노를 초래할 것이 확실하다.

이것이 생산율이 중요한 두 번째 이유를 불러온다. 장기적으로 노동시간을 늘리지 않는 한, 임금은 인플레이션을 감안한 조건에서 간단히 올릴 수 없다. 이는 간단하고 분명한 방정식이며, 다음 통계에서도 확실히 드러난다. 1948년에서 1973년 사이, 노동생산성이 매년 3% 증가하는 동안 실질임금도 거의 똑같은 속도로 증가했다. 미국 노동자들은 최상의 시기를 보냈다. 공장 노동자 수백만 명이 자애로운 생산성 덕분에 풍요를 누리는 중산층으로 격상될 수 있었다.

그러나 풍요의 시기가 일궈낸 발전은 1970년대의 에너지 위기, 통화 평가절하, 스태그플레이션(경기 침체하의 인플레이션), 주기적인 가뭄, 정치적 격변 등으로 모두 무너졌다. 생산성 증가는 매년 1% 미만으로 낮아져 1996년까지 이어졌다. 여기서 중요한 점은 소위 '생산성 저하' 결과 실질임금 상승률도 같은 방식으로 매년 1% 미만으로 낮아졌다는 것이다.

실제로 이는 20년 이상 수백만 미국인의 생활 수준이 조금 향상되거나 전혀 향상되지 않았음을 의미한다. 게다가 방위산업 부문 위축, 해외 공장 건설, 광범위한 기술 변화 등의 집중포화를 받은 수많은 미국 노동자는 실질임금과 생활 수준의 급격한 하락을 경험했다.

다행히 1997년 이후 생산성은 다시 2% 이상 뛰어올랐다. 그린스펀이 반복해서 얘기했던 것처럼, 생산성 증가는 호랑이 같은 인플레이션이 접근하는 것을 막고 우리 삶을 번영시킨다. 사실 급격한 기술 변화로 일어난 높은 생산성은 연준이 지난 몇 년간 긴축한 이유를 설명하는 주된 이유 중 하나다. 그리고 우리의 월급이 건강하게 다시 오르는 것을 보게 된 이유이기도 하다.

경제와 증시를 파괴하는 재정적자

수많은 예산 전문가는 오늘 같은 날이 오리라고 생각하지 못했다. 수요일 자정에 마감되는 이번 회계연도는 1969년, 즉 닐 암스트롱이 달 위를 걸어 다니고 록음악 팬 40만 명이 주말을 우드스톡에서 보낸 해 이후 연방정부가 재정흑자를 기록한 최초의 해다.

〈버지니안-파일럿(The Virginian-Pilot)〉

제2차 세계대전 종전부터 1990년대 말까지 고질적인 적자로 미국의 국가 채무가 5억 달러 이상으로 늘었는데도 재정흑자는 극히 드문 일이었다.

그러나 2001년 현재는 행복한 변화의 시기다. 지난 몇 년간, 미 정부는 막대한 재정흑자를 기록했다. 물론 아이러니하게도 재정적자와 재정흑자 모두 월스트리트 투자자에게 두통거리가 될 수 있다. 그 이유를 이해하는 것이 거시경제에 밝은 투자자에겐 매우 중요하다.

적자 문제는 조금 쉽게 이해될 것이다. 재정이 적자가 되면 정부는 부족분을 채우기 위해 국민들에게 돈을 빌려야 한다. 그러기 위해 채권을 발행해 시장에 내다 판다. 이때 정부는 회사채와 다른 금융 상품들과 경쟁해야 한다. 이것은 부족한 자금 간의 싸움이 되어 금리 상승을 부추긴다. 물론 월스트리트는 금리 상승을 싫어한다. 고금리는 투자 감소, 더딘 성장, 기업의 매출 저조를 의미하기 때문이다. 그래서 고질적인 재정적자는 경제를 망가뜨리고 증시를 무너뜨릴 수 있다.

재정흑자와 관련된 문제에서는 정부 부처들의 경쟁이 종종 금융시장에서 재미있는 역류를 이끌어낼 수 있다. 2000년 상반기에 일어난 일은 주목할 만한 예다. 연준은 과열된 경기를 위축시키고 인플레이션과 싸우기 위해 금리를 꾸준히 인상하고 있었다. 반면 재무부는 대규모 채권 환매를 시작했다. 꾸준한 재정흑자로 공채를 줄일 수 있는 잉여 자금이 생겼기 때문이다. 그러나 이런 조치는 금리를 떨어뜨려 연준 정책과 크게 어긋나는 효과를 냈다.

화폐가치를 무너뜨리는 무역적자

> 주가를 조금씩 위로 잡아끄는 신용의 가는 실타래가 어제 갑자기 툭 끊어졌다. 다우존스는 101.46포인트 하락했다. 예기치 못한 무역적자 증가로 충격받은 트레이더들은 마구잡이로 주식을 내다 팔았다. … 불리한 무역수지 또한 외환시장에서 달러를 쓰러뜨렸고, 채권 가격이 빠르게 떨어지면서 금리가 높아졌다.
>
> 〈워싱턴포스트〉

무역적자라는 함정이 튀어나오면, 주식과 채권 트레이더부터 화폐 투기를 하는 최고 사기꾼까지 월스트리트맨 모두가 걸릴 수 있다. 이유를 이해하기 위해 적자 재난 시나리오를 한번 살펴보자.

무역적자 급상승은 외국 투자자들에게 달러 약세를 예고하는 신호가 된다. 달러 약세가 점쳐지는 상황에서 주식 보유를 원치 않는 그들은 현금을 미국 시장 밖으로 빼돌린다. 이것은 다우존스지수와 나스닥지수를 하락시키는 압력을 행사할 뿐 아니라, 더 강력한 힘으로 달러 하락을 부추긴다. 증시가 급격히 내려앉기 시작하면 수많은 국내

1장. 시장을 압박하는 거시적 파동

및 외국 투자자들은 공포스러운 매도에 합류한다. 이때 연준 또한 공포를 즐긴다. 그래서 더 많은 외국 투자를 끌어들여 달러 가치가 높아지도록 금리를 올린다. 그러나 이런 고금리는 경기 둔화를 야기하고 증시를 더 저하시켜 이 조치는 실패로 끝나게 된다.

그동안 주식시장이 급격히 내려앉으면서 투자자들은 갑자기 부의 양이 줄었음을 느끼게 된다. 그리고 주식 포트폴리오가 30% 이상 하락한 것을 목격한다. 이런 재산 손실의 결과로 자동차, 주택, 컴퓨터 같은 고가품에 대한 지출을 줄이고, 심지어 오락과 여행 같은 소규모 지출 부분에서도 씀씀이를 줄인다. 이런 소비 감축 때문에 연준은 경기 후퇴 정책을 펼치게 된다. 그다음 단계는 누구나 알듯이, 미 경제가 급격한 하향 곡선을 그리고 세계 경제와 증시도 함께 추락한다.

사회적 대변동은 절호의 기회

> 강도 7.6의 지진이 대만을 강타했을 때 … 세계 애널리스트들은 반도체 칩 부족을 경고했다. … 세계 제조사들이 크리스마스 수요를 맞추기 위해 전속력으로 작업하는 순간, 기준점인 64메가비트 DRAM 칩의 가격이 14달러에서 21달러로 뛰어올랐다.
>
> 〈나이트 리더/트리뷴 신디케이트(The Knight Ridder/Tribune Syndicate)〉

저명한 금융 권위자인 제러미 시겔Jeremy Siegel의 글에 이런 내용이 있다. "중국어로 '위기'라는 말에는 두 가지 상징이 있다. 첫째는 위험 … 둘째는 기회다." 그렇다. 그의 말은 옳다. 무시무시하게 들릴지 모르지만, 거시경제에 정통한 투자자들은 모든 자연재해 혹은 전쟁을 거시경제 놀이의 기회로 봐야 한다. 금융시장에 미치는 재해의 영향을 정확히 해석하고 예견할 수만 있다면 틀린 소리가 아닐 것이다. 그러니 다양한 충격이 산업과 시장에 각각 어떤 영향을 줄 수 있는지 이해하는 것이 중요하다.

예를 들어 대만에 강진이 발생해 수많은 공장이 PC와 반도체 칩 생산을 중단했다. 이때 애플Apple과 델Dell은 최고의 공급 부족 업체가 된 반면, 삼성과 현대 같은 한국 반도체 칩 제조사들은 매입할 만한 최고의 상장기업으로 부상했다. 왜냐고? 컴퓨터 박스 생산을 전적으로 대만 공장에 의존하는 델과 애플은 생산 능력을 상실해 큰 타격을 입었기 때문이다. 반대로 삼성과 현대는 대만 공장의 생산 마비에 따른 칩 가격 상승으로 가장 많은 이득을 보았다. 이들 기업의 생산 시설은 아무런 영향도 입지 않았기 때문이다.

비슷한 예로 발칸반도의 전쟁 발발과 미 군사 개입이라는 두려움은 전체 증시를 침체시킬 수 있다. 그러나 전쟁은 방위산업 업종의 주가를 올릴지도 모른다. 반대로 멕시코의 채무위기는 시장에 그다지 큰 영향을 끼치지 않을 수 있다. 그럼에도 불구하고 멕시코 어음을 다수 보유한 체이스맨해튼Chase Manhattan과 씨티은행Citibank 같은 은행 주식은 커다란 손해를 입게 된다. 또 브라질에 비가 내려 가뭄이 해소되면 스타벅스 주식 매수에 최고의 시기가 될 것이다.

전쟁과 역병 같은 전통적인 종말의 기수는 규칙적으로 허리케인, 석유 파동, 컴퓨터 바이러스와 같이 일시적이고 예견하기 힘든 무수한 사건과 결합된다. 이렇게 예견할 수 없는 충격들이 금융시장에서 어떻게 여과되는지 이해하면 매크로 투자자의 화살통에서 가장 중요한 화살이 될 것이다.

정부와 당신의 포트폴리오

자신들이 어떤 위치에 있는지 생각지도 못한 채, 클린턴 대통령과 토니 블레어 영국 수상은 지난주 생명공학주의 거품을 거칠게 터뜨렸다. 3월 14일, 그들은 새 유전자를 발견하려고 각축을 벌이는 경쟁사들은 결과를 공유해야 한다고 선언했다. … 월스트리트는 그 선언을 특허권에 관한 공격으로 잘못 이해했고, 생명공학 주식을 보유한 투자자들은 즉시 대가를 치러야 했다. 생명공학 주식은 하루 만에 약 13% 내려앉았고, 전체 나스닥지수는 200포인트나 하락했다.

〈비즈니스위크(Businessweek)〉

실수하지 말라. 정부 관료의 행동은 위 뉴스가 시사하는 바처럼 단순한 한마디 말일지라도 주식, 업종 혹은 시장 전체를 기관총보다 빠르게 죽일 수 있다. 만약 의회가 의료 개혁의 일부로 처방약 가격을 규제하겠다고 위협한다면 일라이 릴리Eli Lilly, 화이자Pfizer, 머크의 주가는 바닥으로 곤두박질칠 수 있다. 또한 주유소의 석유값이 OPEC의 생산 감소에 따라 급상승하고 하원 의장이 거대 석유회사에 어마어마한 이윤세를 제안한다면, 엑손과 셰브런이 두 자릿수로 떨어지는 길에서 빠져나와라.

그러나 우량주에 나쁜 일만 발생하는 것은 아니다. 정부 조치는 시장에 유리하게 작용하기도 한다. 미 항소법원이 일라이 릴리의 항우울제인 프로작의 광범위한 특허권을 인허한다면 그 기업의 주가가 오르는지 주시하라. 미 식품의약국이 알리안스 제약Alliance Pharmaceuticals의 새 혈액 대체제에 대한 임상실험 인준을 서두른다면 그 주식이 어떻게 될지 추측해보라.

더 넓게 생각해볼 점은 주식시장에서 정부 관료의 영향을 무시하다가는 위험을 각오해야 한다는 것이다. 이와 관련해 〈배런스(Barron's)〉, 〈비즈니스위크〉, 〈포브스(Forbes)〉, 〈포천(Fortune)〉, 〈머니(Money)〉, 〈뉴스위크〉, 〈타임(Time)〉, 〈워스(Worth)〉 같은 잡지뿐만 아니라 〈로스앤젤레스타임스〉, 〈뉴욕타임스〉, 〈월스트리트저널〉, 〈인베스터스 비즈니스 데일리(Investor's Business Daily)〉와 같은 일간지를 정기적으로 읽으면 정부의 통상적인 술책보다 앞서 나갈 수 있어 수많은 변화구에 피해를 입지 않을 것이다.

주가 변동의 결정적 요소, 기술 변화

다이얼 전화기와 8트랙 녹음테이프처럼 타자기도 기술적 쇠퇴와의 전쟁에서 패배했다. 어제 미국의 마지막 타자기 제조사이며 그 타자기로 무수한 리포트와 사업계획서, 이별의 편지를 찍어낸 스미스코로나Smith-Corona가 파산보호를 신청했다.

〈보스턴 글로브(The Boston Globe)〉

지금부터 진상을 간단히 설명해보겠다. 기술 변화는 장기간 주가에 영향을 미치는 가장 중요한 결정 요소다. 이런 변화는 컴퓨터를 상업화한 애플, 인간 게놈 프로젝트의 선두 기업인 셀레라 지노믹스Celera Genomics, 인터넷 구축 사업의 1인자인 시스코Cisco, 가장 가치 있는 레이저 안과 시술 특허권을 보유한 VISX와 같은 신생 기업의 주주들에게 막대한 부를 가져다줄 수 있다.

그러나 그런 변화는 기업을 약화하거나 망하게 할 수 있고, 투자자의 주식을 쓸모없는 종잇조각으로 만들어버릴 수 있다는 걸 알아두자. 내 말을 믿지 못하겠는가? 그렇다면 타자기 제조사의 공룡인 스미스코로나 주주들에게 물어보시길.

오랜 역사의 AT&T는 또 어떤가. 이 거대 기업은 한때 장거리전화시장을 지배했지만, 새로운 휴대폰과 무선 기술이 맹습해 시장점유율이 잠식되는 걸 경험했다.

여기서 중요한 점은 거시경제에 밝은 투자자, 특히 기술 업종에 초점을 맞춘 트레이더들은 획기적인 기술 발견과 이 발견을 인증해주는 특허권 발표에 열심히 귀 기울인다는 것이다. 이와 관련해 Changewave.com과 Redherring.com 같은 웹사이트를 방문하기를 권한다. 이 사이트는 인쇄 매체뿐만 아니라 기술 변화로부터 이득을 얻는 법을 제법 잘 설명해놓았다.

2장

무대 뒤의 실세,
경제학파들

~~~~~~~~~~

91세라면 그렇게 예민한 나이도 아닌데, 은퇴한 경제학 교수 허브 후버는 여전히 증시를 향해 화내는 걸 좋아한다. 후버 교수가 평생 선택한 주식을 보면 그가 어떻게 해서든 늘 최악의 시기에 잘못된 장소에 있었음을 알게 될 것이다.

이야기는 1931년 그와 이름이 같은 후버Herbert Hoover 대통령이 금본위제를 보호하기 위해 금리를 올렸을 때 시작된다. 당시 대학원생이던 허브는 아주 고전적인 처방이라고 생각하며 처음으로 주식 100주를 샀다. 그러나 긴축 통화정책으로 국가 경제는 불경기 위기에서 대공황으로 추락했고, 그의 주식은 휴지 조각으로 변해버렸다.

허브의 두 번째 주식시장 진출기도 그다지 훌륭하지 못했다. 때는 대통령이 후버에서 프랭클린 루스벨트Franklin Roosevelt로 바뀌고 영국의 급진적 경제학자

케인스John Maynard Keynes의 말을 경청하기 시작한 지 얼마 안 돼서였다. 나라를 살리기 위해 막대한 재정적자를 운영한다는 것은 말도 안 되는 소리였다. 하버드의 교수들도 같은 생각이었다. 그래서 허브는 GM의 주식 1,000주를 공매도하는 큰 도박을 감행했다. 그 뒤 그는 경제가 회복되고 주가가 급상승하는 것을 낙심한 얼굴로 지켜봐야 했다.

그 두 번의 경험은 그 후 40년 동안 더 큰 위험에 맞서지 않게 허브를 치료해주었다. 그래서 1979년까지는 주식시장이라면 근처에도 가지 않았다.

그러다 연준이 허브의 위대한 우상 중 한 명인 통화주의계의 권위자 밀턴 프리드먼Milton Friedman의 철학을 받아들였다. 허브는 연준의 새로운 통화정책으로 경기가 좋아지리라 확신했기 때문에, 퇴직금으로 산 주식을 현금으로 바꾼 뒤 모두 고성장 뮤추얼펀드에 쏟아부었다. 3년 뒤 연준 통화주의자들의 실험이 대공황 이후 최악의 불경기를 일으키자, 그 펀드도 허브도 쪽박을 차게되었다.

재수 없게도 허브는 레이건Ronald Reagan 대통령이 바보 같은 공급 측 경제 정책을 펴기 시작했을 때 뛰어오른 거대한 강세 시장을 놓쳤다. 재정 수입을 늘리기 위해 세금을 줄인다고? 그는 진실을 은폐하고 있다고 생각했다. 그러나 주식시장이 그것을 좋아한다는 것은 어린아이도 알았다.

허브에게 마지막 상처는 1990년 초반에 찾아왔다. 그는 지금까지 그랬듯, 대선이 증시에 반등 효과를 불어넣을 거라고 확신했다. 그래서 마지막으로 시장에 손을 댔고 막대한 투기 매입을 감행했다. 그는 끝장을 보려 했고 결국 그렇게 됐다.

'신고전파'라는 새로운 경제학자 집단이 조지 부시George W. Bush의 백악관에 입성했고 경기 부양 정책을 거부한다는 사실을 알고 허브는 어땠을까. 그렇게 해서 불경기가 발생하자 부시는 대선에서 값비싼 대가를 치렀을 뿐만 아니라,

네 번째이자 마지막 기회를 노린 허브도 완전히 무너졌다.

~~~~~~~~~~~~~

허브 후버가 어렵게 터득한 것처럼, 주식 투자에 성공하려면 의견이 분분한 거시경제 학파들의 기본적 차이를 이해해야 한다. 그 학파는 고전주의 경제학, 케인스주의, 통화주의, 공급 측 경제학, 신고전주의 경제학 등 다섯 개로 나뉜다. 그리고 다음 두 가지 이유로 각 학파의 사상적 차이를 반드시 이해해야 한다.

첫째, 각 학파는 매크로 투자자들이 금융시장에 대한 시각을 날카롭게 다듬는 데 사용할 수 있는 중요한 통찰력을 담고 있다. 예를 들어 고전주의 경제학은 경제와 시장이 어떻게 자연스럽게 조정되는지 가르치는 반면, 케인스주의는 그런 조정들이 어떤 조건 아래서 일어나지 않는지 설명한다. 통화주의는 화폐와 물가 사이의 중요한 관계를 드러내는 반면, 공급 측 경제학은 인플레이션 걱정 없는 경제 성장을 위해 세금 감면, 규제 철폐와 같은 수단을 어떻게 사용할 수 있는지 설명한다. 신고전주의 경제학은 주식시장과 좀더 넓은 거시경제에서 기대의 역할을 가장 확실하게 밝혀준다.

두 번째가 좀더 중요한데, 거시경제학의 각 학파는 우리가 어떤 거시적 질병에 걸렸든지 각기 다른 정책적 치료법을 처방해준다. 거시경제 학파는 대통령이나 의회, 심지어 연준의 귀를 늘 장악하고 있기 때문에 현실적으로도 매우 중요하다. 예를 들어 1920년대 후버, 1950년대 아이젠하워Dwight Eisenhower 대통령은 고전주의 경제학에 큰 영향을 받은 반면, 1930년대 루스벨트, 1960년대 케네디John Kennedy 대통령은 케인스학파 출신을 조언자로 받아들였다.

반대로 스태그플레이션이 활개를 치던 1970년대 후반에는 통화주의자들이 연준을 떠맡았고, 폴 볼커Paul Volcker 의장은 금리를 통제하기보다 통화 정책 목표를 바꿨다. 그 결과 금리가 급격하게 상승해 증권·통화 시장을 엉망으로 만들었고, 이자에 민감한 주식은 모두 바닥으로 곤두박질쳤다.

더 넓은 관점에서 본다면 이것은 1장에서 매크로 투자자에게 고민하라고 했던 거시경제학적 문제만이 아니다. 의회, 대통령, 연준이 그 문제에 어떻게 대응할 것인가의 문제이기도 하다. 의회는 세금을 감면할까? 연준은 금리를 올릴까? 대통령은 재정지출 확대를 지지할까? 이 모든 질문의 대답이 어떤 정당이 백악관과 의회를 지배하는가, 그 정당이 어떤 거시경제 학파의 의견을 귀담아듣는가에 달려 있다는 말은 마음에 새길 만하다.

이와 관련해 민주당원은 거의 대부분 재정·통화 정책을 지지하는 케인스주의자라 할 수 있다. 반대로 공화당원은 통화주의, 공급 측 경제학, 신고전주의, 고전주의 진영으로 나뉘며 모두 어느 정도는 재정·통화 정책에 반대한다.

배경을 익히기 위해 각 학파의 역사를 빠르고 간단하게 훑어보자. 역사는 고전주의 경제학을 시작으로 대공황을 거쳐 케인스주의로 넘어간다. 스태그플레이션의 1970년대에 통화주의가 승리를 거머쥐지만, 1980년대 공급 측 경제학이 등장하면서 금세 사라졌다. 1990년대는 신고전주의 경제학자들이 단기간 지배하고, 2000년대는 앨런 그린스펀과 같은 정책 입안자가 각 학파의 지혜를 얼기설기 엮어 절충한 케인스주의 경제 정책으로 돌아간다.

대공황 앞에 길 잃은 고전주의

스페인의 시인 페데리코 가르시아 로르카는 1932년 마드리드 강연회에서 다음과 같이 말했다. "뉴욕에서 미개하고 광란이 숨 쉬는 지역은 할렘이 아닙니다. 할렘에는 따뜻한 인간미, 소란스러운 아이들 소리, 그리고 집과 풀이 있습니다. 위안은 슬픔을 통해 발견되고, 상처는 달콤한 붕대를 가져다줍니다. … 차갑고, 무섭고, 끔찍한 지역은, 월스트리트입니다." 그는 선언했다. 1929년 10월, 월스트리트의 '석회암 협곡'을 어슬렁거리면서, 로르카는 대공황의 안내자 역할을 했던 거대한 증시가 붕괴하는 것을 목격했다. "죽은 돈 뭉치들이 바다로 미끄러졌다. 구급차는 손에 반지를 잔뜩 낀 자살자들을 실어 나르기에 바빴다."

〈내셔널 포스트(The National Post)〉

대공황의 아이러니는, 허버트 후버가 백악관을 차지할 정도로 똑똑한 사람이었지만 당시 널리 퍼져 있던 고전주의 경제학의 나약하고 어리석은 포로였다는 점이다. 고전주의 경제학은 1700년대 후반에 등장한 것으로, 애덤 스미스(Adam Smith, 1723~1790), 데이비드 리카도(David Ricardo, 1772~1823), 장 바티스트 세(Jean-Baptiste Say, 1767~1832)와 같은 자유시장 경제학자들의 자유방임에 관한 저술에서 뿌리를 찾을 수 있다. 고전주의 경제학자들은 실업 문제는 경기 순환의 자연스러운 일부분이고 자동적으로 수정되기 때문에 정부가 해결책 모색을 위해 간섭할 필요가 없다고 주장한다.

남북전쟁에서 광란의 1920년대까지, 미국은 공식적인 공황을 5번 미만으로 기록하면서 주기적으로 호황과 불황을 오갔다. 그러나 매번 불황이 찾아와도 고전주의 경제학자들의 예측대로 경제는 늘 회복되었다. 그들의 주장은 1930년대 대공황이라는 호적수를 만나면서 진실을 잃어버렸다. 1929년 주식시장 붕괴로 경제는 처음엔 불경기를 겪는 듯하더니 곧 심각한 공황 상태로 내려앉았다. GDP는 거의 3분의 1로 줄어들었고, 1933년까지 전체 노동력의 25%가 실업 상태에 빠졌다. 1929년 160억 달러에 달했던 기업 투자도 1933년 10억 달러로 떨어져 거의 사라져버렸다.

후버 대통령이 "최악의 사태는 끝났고" "번영의 시대가 도래할 것"이라고 약속하고 고전주의 경제학자들이 자연스러운 회복 단계를 기다리는 동안 주요 인물 두 명, 즉 경제학자 케인스와 후임 대통령 프랭클린 루스벨트가 거시경제의 역사 속으로 걸어 들어왔다.

구세주 케인스

작동 방식을 잘 모르는 복잡한 기계를 통제하느라 큰 실수를 저지르며 우리는 대혼란에 빠져버렸다.

존 메이너드 케인스

케인스는 경제가 자동 수정된다는 고전주의 학파의 생각을 단호하게 거부했다. 그는 회복하는 순간을 끈덕지게 기다리는 것은 헛된 일이라고 경고했다. 왜냐하면 그의 유명한 말처럼 "결국 우리 모두는 죽음을 면치 못하기" 때문이다.

케인스는 특정 조건하에서 경제는 자동 회복되는 것이 아니라 침체

되거나, 심하면 꼬불꼬불한 사선死線 아래로 떨어진다고 생각했다. 그에게 경제 회복의 유일한 방법은 정부지출을 늘려 경기를 부양하는 것이었다. 그래서 재정정책이 탄생했고 케인스의 처방전은 루스벨트의 뉴딜 정책의 근간을 이룬 철학이 되었다. 재정정책은 경제를 자극 혹은 팽창시키기 위해 정부지출을 증대하거나 세금을 감면한다. 또한 경제를 수축시키고 인플레이션과 싸우기 위해 정부지출을 줄이거나 세금을 인상한다.

1930년대 루스벨트의 야심 찬 공익사업과 1940년대 제2차 세계대전으로 인한 벼락경기는 공황을 앓던 미 경제와 주식시장을 최고의 호황기로 안내했다. 1950년대 초반, 대규모 재정지출이라는 케인스 처방은 다시 효과를 발휘하는데, 이번에는 한국전쟁에 따른 막대한 지출 덕분에 불경기를 벗어났다. 10년 뒤 순수 케인스주의는 암살당한 대통령을 추모하기 위해 통과된 1966년 케네디 감세 발표로 최고의 절정기를 구가했다.

케네디 대통령 때 경제자문위원회 위원장이던 월터 헬러Walter Heller는 '미세조정fine tuning'이라는 단어를 대중화시켰다. 그리고 조심스럽게 케인스주의를 기계적으로 적용하면서 국가 거시경제는 최소 인플레이션과 함께 완전고용에 가까워질 거라고 확신했다. 1962년에는 불경기를 자극하기 위해 막대한 세금 감면에 찬성해야 한다고 대통령에게 조언했다. 결국 의회는 동의했고, 이 케인스주의에 입각한 세금 감면은 1960년대를 역사상 최대의 번영기로 만드는 데 일조했다. 그러나 이 재정 자극제는 스태그플레이션이라는, 새롭고 추한 거시경제 현상이 등장하는 데도 기초를 마련했다.

네이팜탄과 통화주의

나는 처음부터 알았다. 그 여우 같은 베트남과 전쟁을 하기 위해 사랑하는
여인−위대한 사회−을 떠나야 한다면 … 그러면 나는 고국에 있는 모든 것을
잃게 되리라는 것을. 내 희망 … 그리고 꿈을.

린든 존슨(Lyndon Johnson)

스태그플레이션의 문제는 존슨 대통령의 완고함에 뿌리를 둔다.
1960년대 후반, 경제 자문관의 강력한 조언에도 불구하고 존슨은 베
트남전 전비를 늘렸지만 '위대한 사회(Great Society, 존슨 대통령 재임 당시
추진된 사회·경제 개혁의 슬로건)' 복지 프로그램의 재정 삭감은 거부했다.
그런 거부는 치명적인 수요 견인 인플레이션을 낳는 데 한몫했다.

수요 견인 인플레이션의 핵심은 상품 부족으로 인한 화폐 과잉 상
태로, 그것은 정확히 미국이 총과 버터−베트남 전쟁과 위대한 사
회−의 자금을 조달하려고 할 때 일어났다. 그 결과 경기가 활기를 띠
고, 실업률이 낮아졌으며, 인플레이션이 급격히 상승했다. 이 점에서
보면 수요 견인 인플레이션은 경기가 너무 좋을 때 출현할 수 있는 엄
청난 강세 현상이다.

1972년 닉슨Richard Nixon 대통령은 물가와 임금 규제를 통해, 존슨 때
수요 견인 인플레이션에 빠졌던 국가를 일시적으로 회복시켰다. 그
러나 1973년 규제가 풀리면서 인플레이션은 다시 두 자리 숫자로 뛰
어올랐다. 여기에는 당시 떠오르던, 하락세에 훨씬 더 가까운 새로운
종류의 인플레이션이 크게 한몫했다. 바로 비용 인상 인플레이션이
었다.

비용 인상 인플레이션은 1970년대 초에 겪었던 소위 '공급 파동'의 결과로 발생한다. 이 기간 동안 흉작, 세계적인 가뭄, 4배로 뛴 국제 유가 등이 영향을 미쳤다. 비용 인상 인플레이션은 시간이 지남에 따라 장기 스태그플레이션으로 이어질 수 있다. 이런 상황에서 경제는 수요 견인 인플레이션으로 이어질 수 있다. 이는 단순하게 인플레이션과 결합한 경기 침체다. 이런 상황에서 경제는 수요 견인 인플레이션과 다르게 실업률과 물가가 동시에 상승하는 이중고를 겪게 된다.

스태그플레이션과 관련해 재미있는 사실은, 1970년대 이전까지 경제학자들은 인플레이션과 실업률이 동시에 상승할 수 있다고 생각하지 않았다는 것이다. 하나가 오르면 다른 하나는 떨어져야 했다. 그러나 1970년대는 경제학자들이 틀렸다는 것을 증명해 보였고, 동시에 케인스 경제학도 이 새로운 스태그플레이션 문제를 해결할 수 없다는 것이 밝혀졌다.

케인스주의의 딜레마는 간단히 말하면 다음과 같다. 팽창 정책은 실업률을 줄이는 대신 인플레이션이 불가피한 반면, 긴축 정책은 인플레이션을 억제하는 대신 경기 침체의 골을 더 깊게 만든다. 따라서 대공황에 빠진 국가를 효과적으로 치료했던 전통적인 케인스주의 수단들은 스태그플레이션 문제를 절반 정도만 해결할 뿐, 나머지 절반은 더 악화시킨다.

결국 케인스 경제학이 스태그플레이션에 대처하는 능력을 잃자, 통화주의자 프리드먼 교수가 케인스 학파의 정설에 도전장을 내밀게 되었다.

고된 시련을 주문한 프리드먼 통화주의

연준 폴 볼커 의장이 이끈 인플레이션과의 전쟁이 경제와 증시의 숨통을 완전히 죄었다.

〈USA 투데이(USA Today)〉

프리드먼의 통화주의자들은 인플레이션과 불경기 문제는 하나의 사실, 즉 통화 공급 팽창률로 귀결된다고 주장한다. 그들의 이론에 따르면 인플레이션은 정부가 화폐를 너무 많이 발행할 때, 불경기는 너무 적게 발행할 때 일어난다.

통화주의자 시각에서 보면 스태그플레이션은 정부가 친 장난, 다시 말해 경제를 성장 한계선 이상으로 밀어붙이기 위해 반복해서 재정·통화 정책을 실행하는 것의 당연한 결과다. 약간은 억지스러운 통화주의자들의 표현을 빌리면 이런 한계는 경제의 '자연실업률'이다. 대다수가 실업률에는 자연스러운 면이 없다고 믿지만 말이다.

어찌 됐든 통화주의에 따르면 경제의 자연한계선을 뛰어넘으려는 팽창 정책은 단기 급성장을 달성한다. 그러나 급성장 이후 불가피하게 물가와 임금이 오르고, 경제는 높은 인플레이션에도 불구하고 다시 자연실업률로 끌려간다.

경제를 한계선 이상으로 밀어붙이려는 이런 반복적이고 무의미한 시도는 추한 악성 인플레이션을 불러온다. 이 상황에서 통화주의자들은 인플레이션과 인플레이션 기대(inflationary expectation, 일정 기간 동안 물가 상승이 계속될 때 기업이나 개인이 물가가 더욱 오를 것으로 예상하는 일)를 제거하기 위해 취할 수 있는 유일한 방법은 실질실업률을 자연실업률보다 높이는 것이라고 믿고, 이는 결국 불경기 유발을 의미한다.

다음은 통화 성장 목표를 정하자는 통화주의의 깃발 아래 1979년 연준이 시작했던 것을 해석한 것이다. 폴 볼커 의장 주도 아래 연준은 급격한 통화 긴축 정책을 채택했고 금리는 20% 이상 뛰어올랐다. 특히 주택 건설, 자동차 구매, 기업 투자와 같이 금리에 민감한 부문과 함께 증권·통화 시장이 큰 타격을 입었다.

연준의 쓴 약이 효과를 발휘하던 3년 동안의 고된 경제 시련기는 국민들의 입가에 쓴맛을 남겼다. 이제 국민들은 케인스주의자나 통화주의자가 제공하는 것보다 더 달콤한 거시경제 치료제에 굶주려 있다. 이제 바로 공급 측 경제학으로 들어가 보자.

달콤한 성장의 유혹, 공급 측 경제학

> 미국은 최고의 전성기를 누렸고 이제 번영의 시대는 끝났다고 사람들은 말합니다. 그리고 당신이 아이들에게 … 미래는 희생이 되고 기회가 거의 없을 거라고 말하기를 기대합니다. 사랑하는 국민 여러분, 나는 단호하게 그 견해를 거부합니다.
>
> 로널드 레이건

1980년 대선에서 로널드 레이건은 당시 적수였던 조지 부시가 '부두교 경제학'이라고 낙인찍었던 공급 측 강령을 끊임없이 이야기했다. 세금 감면, 조세 소득 증대, 인플레이션 없는 경제 성장 촉진이라는 세 가지 약속을 동시에 내걸자, 사이비 부두교라는 비난에도 불구하고 국민과 주식시장은 모두 레이건의 마법에 빠져들었다. 그 공약은 바로 달콤한 거시경제 치료제에 대한 약속이었던 것이다.

겉으로 보기에 공급 측 경제학은 1960년대 침체된 경제를 자극하기 위해 처방된 케인스주의의 세금 감면 정책과 비슷하다. 그러나 레이건 시대의 공급 측 학자들은 세금 감면을 다른 행동 관점으로 대했다. 케인스주의와 달리 그들은 세금 감면이 인플레이션을 유발한다는 의견에 동의하지 않았다. 그보다는 노동의 대가가 좀더 확실히 보장된다면 국민들이 더 열심히 일하고 투자도 더 많이 이루어질 거라고 생각했다. 그 결과 우리 경제가 생산할 수 있는 상품과 서비스의 양이 공급 곡선을 밀어낼 정도로 증가할 것이다. 그래서 '공급 측' 경제학이다.

가장 중요한 것은 주창자들이 세금 감면에 따른 조세 소득 손실은 경제 성장에 따른 조세 소득 증가로 상쇄될 것이라고 약속했다는 점이다. 따라서 공급 측 경제학 아래서 재정적자가 실제로 줄어들어야 한다.

그러나 불행하게도 그런 일은 일어나지 않았다. 경제와 증시는 활기를 띠었지만 재정적자 역시 활기를 띠었다. 그리고 재정적자가 치솟음에 따라 무역적자도 함께 급등했다.

경제 전쟁에 희생된 신고전주의

부시 대통령은 계속된 국내 경제 문제로 수세에 몰리고 … 공식적인 재선 선거운동을 서둘러 구성해 정치력을 다시 모으려 했지만 … 어떤 공화당원은 한때 잘 굴러가던 백악관 정치·메시지 기구에 관해 이렇게 말했다. "거의 산산조각 났다. 우리는 그 허풍을 그만두고자 한다. 민주당원들은 조지 부시를 그들의 '구역'으로 끌고 갔고 흠씬 두들겨 패줄 것이다."

〈워싱턴포스트〉

어떻게 해서 걸프전 승리 후 높은 지지율을 기록하던 대통령이 여론조사에서 그토록 빨리 추락할 수 있었는지는 회자되는 정치 화제 중 하나다. 그러나 이는 전적으로 경제와 관련된 이야기다.

걸프전 당시 조지 부시 대통령은 사담 후세인Saddam Hussein보다 더 심각하게 고민했다. 재정적자는 이미 2,000억 달러를 넘어섰고, 경제는 심각한 불경기의 바닥으로 내려앉을 태세였다. 기운찬 케인스주의자라면 이 불경기 징후를 팽창 정책을 시작하라는 신호로 알아들었을 것이다. 그러나 레이건의 공급 측 조언자에 이어 부시의 백악관에 진입한 세력은 케인스주의자가 아니라 거시경제학의 새로운 유파인 '신고전파'였다.

신고전주의 경제학은 합리적 기대 이론을 근거로 한다. 이 이론에 따르면 합리적으로 기대하기 위해서는 재정·통화 정책의 미래 효과를 포함한 유용한 정보를 모두 고려해야 한다. 합리적 기대 이론 뒤에는 이런 생각이 깔려 있다. 정책은 잠시 동안 사람들을 속일 수 있을지도 모른다. 그러나 사람들은 한동안 경험을 통해 배우고 나면 다시는 속지 않는다. 물론 이 이론이 갖는 정책적 함의는 깊다. 합리적 기대는 정부의 재정·통화 정책들을 완전히 쓸모없게 만들기 때문에 정책들을 폐기해야 한다.

예를 들어 경제 불황의 공백기를 메우기 위해 연준이 통화 팽창 정책을 펴기 시작했다고 가정해보자. 이런 정책을 반복해서 경험한 사람들은 통화 공급 증가가 인플레이션을 유발한다는 것을 안다. 합리적 기대의 세계에서 스스로를 보호하기 위해 기업은 즉각 가격을 올려 연준의 팽창 정책에 대응하고, 노동자들은 임금 인상을 요구할 것이다. 시도된 자극책들은 인플레이션 하락 효과로 인해 완전히 상쇄될 것이다.

실제로 세계 금융시장에서는 이러한 합리적 기대를 항상 목격할 수 있고, 이 책이 양성하려는 유형의 앞선 사고도 바로 이 합리적 기대다. 2000년 상반기 금융시장이 어떻게 대응했는지, 다음 사례를 통해 알아보자.

말썽 많던 그 기간에 수요 견인 인플레이션 압력이 계속 상승하자, 연준은 지난 11개월 사이 여섯 번째인 금리 인상을 감행했다. 그러나 금융시장은 연준이 실제로 금리를 올릴 때까지 기다리지 않았다. 오히려 연준이 어떤 조치를 취하리라는 기대로 미리 조정에 들어갔다. 채권 가격은 떨어졌지만 수익률은 높아졌다. 달러는 강세를 보였고, 상품시장이 인플레이션 헤지hedge 대책으로 등장했으며, 증시는 약세로 돌아섰다. 모든 거시경제 신호를 무시하는 미시 트레이더들이 잘못된 투자 방향에 서 있었던 건 두말할 나위 없다.

그러나 1990년대 초반 곤경에 빠진 부시 대통령에게 돌아가자. 부시의 신고전주의 참모진의 조언은 경제적으로는 훌륭했지만 정치적으로는 끔찍했다. 사실 그들은 심각한 불경기를 재빨리 치료할 수 있는 케인스주의를 단호히 거부했다. 오히려 근시안적인 정부 재량의 대응책에 의존하기보다 장기적 목표를 기본으로 하는, 좀더 안정적이고 체계적인 정책을 요구했다.

부시는 신고전파의 조언을 마음에 새겼고, 경제는 절뚝거리며 1992년 대선으로 향했으며, 1960년의 닉슨처럼 부시는 경제 활성화를 약속한 민주당에 또 한번 패배했다. 이 정권 이양과 관련해 재미있는 사실은 경제를 자극하기 위해 클린턴Bill Clinton이 한 일이 거의 없었다는 것이다. 그러나 정부가 적극적으로 개입하겠다는 그의 약속 한마디는 기업과 소비자 신뢰를 회복하는 데 도움이 되었다.

다우지수 1만 포인트만큼 가치 있는 것

오늘날 한 국가의 거시경제 마법사는 심각한 불경기와 공황이 접근하는 것을 막을 수 있을 듯 보인다. 그것은 현대 거시경제학의 진전한 승리이며, 투자자들에게 대단한 뉴스다. 이것은 그림 2-1(64쪽)에도 잘 나타나 있다. 제2차 세계대전 이후 거시경제 정책을 광범위하게 적용한 이래 어떻게 경기 순환 폭이 상당량 줄었는지 주목하라.

이 그림은 재정·통화 정책이 경기 순환과 주식시장 순환의 변덕도 줄일 수 있다는 주장을 강하게 뒷받침해줄 것이다. 다음 두 개 장에서 재정·통화 정책의 미스터리를 파고들 예정이다. 그러나 먼저 이 장에서 취해야 할 요점들을 정리해보자.

- 서로 의견이 분분한 거시경제 학파들은 불경기, 인플레이션, 스태그플레이션과 싸우는 방법이 항상 일치하지는 않는다.
- 시기와 상관없이 연방정부의 해결책은 대통령, 의회, 연준의 귀를 장악한 학파에 의해 결정된다.

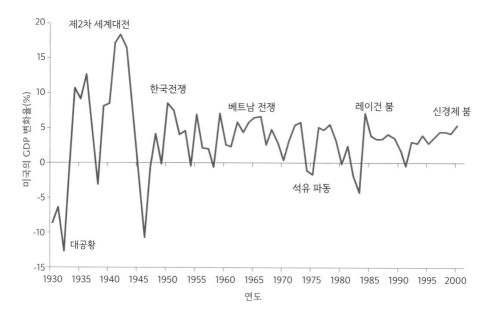

그림 2-1. 거시경제의 승리

■ 어떤 해결책이 채택되는가에 따라 증시도 각기 다른 방식과 정도
로 대응한다.

예를 들어 불경기일 때 케인스주의자 대통령은 경기를 자극하기
위해 정부지출을 늘리려 한다. 그러면 많은 부분을 정부에 의지하는
방위산업과 주택 같은 특정 시장이 자극받을 뿐 아니라 주식시장에
도 단기 상승의 기회가 제공될 것이다. 그러나 채권시장은 재정적자
가 금리 상승을 유발한다는 두려움 때문에 부정적으로 대응할지 모
른다.

반대로 공급 측 경제학 대통령은 침체된 경제에 시동을 걸기 위해
특정 산업의 규제 완화와 함께 소비자 대상으로 대규모 세금 감면 정

책을 지지할 것이다. 그러면 주식시장에 활기가 생긴다. 소비자 세금 감면은 특히 소매업과 자동차처럼 소비자에 크게 의존하는 기업의 주가를, 규제 완화는 화학과 통신처럼 규제 완화 혜택을 받는 관련 기업의 주가를 올린다.

3장

정부의 도구 상자

- 1933년 루스벨트 대통령은 케인스주의식 뉴딜 정책에 대한 정부지출을 크게 확대했고, 미 경제는 수렁 같은 대공황의 긴 터널을 빠져나오기 시작했다. 그리고 4년 후 다우존스지수는 240%나 뛰어올랐다.

- 1954년 미 경제는 대공황 이후 최악의 경기 침체에 빠졌다. 아이젠하워 대통령이 대규모 세금 감면과 공공 부문 지출 확대로 맞서자 곰(약세)은 황소(강세)로 돌변했고, 주식시장은 이후 15개월에 걸쳐 80% 이상 반등했다.

- 1964년 암살당한 대통령을 추모하기 위해 의회는 유명한 케네디 감세를 통과시켰다. 이 교과서적인 케인스주의 처방으로 경제는 침체에서 벗어났고 다우존스지수는 이후 2년 반 동안 40% 뛰어올랐다.

- 1982년 레이건 대통령이 세금을 대폭 줄이자 경제는 통화주의 사슬을 끊고 자유의 몸이 되었고, 주식시장은 200% 상승하며 5년간 강세를 이어나

갔다. 그러나 역사상 가장 긴 강세장으로 기록되지는 못했다. 가장 긴 강세장은 중임에 스캔들까지 몰고 다녔던 클린턴 대통령 때 찾아왔다.

- 1990년대 첫 임기를 시작하면서 클린턴은 연방정부의 예산 균형을 맞추기 위해 세금을 늘리고 지출을 줄였다. 그러자 재정적자를 걱정하던 월스트리트의 불안이 진정되었고 경제는 번창했으며, 월스트리트 황소는 새로운 세기를 향해 맹렬히 달려나갔다.
- 2001년 임기 초반에 조지 W. 부시는 침체된 경기의 해결책으로 정부의 세금 감면이냐 연준의 금리 인하냐를 놓고 그린스펀 의장과 묘한 신경전을 벌였다. 그런 불확실성은 인플레이션 우려를 키웠고, 묘안이 없던 부시와 그린스펀 모두 경기 회복을 위해 적당한 조치를 취하지 못했다. 그 과정에서 증시 회복이 늦어졌다.

위의 예들은 재정정책, 즉 경제를 자극하기 위해 정부지출을 늘리거나 세금을 감면하는 정책, 또는 과열된 경제를 수축시키기 위해 정부지출을 줄이거나 세금을 올리는 정책이 주식시장의 동향에 어떻게 영향을 미치는지 보여준다. 이 장에서는 먼저 재정정책이 어떻게 작용하는지 이해하고, 이어서 거시적 이론을 이용해 재정정책의 결과가 증시에 어떤 여파를 일으키는지 알아보자.

GDP가 중요한 이유

재정정책의 핵심을 이해하려면 국가의 소득을 계산하는 법부터 살펴봐야 한다. GDP는 소비지출, 투자지출, 정부지출, 순수출을 모두 합친 것이며, 순수출은 간단하게 수출에서 수입을 뺀 것이다. 재정정책을 이해할 때 GDP 계산은 다음 두 가지 이유로 중요하다.

첫째, GDP 계산 공식은 GDP를 구성하는 요소 간의 비교우위성을 보여준다. 예를 들어 소비가 GDP의 70%를 차지한다. 그렇기 때문에 거시경제에 밝은 투자자는 소비자 신뢰도, 소매 매출액, 개인 소득과 같은 소비지수에 특히 관심을 가질 것이다. 이런 주요 지표들의 변화는 GDP의 최대 구성 요소가 경기 침체를 촉발하고 악화시키거나 인플레이션에 불을 붙이고 경기가 과열할 거라는 초기 경고 신호다.

GDP 공식이 중요한 두 번째 이유이자 좀더 가치 있는 이유는 거시적 이론의 도움으로 재정정책을 재량껏 도출할 수 있다는 점이다. 예를 들어 거시경제가 중동전 혹은 엘니뇨El Niño에 의한 전 세계적 가뭄과 같은 악재에 휩싸였다고 가정해보자. 소비자들이 불안한 마음에 더 절약하게 되어 소비가 점점 줄어든다. 하지만 GDP 공식에서 소비 부문의 감소는 이야기의 시작일 뿐이다. 다음 단계는 소비자의 소비 감축으로 각 기업에 재고품이 쌓이기 시작하는 것이다. 기업은 투자를 줄이고 일시적 해고를 단행한다. 그러면 해고된 사람들은 뭘 할 수 있겠는가? 그렇다. 앞의 예에서 보았듯 소비를 줄인다. 따라서 소비량은 더욱 줄어든다. 또다시 재고량이 늘어나고 투자는 줄어들며 더 많은 사람이 해고된다. 경기 침체 곡선은 바닥을 향해 계속 곤두박질친다.

그러므로 재정정책 밑에 깔린 전체 아이디어는 우선 불경기 사태를 멈춘 다음 역전시키는 것이다. 이는 둘 중 하나의 방법을 통해 소비와 투자의 감소를 상쇄함으로써 이룰 수 있다.

양대 재정정책의 파도

첫 번째 케인스주의식 재정정책은 단순히 정부지출을 늘리는 것이다. 1930년대 대공황 탈출을 위해 취해졌던 조치로, 정부는 1929년 주식시장 붕괴로 생겨난 소비와 투자의 급격한 하락을 만회하기 위해 뉴딜 공공정책에 많은 돈을 쏟아부었다. 그런 케인스주의식 자극은 1950년대에도 성공을 거두어 불경기의 늪에 빠졌던 경제를 살렸다. 그러나 1950년대 이후에는 불경기를 막는 데 거의 등장하지 않았다.

두 번째 재정정책은 그렇지 않다. 정치적 지지를 확실히 등에 업은 두 번째 케인스주의식 대안은 경제를 자극하기 위해 세금을 감면하는 것이다. 예를 들어 가장 유명한 케인스주의식 세금 감면은 존슨 대통령 시절인 1964년에 시행되었다. 앞에서 언급했듯이 이를 최초로 주창한 케네디 대통령을 기리기 위해 통과된, 광범위한 세금 감면이었다. 그 감세 덕분에 2년 반 후 다우존스지수는 40% 이상 급등했다. 하지만 이 세금 감면의 아이러니는 5년 후 세금 인상이 불가피해졌다는 것이다. 존슨 행정부는 참신한 케네디 감세, 베트남전, '위대한 사회' 정책에 따른 지출로 인해 과열된 경기를 식혀야 했다. 근본적으로 이 세금 인상은 정반대의 재정정책이다.

경제를 자극한 세금 감면의 두 번째 전례는 1980년대 레이건 행정부에서 찾을 수 있다. 공화당 출신의 대통령은 공급자 측을 고려한 세금 감면이라고 했지만, 그 결과는 근본적으로 총수요에 영향을 미쳤다. 결국 순수한 공급 측 경제학이 아니라 전통 케인스주의식 재정정책이 아니냐는 말이 나돌 정도였다. 〈뉴스위크〉도 그 점에 관해 다음과 같이 말했다.

레이건 행정부는 허둥지둥 경제 실험에 착수했다. 공급 측 경제학을 인용하며, 대통령은 세금을 줄이고 방위산업 지출도 늘리겠지만 예산 균형도 맞추겠다고 약속했다. 그러나 1981년 세금 감면은 소득 급상승을 불러오는 데 실패했다. 이제 수많은 경제학자는 레이건 시절의 성장은 재정적자가 부추긴 것이고, 공급 측 경제학은 케인스주의 처방과 다를 바 없다고 믿고 있다.

위 평가는 가혹하며, 또 정확하다고 할 수도 없다. 그러나 레이건의 감세 정책이 영향받은 것이 새로운 공급 측 경제학인지, 아니면 낡은 케인스주의인지에 관해 누가 옳건 간에, 이런 감세 정책은 경제와 주식시장에 극적인 효과를 발휘했다.

재정정책이 어떻게 그리고 왜 증시에 여파를 일으키는지는 매크로 투자자의 흥미를 불러일으킨다. 정부는 지출 증대 혹은 세금 감면을 위해 재정적자를 늘려야 하기 때문이다. 여기서 매크로 투자자는 중요한 질문 하나를 떠올린다. 정부는 팽창 정책으로 불거진 재정적자를 어떻게 메울까?

현실적으로 적자를 메우는 방법은 두 가지다. 정부는 채권을 팔거나 통화를 찍어낼 수 있다. 그리고 여기서 확실히 해둘 점은 이 두 가지 방법이 매크로 투자자에게 위험의 기회이자 이윤 창출의 기회가 된다는 것이다.

재정적자의 모순

1970년대에 대학생이던 나는 성공한 경제의 주요 특징 중 하나는 경제 성장을 자극하기 위해 재정적자 정책을 구사한 것이라고 배웠다. 케인스의 저서에 뿌리를 둔 그 견해는 … 여전히 특정 시기의 특정 경제에서 중요한 진실을 잡아낸다. … 그러나 그 이론을 공부하던 때 이후 터득한 사항은 … 장기 성장을 위해서는 공급 요소의 중요성을 더 많이 강조해야 한다는 것이다. 또 재정적자는 투자를 몰아내 생산성 성장을 늦추고 대출금리 상승이라는 악순환을 낳아 투자 감소와 저성장을 유발함으로써 결국 더 큰 재정적자를 만든다는 위험을 인식해야 한다는 것이다.

로렌스 서머스(Lawrence Summers)

채권 자금 조달책을 들고 미 재무부는 곧바로 민간 금융시장으로 달려가 적자를 메우기 위해 채권을 판다. 이 선택의 커다란 위험은, 전 재무장관 로렌스 서머스가 앞에서 언급한 것처럼 정부의 채권 판매가 금리를 올려 결국 민간 투자를 밀어낸다는 것이다. 재무부가 채권을 팔기 위해서는 금리를 올려야 하는데, 고금리는 회사채의 매력을 떨어뜨리고 그 결과 민간 투자 수준이 낮아진다. 주식시장과 채권시장이 재정적자 때문에 불안에 떠는 이유를 이해할 것이다.

이 모순을 주목해야 한다. 정부는 불경기 때 소비와 투자의 하락을 만회하기 위해 정부지출을 늘린다. 그러나 정부가 지출 자금 조달을 위해 채권을 팔면 금리가 상승하고 GDP 계산 공식 중 투자 영역이 더 감소한다. 정부지출은 증가하는데 민간 투자는 감소하는 수준이 되면 민간 부문이 밀려나고 재정정책은 효과적이지 못한 수단으로 전락하게 된다.

재정정책은 금융시장을 춤추게 한다

1970년 초, 닉슨 대통령은 옛 동료 아서 번즈(Arthur Burns)를 연준 의장으로 임명했다. … 번즈는 자신이 임명된다면 1970년과 1972년에 공화당원들이 당선되도록 동원할 수 있는 것은 모두 동원해 유동성 넘치는 경제를 만들겠다고 닉슨에게 약속했다. 하지만 자리에 오르자 그는 주저했다. 그는 닉슨의 통화 팽창 정책이 어떻게 되리라는 걸 잘 알고 있었다. 닉슨이 직접 물가를 억제한다면 그는 그냥 따라가겠다고 결심했다. … 1971년 8월 15일, 닉슨은 1933년 이후 미 경제사상 가장 놀랄 만한 정책을 발표했다. 90일 동안 임금과 물가를 동결하고, 모든 수입품에 10% 추가 요금을 부과하며, 더는 35달러 비율로 금과 달러를 교환하지 않겠다는 것이었다.

단기적으로는 그 계획이 효과가 있었다. 번즈는 기뻐하며 조폐국에서 인쇄기를 돌리기 시작했고, 닉슨은 1972년의 붐을 일으켜 표 61%를 얻었다. 그러나 1973년부터 1974년까지 두 자릿수 인플레이션, 에너지 부족, 국제 통화 체계 붕괴, 1940년 이래 최악의 경기 침체를 겪었다.

〈위클리 스탠더드(The Weekly Standard)〉

여기서 아서 번즈 때 연준이 화폐를 무제한 발행하면서 생겨난 금융 대란에 대한 〈위클리 스탠더드〉의 목록에 중요한 항목 하나를 덧붙이고자 한다. 바로 미 역사상 두 번째로 나쁜 약세장이었다는 것이다. 1973년과 1974년, 이 약세장은 다우존스지수를 절반이나 깎아먹었다. 이보다 더 심했던 약세장은 대공황 때 다우존스지수가 89% 하락한 것이 유일하다.

정부의 인쇄기는 분명 당신의 포트폴리오 혹은 멋진 공매도 기회를 크게 위협할 수 있다. 그러나 연준은 재정적자를 만회하기 위해 어떻게 돈을 찍어낼까?

그것은 미 재무부 채권이 공개시장에 나오기 전에 연준이 구입할 때 일어난다. 이 경우 연준이 정부의 재정정책을 '조정했다'고 말하는데, 재무부 채권이 공개시장에서 회사채와 경쟁하지 못하도록 매입했기 때문이다. 이런 이유로 이런 재정적자 자금 조달 방식은 '화폐를 발행하는 것'과 똑같다. 연준이 재무부 채권에 지불한 수표는 은행 준비금을 늘린다.

역사적으로 정부 재량의 재정정책 조정에 관해 몇몇 흥미로운 싸움이 있었다. 예를 들어 베트남전 때 연준의 윌리엄 마틴William Martin 의장은 베트남전과 '위대한 사회' 운영으로 발생한 재정적자를 조정해달라는 존슨 행정부의 부탁을 단호히 거절했고, 그 결과 금리가 두 자릿수로 급등했다. 반대로 앞의 〈위클리 스탠더드〉 토막 기사에서 보듯이, 정부가 불경기에서 벗어나기 위해 재정정책을 시행하자 아서 번즈의 연준은 재무부를 조정해주었다. 그러나 이지 머니 정책(easy money policy, 자금을 공급해서 자금 조달을 돕는 정책으로 공정이율 인하, 채권 매입, 지급준비율 인하 등이 있다)은 큰 실패로 끝났다.

좀더 넓게 보면, 거시경제에 밝은 투자자는 두 가지 재정적자 자금 조달법, 즉 국채와 화폐 발행이 금융시장에 각기 다른 영향을 준다는 것을 확실히 이해해야 한다. 국채를 발행하는 경우, 금리 상승으로 주식시장이 둔화되고 달러 가치가 상승한다. 바로 공매와 환투기에 최적인 환경이다. 반대로 화폐를 발행하고 저금리인 경우, 국채 가격은 통화 가치에 따라 하락하는 반면 주식시장은 활기를 띤다. 적어도 단기간은 주식이 강세로 돌아선다. 그러나 이지 머니 정책이 인플레이션을 조장한다면, 아서 번즈 때처럼 월스트리트맨 모두 탈출구를 향해 뛰어갈 것이다. 이런 상황에서는 매도 측과 민첩한 공매도꾼들만이 돈을 벌어들인다.

이제 재정정책이 금융시장에 얼마나 복잡한 영향을 미치는지 알게 되었다. 다음 장에서는 통화정책도 마찬가지임을 목격하게 될 것이다.

4장

연준과 싸우지 말라

2월 4일 금리 인상을 단행하면서, 우리는 주식시장의 투기 거품을 터뜨릴 수 있을 것이라 기대했다.

앨런 그린스펀

대단히 무서운 말이다. 연준 의장은 공개적으로 '비이성적으로 열광하는' 투기 절정의 증시를 허물기 위해 통화정책을 의도적으로 사용했다고 시인하고 있다. 언변 좋기로 유명한 경제학자 폴 크루그먼 Paul Krugman의 말도 들어보자.

경제의 고삐를 더 풀어야 한다고 생각한다면 연준 의장의 판단에 시비를 걸 수 있다. 하지만 그의 권력엔 이의를 제기할 수 없다. 향후 몇 년간의 미국 실업률을 예견할 수 있는 간단한 모델을 원한다면 다음과 같다. 그린스펀은 신이 아니기 때문에 무모한 실수야 하겠지만, 여하튼 그가 원하는 대로 이뤄질 것이다.

이해되는가? 왜 '연준과 싸우지 말라'가 월스트리트 투자 전문가들 사이에서 가장 중요한 격언이 되었는지 알겠는가? 그것은 연준과 통화정책이 최고로 중요하다는 말이다. 실제로 연준에 싸움을 걸었던 투자자나 트레이더는 피비린내 나는 경험을 통해 통화정책이 금융시장에 일으킬 수 있는 갖가지 폐해와 불확실성을 알게 되었다.

통화정책의 미스터리

통화정책은 침체된 경기를 자극하기 위해 통화량을 늘리거나, 과열된 인플레이션을 낮추기 위해 통화량을 줄이는 것을 말한다. 연준은 통화정책을 실시하기 위해 다음 두 가지 방법을 사용한다.

첫 번째는 공개시장 조작이다. 간단히 말해 통화량을 늘리고 금리를 낮추고 싶으면 정부 발행 유가증권을 사들이고, 통화량을 줄이고 금리를 올리고 싶으면 정부 발행 유가증권을 파는 것이다.

공개시장 조작이 연준의 가장 중요한 무기라면, 두 번째는 적어도 그린스펀 시대에는 선택 수단이 되었다. 그것은 재할인율과 연방기금 금리를 정하는 것이다. 재할인율은 시중은행이 연준에서 돈을 빌릴 때 연준이 부과하는 금리이고, 연방기금 금리는 시중은행들이 서로 돈을 빌릴 때 적용하는 금리다. 재할인율과 연방기금 금리가 낮아지면 시중은행들은 좀더 싸게 돈을 빌릴 수 있어 통화량이 늘어난다. 반대로 올라가면 돈을 빌리는 게 더 비싸지므로 경제가 수축한다.

거시경제의 연쇄 반응

주택담보대출 금리 상승이 벼락경기를 타던 주택시장을 물어뜯자 6월의 주택 매매는 5월보다 3.7% 하락했는데, 이는 지난 2년을 통틀어 가장 적은 폭이다. … 주택 매매 둔화는 소비지출 둔화를 의미한다. … 새 주택에는 세탁기, 건조기, 식기세척기, 냉장고 등 새 가전제품이 필요하다. 또 카펫 수요, 주택 개량 혹은 리모델링 지출에도 영향을 미친다. 게다가 사람들이 고가 물품 구입을 피하는 상황에서는 저가 물품 구입도 줄이게 마련이다.

〈인베스터스 비즈니스 데일리〉

이 기사에 설명된 연쇄적 사건들은 연준이 금리를 살짝 올려도 경제에 큰 파문이 일어나는 것을 보여준다. 위의 경우처럼 신규 주택 매매가 하락하면 수많은 주택 관련 업종도 큰 타격을 입는다.

이런 조정의 핵심에 우리가 알아야 할 것이 있다. 바로 화폐정책이 전달되는 메커니즘인데, 연준의 금리 변화가 어떻게 그리고 왜 경제를 수축 혹은 팽창시키는지 자세히 설명한다. 경기 과열로 인플레이션을 높이는 상황에서 이 메커니즘이 어떻게 작동하는지 보여주겠다.

첫째, 연준은 공개시장 조작이나 재할인율 인상을 통해 금리를 올린다. 금리 인상은 기업 투자를 줄일 뿐 아니라 수출과 소비지출도 줄인다. 예를 들어 소비자는 주택담보대출 금리가 높아지면 새집을 구입하지 않고 작은 집을 사거나 낡은 집을 고치게 마련이다. 이와 비슷하게 국제 무역에 개방된 경제에서 고금리는 달러의 가치를 높이고, 이 달러 강세는 미국의 수출품 판매력을 감소시킨다. 결국 소비, 투자, 수출이 하락하는 총체적인 효과로 GDP와 인플레이션이 낮아지고 정책 목적이 달성된다.

불경기인 경우, 경제가 완전고용 상태가 되도록 자극하기 위해 이 정책을 반대로 작동하면 된다고 생각하는 사람도 있을 것이다. 그러나 정말 그럴까? 이 문제는 '재정정책이 최선의 선택이 될 것인가'의 문제뿐만 아니라, '통화정책이 언제 가장 크거나 가장 작은 효과를 발휘하는가'의 중요한 문제를 논의하라는 신호가 된다.

줄을 당길 수는 있지만 밀어낼 수는 없다

1930년대 연준에는 지급준비금이 넘쳐났지만, 은행가들은 빌려주는 것을 거부했고 은행 고객들도 빌리는 것을 꺼렸다. 금융 관련 언론인들은 그 사건을 "줄을 밀어낼 수는 없다"라고 표현했다. 이는 지금도 마찬가지다.

〈포브스〉

일반적으로 재정정책은 경제가 비교적 심각한 불경기나 공황에 빠졌을 때 선택되는 정책 수단이다. 반대로 통화정책은 인플레이션과 싸우거나 약한 불경기를 치료하려 할 때 선택된다. 그 이유를 이해하기 위해 꽤 유용한 경구 하나를 소개하는 것이 유용할 듯하다. "줄을 당길 수는 있지만 밀어낼 수는 없다."

다음은 '줄 당기기' 시나리오다. 경제는 거의 완전고용 상태에 과열 경기의 위험이 도사리고 있으며 인플레이션 조짐까지 보인다. 이에 연준은 천천히 금리를 올리는 정책을 취한다. 그리고 소비자들은 더는 가계 빚을 늘리지 않으려고 한다. 이는 냉장고와 세탁기 같은 소비 내구재뿐만 아니라 주택과 자동차 소비도 감소한다는 뜻이다.

　　이런 소비 감소는 결국 이들 제품을 제조하는 업종과 여타 경제 부문에 파문을 일으킨다. 동시에 기업들은 투자 수준을 낮추기 시작한다. 소매업과 금융업처럼 금리에 민감한 부문들의 일부 기업은 매출과 수익 감소를 예상해서 투자를 줄일 것이다. 금리에 덜 민감한 부문들도 통화 가격, 즉 금리 상승이라는 단순한 이유로 이에 동참할 것이다.

　　그 결과 경제가 수축하고 인플레이션 압력은 줄어든다. 이러한 결과가 나타나기까지 약 3~6개월이 걸릴 테지만 말이다. 이 사례에서 연준은 성공적으로 줄을 당겨 인플레이션 위기에서 경제를 구해냈다.

　　이제 '줄 밀어내기' 시나리오와 대조해보자. 경제는 심각한 경기 침체 상태다. 이 경우 연준은 완전고용 상태로 회복시키기 위해 경기 자극제로 이지 머니 정책을 취한다. 그러나 소비자나 기업이 금리 하락에 어떻게 대응할지 보장할 수 없다. 소비자는 오히려 극심한 경기 침체를 우려하면서, 금리 인하에도 불구하고 새 차나 냉장고를 사는 데 더 조심스러운 태도를 보일 것이다. 동시에 놀리고 있는 생산 시설과 창고에 쌓여가는 재고품을 넋 놓고 쳐다보는 기업들은 금리 인하에도 불구하고 투자를 늘릴 생각이 없다.

　　이것이 바로 밀어낼 수 없는 줄의 문제다. 말을 물가에 데려간다는 상투적인 표현이 이 경우에 딱 맞는다. 즉, 기업을 저금리로 데려갈

수는 있지만 투자하게 만들 수는 없다. 이런 경우 정부는 경제를 자극해 불경기의 공황에서 벗어날 수 있도록 재정 팽창 정책으로 전환해야 한다.

매크로 투자자가 알아두어야 할 점은 이것이다. 경제가 불경기일 때에는 재정정책 해법을, 경제가 완전고용 상태에 있을 때에는 통화정책 해법을 예상하라.

물론 이 두 가지 정책에 대해 시장이 어떻게 반응하는지는 이미 이야기했다. 이제 마지막으로 연준의 미국 내 통화정책이 외국 경제와 주식시장—유럽과 아시아, 라틴 아메리카까지—에 어떻게 영향을 미치는지 이야기해보자.

연준이 재채기하면 유럽은 감기에 걸린다

질레트는 최근 보고된 실망스러운 매출액과 어두운 전망의 주범으로 유로화 약세를 지목했다. 불행한 질레트사 주주들도 감지했듯이 주가는 빠른 속도로 추락했다. 질레트는 유로화를 달러로 환전하면서 무언가를—사실은 매우 크게—잃어버렸다고 불평했다. 슬픈 불평을 담은 후렴구가 점점 커지며 이후 수 주일, 수개월간 이어질 것이다.

앨런 에이블슨(Alan Abelson), 〈배런스〉

연준 정책이 어떻게 미 국경 밖으로 흘러가는지 생각할 때 가장 먼저 이해해야 할 부분은 바로 금리와 환율의 관계다. 환율은 간단히 국가 간 화폐의 교환 비율을 말한다. 예를 들어 달러의 엔 환율이 110이라면 1달러로 110엔을 살 수 있다.

자, 다음을 생각해보자. 연준이 국내 인플레이션과 싸우기 위해 금리를 올리면, 외국인들은 미국 투자 기회가 확대됐음을 알게 된다. 그러나 미국 재무부 채권이나 주식 같은 미국 자산을 획득하기 전에 자국 화폐를 달러로 바꿔야 한다. 이 환전으로 달러 수요가 늘어나고 다른 통화에 비해 달러 가치가 높아진다.

여기서 가장 흥미로운 점은, 특정 조건 아래 연준의 금리 인상 결정은 주요 대미 무역 국가를 초토화할 수 있다는 것이다. 그 이유를 설명하기 위해 연준의 금리 인상으로 유럽 국가들이 안게 된 딜레마를 생각해보자.

미 경제가 과열되자 연준이 금리를 올려 경제의 줄을 당기려 하고 있다고 가정하자. 추가로 독일과 프랑스는 미국보다 느리게 성장하는 반면, 벨기에와 이탈리아, 스페인 같은 유럽경제통화동맹 나라들은 두 자릿수 실업률에 직면해 있다고 가정하자.

이제 유럽은 딜레마에 빠졌다. 연준이 미국 금리를 올리자 달러 가치가 약화된 유로화보다 점차 상승한다. 미국의 고금리 때문에 유럽 투자자본은 유럽에서 도망쳐 돈벌이가 되는 미 금융시장으로 간다. 이 자금 유출로 런던과 파리 증권거래소의 주가가 약세의 망각에 빠져드는 순간 유럽 경제가 덜컹거린다.

이제 유럽인들은 어떻게 해야 할까? 그들에겐 두 가지 대안이 있지만 둘 다 만족스럽지 않다. 사실 미 연준은 유럽인들을 패배자일 수밖에 없는 상황, 즉 유명한 홉슨의 선택(Hobson's choice, 영국의 말 대여업자 토머스 홉슨이 마구간 입구에서 가장 가까운 말을 내주기로 하고 그것이 싫으면 그만두라고 한 일화에서 나온 것으로, 선택의 여지가 없는 상황을 말함)으로 내몬 것이다.

첫 번째 대안은 투자자본이 빠져나가도 아무 조치 없이 통화가치가 떨어지도록 내버려 두는 것이다. 이 대안에는 달러 강세와 유로 약세로 유럽의 대미 수출량이 늘어난다는 이점이 있다. 그러면 결국 유럽의 수출 산업뿐 아니라 유럽 경제를 자극하는 데 도움이 된다. 반대로 미 수입품은 유로 약세 때문에 가격이 치솟아 유럽 경제에 인플레이션 효과를 준다. 유럽 소비자의 구매력 감소는 유럽 민주주의에 '제국주의적인 미 연준'과 싸우라는 정치적 압력을 가할 것이고 성난 유럽 시민들은 자국 지도자를 축출하기 위해 표를 던질지도 모른다. 그래서 첫 번째 대안은 썩 좋아 보이지 않는다.

그렇다면 두 번째 대안은 무엇인가? 더 나쁠 것 같다. 이는 유럽중앙은행이 연준과 똑같은 비율로 금리 인상을 단행해서 유럽 자본이 미국으로 흘러가지 못하게 막는 것이다. 그러나 여기에는 유럽 경제를 망가뜨릴 수 있는 위험이 도사리고 있다. 실제로 이 대안으로 결정된다면 유럽인들은 미 연준처럼 통화 긴축 정책을 실시할 것이다. 물론 상황이 크게 달라서, 미국은 이미 인플레이션과 완전고용 상태인 반면 유럽은 장기 침체로 몸살을 앓고 있고, 빡빡한 통화정책은 상황을 더욱 악화시킬 뿐이다. 그렇다면 유럽의 수상들은 어떻게 해야 하나?

물론 요점은 미국의 국내 통화정책이 불가피하게 세계 금융시장에 영향을 미친다는 것이다. 연준이 재채기하면 유럽은 정말 감기에 걸린다. 매크로 투자자에게는 위험인 동시에 기회다.

이 특정 사례에서 펼쳐진 일련의 사건을 주도면밀하게 지켜본 트레이더는 미국 채권시장에 손을 대거나 유로화를 공매도할 것이다. 혹은 수출 지향적인 유럽 기업 주식에 투자하거나 미국의 경기 순환주를 공매도할 것이다. 미 통화정책이 만들어낼 수 있는 매매 기회에 관해서는 3부에서 좀더 이야기할 예정이다. 그러나 지금은 2부로 넘어가 매크로 투자의 기본 사항을 알아볼 시간이다.

2부

큰 흐름을
읽어야
시장이
제대로 보인다

5장

매크로 투자의
8가지 원칙

~~~~~~~~~~

로버트 피셔는 두 가지 일에 열심이다. 체스와 주식 거래가 그것이다. 체스를 잘하는 그는 주식 거래도 잘한다. 오늘도 많은 돈을 벌 참이다. 그는 증시 전체를 체스판으로 보고 몇 수 앞서 생각하기 때문이다.

로버트의 첫 수는 노스웨스트항공 주식을 1,000주 매수하는 것이다. 왜냐고? 몇 분 전, 친절한 하늘의 킹인 유나이티드항공이 아주 가치 있는 졸인 유에스에어를 인수한다고 발표했기 때문이다. 이제 유나이티드는 세계 최대의 항공사이자 진짜 왕으로 거듭날 것이다.

이 뉴스를 접한 트레이더들은 곧바로 유에스에어 주식을 사려고 야단법석을 떨었다. 하지만 로버트는 이렇게 '부화뇌동하는 참가자'들은 투기 거품 속에서 대가를 비싸게 치르고 대부분은 돈을 날리게 된다는 것을 안다.

로버트는 유나이티드의 그런 전략적 움직임은 델타와 아메리칸항공 같은 경쟁사의 독점을 깨려는 시도임을 즉각 알아차렸다. 또한 순전한 방어 대책으로 델타와 아메리칸항공도 재빨리 인수 대상을 물색하리라고 예상했다. 그래서 그는 매수 대상 1순위인 노스웨스트항공 2,000주를 즉각 사들였다.

그다음 2주일 동안 아메리칸항공이 막대한 오퍼를 내자 노스웨스트 주가는 24달러에서 28달러, 결국 35달러까지 뛰어올랐다. 바로 그때 로버트는 2만 2,000달러 차익을 챙기고 주식을 팔아치웠다. 반면에 유에스에어 주식이 25달러에서 49달러로 뛴 후에야 매수한 투자자들은 주가가 40달러로 떨어지자 큰 타격을 입었다. 정말이지 로버트는 이 게임을 사랑한다!

～～～～～～～

매크로 투자의 목적은 주어진 리스크 수준에서 손실을 최소화하고 원금을 보전하면서 수익금을 최대화하는 것이다. 이 목적을 달성하기 위해 매크로 투자자는 매크로 투자의 기본 토대인 다음 8가지 원칙을 이해해야 한다.

1. 투자는 하되, 도박은 하지 말라.
2. 시장 리스크, 부문 리스크, 기업 리스크의 차이를 확실히 구분하라. 리스크를 분산하고 최소화할 때에는 매크로 투자 원칙에 따르라.
3. 열차가 달리는 방향으로 올라타라. 상황에 따라 매수, 공매도, 관망을 택하라.
4. 자신에게 맞는 열차를 타라. 시각을 주식시장에만 제한하지 말라. 채권시장과 통화시장도 관찰하고 거기서 거래하는 법을 배우라.

5. 거시경제는 시장의 약세와 강세를 결정하는 가장 중요한 요소이고, 추세는 친구다. 추세에 역행하지 말라.

6. 주식시장에서 각 업종은 거시경제 뉴스에 각각 다르게 반응한다. 매크로 투자자는 상승 국면에서는 강세 업종의 강세 주식을 매수하고, 하락 국면에서는 약세 업종의 약세 주식을 공매도한다.

7. 주식, 채권, 통화 시장은 거시경제 뉴스에 각각 다르게 반응한다. 매크로 투자자는 한 시장의 움직임이 다른 시장의 움직임의 전조라는 것을 알고 각 시장을 주의 깊게 관찰한다.

8. 부화뇌동해서 거래하지 말라. 특정 기업이나 업종에 영향을 주는 거시경제적 사건은 반드시 다른 기업, 업종, 시장에 효과를 미친다. 이를 이해하기 위해 매크로 투자자는 많은 수를 미리 내다볼 수 있는 체스 선수가 되어야만 한다.

이제 매크로 투자자의 시각으로 이 8개 원칙을 각각 살펴보자.

1. 투자는 하되, 도박은 하지 말라

> 당신은 대박을 바라며 맹목적인 도박을 하고 싶은가, 아니면 똑똑하게 투자해서 적지만 좀더 확실한 수익을 얻고 싶은가?
>
> 제시 리버모어(Jesse Livermore), 《제시 리버모어의 회상》

매크로 투자자는 투자는 하되, 도박은 하지 않는다. 투자와 도박의 차이는 승자와 패자의 경계선을 일관성 있고 확실하게 그어주기 때문에 매우 중요하다.

도박꾼은 승산이 거의 없는데도 모험을 하기 때문에 돈을 날린다. 복권을 사거나 룰렛을 하거나 슬롯머신에 동전을 무작정 넣는 것은 모두 도박이다. 이런 종류의 모험을 하는 것은 도박장을 상대로 내기를 하는 것과 같다. 도박꾼은 승률을 어기고 가끔 터지는 대박 때문에 계속 모험을 한다. 그러나 아무리 운이 좋아도 확률의 법칙은 결국 그를 따라잡는다. 그래서 도박장은 절대 지지 않는다. 도박꾼이 몰락하는 이유가 여기에 있다.

반면에 투자자는 승률이 유리할 때만 모험을 감행한다. 즉, 승산이 주식거래소가 아니라 자신에게 있을 때만 투자한다. 상황을 무시한 무모한 모험은 하지 않으며, 한 번에 전부 걸지도 않는다.

포커가 투자의 한 형태라면 주식 거래는 또 다른 형태의 투자다. 게리 빌펠트Gary Bielfeldt는 고전이 된 《시장의 마법사들(Market Wizards)》에서 이 두 가지 투자의 관계를 멋지게 설명했다.

나는 아버지에게서 포커를 배웠다. 아버지는 게임에 적용하는 확률 개념을 가르쳐주셨다. 사람들은 패를 잡았다고 무조건 돈을 걸지는 않는다. 그렇게 하면 돈을 날릴 확률이 커지기 때문이다. 대신에 패가 좋으면 잡고, 패가 나쁘면 판돈을 날리더라도 그 판은 포기한다. 손에 막강한 패를 쥐고 있고 판에도 필요한 카드가 깔려 있을 때, 다시 말해 승리를 확신할 때에는 돈을 한계까지 올린다.

이 포커 전략의 원칙을 주식 거래에 적용한다면 이길 확률이 매우 높아진다. 나는 포커에서 이길 패를 기다리는 마음으로 항상 인내심을 유지하며 적당한 거래 시기를 기다렸다. 거래가 좋아 보이지 않으면 조금 손해를 본

뒤 빠져나오면 된다. 이것은 포커에서 패가 나쁘면 그 판을 포기하고 판돈만 날리는 것과 같다.

2. 리스크를 분산하고 최소화하라

분산하지 않는 것은 점심을 창밖으로 내던지는 것과 같다. 포트폴리오를 분산하지 않으면 매년 돈을 날리게 될 것이다.

빅터 니더호퍼(Victor Niederhoffer)

매크로 투자자는 시장 리스크, 업종 리스크, 기업 리스크 간의 중요한 차이를 안다. 이런 리스크를 분산하고 최소화하는 방법을 알고 조심스럽게 매크로 투자 원칙을 고수한다.

시장 리스크는 다음 기본 질문을 중심으로 순환한다. 주식시장이 상승세인가, 하락세인가, 중간인가? 이 점에서 시장 리스크는 가장 순수한 거시경제학적 리스크와 밀접한 관련이 있다. 왜냐하면 시장의 추세는 대개 최근의 거시경제 뉴스와 조건에 따라 결정되기 때문이다. 적절한 예가 바로 1997~1998년의 아시아 금융위기다. 처음 터졌을 때, 전 세계의 주식시장이 대폭락하는 고통을 겪었다. 또한 2000년 연준이 금리를 대폭 인상했을 때, 다우존스와 나스닥 시장은 바닥으로 곤두박질쳤다.

매크로 투자자가 시장 리스크를 최소화하는 최선의 방책은 매크로 투자의 3, 4, 5, 8원칙을 따르는 것이다. 매수와 공매도, 관망 중에서 선택하라는 제3 원칙과, 추세에 역행하지 말라는 제5 원칙은 시장

리스크를 항상 유리하게 이용하게 해준다. 모든 시장(주식, 채권, 통화)에서 거래할 수 있다는 제4 원칙은 다른 넓은 시장으로 분산하는 기회를 제공한다. 마지막으로 다른 시장에 미칠 효과를 예상하라는 제8 원칙에 따라, 매크로 투자자는 항상 간접적인 시장 리스크보다 한발 앞선 곳에 머물고자 노력하며, 결코 부화뇌동해 거래하지 않는다.

업종 리스크는 특정 산업이나 업종에 영향을 미치는 모든 사건을 말한다. 예를 들어 미국 대통령과 영국 수상이 새 유전자 발견에 참여한 기업들은 결과를 공유해야 한다고 공동 발표하자 생명공학 업종의 주식들이 급락했다. 이런 규제 리스크는 장래에 인간 게놈 프로젝트에 참여한 기업의 특허권을 제한할 거라는 위협을 암시한다. 비슷한 예로 OPEC 석유 카르텔이 유가 인상과 생산량 감축을 발표하기만 하면 항공, 자동차, 공익사업 등 연료 집약적인 업종은 이윤 감소와 주가 하락으로 해석될 수 있는 에너지 비용 증가 리스크에 노출된다. 시스코가 판매율 하락을 경고하면, 시스코 부품 제조사와 수혜 기업 모두가 추락하기 시작한다. 광역 통신 신기술이 개발되면 초고속 무선 인터넷, DSL, 광모뎀 제공 기업들의 주가가 큰 폭으로 하락한다.

여기에 큰 요점이 있다. 이 책에서 공유할 가장 중요한 요점 중 하나다. 업종 리스크는 통상 개별 주가의 움직임에 적어도 50%, 많게는 80%까지 영향을 미친다. 따라서 AMD 같은 반도체 기업이나 인텔Intel의 주가가 오르거나 내릴 때, 이 움직임의 대부분은 행운과 운명이 특정 기업에 미소 짓거나 찡그렸기 때문이 아니라 반도체 업종 전체를 무너뜨릴 어떤 거시적·미시적 경제의 힘이 작용했기 때문이다.

따라서 매크로 투자자는 주식을 살 때 항상 업종 리스크에 신경 써야 한다. 예를 들어 제약의 아이백스Ivax, 인터넷 인프라의 시스코, 금융의 슈왑Schwab, 에너지의 엔론Enron으로 구성된 포트폴리오는 확실히 업종 리스크를 분산할 수 있다. 그러나 무선통신 기업인 모토로라Motorola, 노키아Nokia, 퀄컴Qualcomm, 보다폰Vodaphone으로 구성된 포트폴리오는 업종 리스크는 무시하고 기업 리스크만 분산할 뿐이다. 본질적으로 네 가지가 아니라 한 가지 주식만 보유한 셈이다.

그렇다면 기업 리스크는 무엇인가? 첫째는 경영상 리스크로, 애스크 지브스Ask Jeeves의 최고운영책임자가 돌연 사퇴하고 기업이 혼란에 빠지는 경우가 이에 해당한다. 둘째는 규제상 리스크인데, 마이크로소프트는 법무부의 반독점 소송에 얻어맞아 주가가 반토막 나고 말았다. 셋째는 자연재해로, 심한 눈보라로 GM의 공장에 원료 공급이 중단되는 경우가 이에 해당한다. 넷째, 불리한 뉴스도 한몫한다. 〈배런스〉가 시스코의 평가에 의문을 제기하는 기사를 내자 시스코 주가가 하락하는 경우가 그렇다.

일반적으로 매크로 투자자는 여러 가지 방법으로 기업 리스크를 최소화하려고 한다. 첫 번째 방법은 업종 수준에서 거래하는 것이다. 예를 들어 반도체 기업인 리니어 테크놀로지스Linear Technologies 주식을 사기보다 반도체 업종을 대표하는 SMH 같은 지수 주식을 매입한다. 그보다 나은 방법으로는 바스켓 거래basket trade가 있다. 즉, 반도체 업종에 투자하고 싶으면 그 업종을 대표하는 우량주인 인텔, 브로드컴Broadcom, 마이크론Micron, 자일링스Xilinx 등 서너 가지를 매수한 다음, 실적이 가장 저조한 한두 가지를 매도하고 나머지는 보유하는 것이다.

이와 관련해서 매크로 투자자는 특정 기업에 투자할 때 주당순이익 성장률EPS, 주가수익배수PER, 시가총액 같은 기본 사항들을 조심스럽게 살필 것이다. 또한 주식이 과잉 매수 혹은 과잉 매도되었는지, 중요한 지지선 혹은 저항선에 가까운지, 쌍봉을 기록했는지 등 기술적 특성도 살펴볼 것이다. 가장 중요한 것은 매출 발표 일정과 더불어 기업에 대한 통신사의 최근 뉴스를 미리 확인해야 한다는 점이다.

3. 열차가 달리는 방향으로 올라타라

> 시장에 대해 사람들이 하는 가장 큰 오해는 무엇일까? 그들이 돈을 벌기 위해서는 시장이 활기를 띠어야 한다는 생각이다. 올바른 전략을 사용한다면 어떤 시장에서든 돈을 벌 수 있다.
>
> 토니 살리바(Tony Saliba)

전문 엘리트 트레이더들을 제외하고 거의 모든 트레이더와 투자자가 강세장을 선호한다. 즉, 대부분은 주가가 오를 것으로 기대하고 주식 매수에 베팅한다. 그러나 매크로 투자자들은 상황에 따라 매입, 공매도, 관망을 선택한다.

공매도는 어떤 주식, 업종, 시장지수가 하락할 것이라는 데 베팅한다. 공매도는 자신이 소유하지도 않은 주식을 파는 것이다. 그게 어떻게 가능할까? 모든 대형 증권사는 당신이 빌려서 팔 수 있는 재고 주식들을 늘 가지고 있다. 시스코 주식이 100달러에 팔리고 있는데 주가가 곧 하락할 것 같으면 당신은 100달러에 공매도할 수 있다. 그런데 예를 들어 주가가 95달러로 떨어졌다고 하자. 그러면 95달러에 주식을 매입해 증권사에 돌려줌으로써 공매도를 청산한다. 이 과정에서 5달러의 이윤을 챙길 수 있다.

관망은 간단히 말해 증시에서 현금으로 이동한다는 뜻이다. 또 다른 방법은 상쇄 거래를 이용해 포지션(position, 증권 보유 상태)을 중립화하는 것이다. 상쇄 거래는 시장을 빠져나가지 않고도 조건들이 한 방향을 분명하게 가리킬 때까지 효과적으로 순수한 중립 포지션으로 이동해 있을 수 있게 해준다. 예를 들어 같은 주식에 대해 매입과 공매도를 1,000주씩 동시에 해두었다가, 시장이 어떤 방향으로 흐를지 감이 잡히면 두 가지 포지션 중 하나를 포기할 수 있다. 그 기간 동안은 주식을 모두 현금화하지 않더라도 관망 포지션에 있게 된다. 관망은 장세가 미지근하고 시장의 흐름을 확실하게 읽을 수 없을 때 최고의 전략이다. 그럴 경우 매입과 공매도 중 한쪽으로 치우치는 것은 매크로 투자의 제1 원칙을 위반하는 일이며 도박에 지나지 않는다.

이 점에서 보합세를 활용하기 위한 옵션을 작성함으로써 시간 프리미엄을 얻는 것과 같은 전략을 검토해서 관망의 아이디어를 한 단계 향상시킬 수 있다. 이때 활용 가능한 세금 전략도 여러 가지다. 예를 들어 당신이 7개월 동안 주식을 보유했고 주가가 45% 상승했는데 주식을 팔면 막대한 세금을 물어야 한다고 가정하자. 그렇다고 그 주식이 15% 떨어질 때까지 보유하고 싶지도 않다. 이런 경우 커버드콜 (covered call, 한 자산에 대해 매수 포지션과 공매도 포지션을 동시에 두는 것)을 작성한 다음 장애물이 제거되면 옵션 포지션을 청산할 수 있다. 그리고 옵션 거래에서 벌어들인 수익금은 즉시 제1 포지션의 주식을 늘리는 데 사용할 수 있다.

4. 자신에게 맞는 열차를 타라

> 주식시장은 예외 없이 불경기 전에 후퇴하고 경기 회복 이전에 상승한다. 따라서 투자자들은 불경기 전에 주식을 미 재무부 채권으로 바꾸었다가 경기 전망이 좋을 때 다시 주식을 매입하고 싶어 한다.
>
> 제러미 시겔

아마추어 트레이더와 투자자가 주식을 매입하려고 할 때 대다수는 주식시장에만 초점을 맞춘다. 하지만 주식시장은 항상 올라타도 괜찮은 열차가 아니다. 사실 어떤 상황에서 수익의 땅으로 달려가는 고속열차는 채권이나 통화 시장이 될 수 있다.

주식에서 채권으로 이동하기에 적당한 환경은 와튼스쿨의 존경받는 제러미 시겔 교수가 그 원리를 소개한 위 인용문에 제시되어 있다. 하지만 매크로 투자자가 활용할 수 있는 것은 이 광범위한 순환의 전환점만이 아니다.

이것을 이해하기 위해, 연준이 인플레이션에 공격적으로 대처하려고 일련의 금리 인상을 단행했다고 가정해보자, 이러한 조처는 주가를 떨어뜨리기가 쉽다. 이럴 경우 매크로 투자자는 주식시장에서 공매도를 원할 것이다. 그러나 여기에는 개별 주식의 공매도를 매우 어렵게 만들 수 있는 '업틱룰(Up-tick rule)'로 알려진 함정이 있다. 다음 장에서 업틱룰을 피할 수 있는 상장지수펀드(exchange-traded fund, ETF)의 이점을 설명하겠다.

업틱룰은 시장의 안정성을 증진하기 위해 미 증권거래위원회(the Securities and Exchange Commission, SEC)가 제정한 것으로, 1929년의 대공황과 증시 붕괴 당시에 탄생했다. 이 법칙의 요점은 가격이 떨어지는 주식은 공매도할 수 없다는 것이다. 주가가 밑바닥으로 곤두박질치지 않도록 공매도를 막는 것이 이 법칙의 목적이다. 업틱룰 때문에, 그리고 주식, 채권, 통화 시장은 가끔 서로 다른 방향으로 움직이기 때문에(제7 원칙에서 자세히 설명할 것이다) 매크로 투자자는 상황이 좋을 때 적당한 열차에 올라타는 것이 중요하다.

예를 들어 연준의 이지 머니 정책은 주가를 부풀리지만, 인플레이션 공포가 채권시장에 파동을 일으키면 주가가 크게 떨어질 수도 있다. 마찬가지로 고금리에 대한 기대로 주가가 하락하면 달러 가치는 오를 수도 있다. 따라서 경험 많은 매크로 투자자는 인플레이션 뉴스를 접하면 통화시장에서 선물 거래를 함으로써 커다란 이익을 실현한다. 그러나 여기서 시장에 대해 중요한 오해를 하지 않도록 조심해야 한다.

기술적으로는 금리 상승에 따라 달러 가치가 올라가야 하지만, 경기가 침체하리라는 전망이 금리 상승으로 인한 수요 증대를 압도할 수도 있다. 그 결과 경기 전망이 불경기 쪽으로 기울면 투자자들은 달러로 표시된 자산을 다른 것으로 바꾸기 시작한다. 그리고 다시 금리가 내리면 기술적으로는 달러 가치가 내려가야 하지만, 달러로 표시된 자산으로 자본이 유입되기 때문에 달러 가치가 오르기 시작한다.

매크로 투자자는 주식시장에서 매입, 공매도, 관망을 할 수 있어야 하는 것처럼 주식시장 외의 다른 시장에서도 그럴 수 있어야만 한다. 이것이 결정적인 시기에 매우 요긴하게 쓰이기 때문이다. 복잡하고 위험하며 시간이 많이 드는 채권시장이나 통화시장에서 거래하고 싶지 않더라도 그런 시장들의 동향을 지켜보는 일은 매우 중요하다. 왜냐하면 한 시장의 움직임이 다른 시장의 움직임의 전조가 될 수 있기 때문이다. 그 점은 제7 원칙에서 다시 설명할 것이다. 하지만 우선 추세가 왜 당신의 친구인지부터 알아보자.

5. 추세에 역행하지 말라

> 허리케인이 불면 칠면조도 하늘을 난다. 하지만 바람이 잔잔해지면 그 칠면조는 땅 위에 머문다.
>
> 케빈 머로니(Kevin Maroni)

> 시장이 당신에게 매우 불리할 때 도망치지 않으면, 조만간 시장이 당신을 밀어낼 것이다.
>
> 랜디 맥케이(Randy McKay)

주식시장은 언제나 세 방향, 즉 위, 아래, 옆으로만 움직인다. 이런 1일 동향은 추세를 파악하는 데 도움을 준다. 예를 들어 나스닥종합지수(그림 5-1 참조)는 12개월 동안 각기 다른 추세를 보여준다.

이를테면 1999년 9월과 10월에 나스닥은 큰 폭의 변화 없이 오르내리며 옆걸음질 했다. 그러나 11월에서 이듬해 3월까지는 꾸준히 상승세를 유지했다. 투자자 대부분은 이것이 지속되는 동안 열차에 올라타야 한다. 실제로 저가 주식들도 이런 상승세에 편승해 부풀려졌는데, 케빈 머로니의 날카로운 지적대로 '허리케인이 불면 칠면조도 하늘을 날기' 때문이다. 그러나 3월에 상황이 반전되었다. 3월 말에서

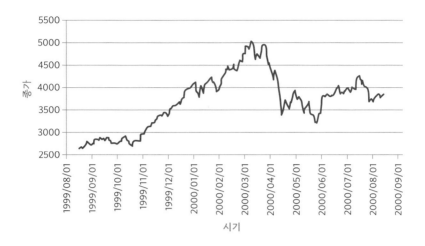

그림 5-1. 강세, 약세, 보합세의 시장: 나스닥

5월 말까지 약세로 추락하는 분위기다. 거기서 시장이 다시 보합세로
바뀌었다.

차트를 보면 상승세일 때 공매도하거나 하락세일 때 매입하는 것이
왜 그렇게 위험한지 확실히 알 수 있다. 이는 승산이 없는 도박에 뛰
어드는 격이며, 우리의 매크로 투자 제1 원칙을 위반하는 것이다. 추
세에 역행하면 승산이 없는 이유를 정확히 알기 위해 이렇게 생각해
보자. 시장이 상승세일 때에는 주가 상승이 일반적으로 주가 하락을
앞지른다. 다시 말해 내려가는 주가보다 올라가는 주가가 더 많다. 반
대로 시장이 하락세일 때에는 보통 하락이 상승을 앞지른다.

이를 이해하기 위해, 주식시장을 의미하는 다트보드를 꺼내 게임을
해보자. 게임 방법은 매일 나스닥100 목록에 다트를 던진 다음 결과
대로 거래하는 것이다. 만약 주가 등락선과 추세가 상승할 때 주식을
매입한다면 돈을 벌 가능성은 50% 이상이다. 그래서 상승세일 때에

5장. 매크로 투자의 8가지 원칙

는 가장 서투른 투자자도 돈을 벌 수 있고, 월스트리트에서 수많은 게으름뱅이를 목격할 수 있다. 상승세일 때에는 복잡하게 머리를 굴리지 말라.

그러나 잠깐! 다트보드 비유의 미묘한 점을 하나 더 얘기해보자. 특히 시장 추세와 시장의 폭(market breadth) 간의 관계를 얘기해보자. 실제로 시장은 상승세지만 시장의 폭은 부정적인 때가 종종 있다. 다시 말해 전체 지수는 올라가지만 상승보다 하락하는 종목이 더 많을 수 있다. 이런 경우 당신은 다트 게임에서 지게 되어 있다. 따라서 시장의 폭이 어느 정도인지 자세히 살피는 일은 건강한 상승인지 아닌지를 측정하는 데 매우 중요하다. 예를 들어 2000년 초반 주식시장은 여러 차례 상승했지만 시장의 폭은 형편없었다. 이 부정적인 폭 때문에, 시장은 상승세였지만 매크로 투자자들은 계속 경계하며 방어 자세를 취했다.

추세에 역행하지 않겠다는 확신이 들었다면, 거시경제의 신호를 통해 추세 전환이 분명하게 감지될 때에만 이 단단한 법칙을 깨뜨릴 수 있다는 사실을 명심하라. 그러나 매우매우 조심해야 한다. 제일 운 좋고 똑똑한 사람만이 추세 변화를 초기에 알아차린다는 점에 전문 트레이더들 모두가 동의하는 것처럼 보인다. 나는 그 문제에 관해《제시 리버모어의 회상》에 나오는 글귀를 자주 인용한다. 전설적인 제시 리버모어가 한 다음의 말을 가슴에 새겨보자.

누구나 익힐 수 있는 가장 유익한 투자 원칙은 제8 원칙인 부화뇌동하지 말라는 것과 제1 원칙인 투자는 하되 도박은 하지 말라는 것이다. 이 두 가지는 세상에서 가장 비싼 조언이다. 이 조언을 무시한 대가로 수많은 투자자는 자그마치 대륙 간 고속도로를 건설하고도 남을 만한 돈을 치러야만 했다.

6. 주식시장의 각 업종은 제각기 반응하고 움직인다

4개월 전에는 공익사업주, 1~2개월 전에는 기술주와 같이 이자에 민감한 업종을 사들였던 발 빠른 투자자들은 이미 경기 회복의 혜택을 누릴 업종으로 이동하고 있다. 자동차회사 주식을 매입 중인데, 이 거대 주식들이 그들의 연봉과 배당금을 깎아먹고 있는데도 말이다.

〈파이낸셜 포스트(The Financial Post)〉

주식시장에서 각 업종은 거시경제의 뉴스에 각각 다른 방식과 방향으로 반응한다. 기술적으로는 이것이 매크로 투자의 제6 원칙이지만, 현실적으로는 여러 가지 측면에서 제1 원칙이다. 시장을 나눠서 생각하면 이윤을 창출하는 데 가장 큰 기회를 잡을 수 있기 때문이다.

이해를 돕기 위해 좋은 예를 하나 들어보자. 소비자물가지수를 발표하기 전날인 2000년 4월 13일로 돌아가자. 당신은 그동안 연구해왔기 때문에 이 보고서가 중요하다는 것을 안다. 만약 이 보고서에 중대한 인플레이션 신호가 나타나면 연준은 0.25%에서 최대 0.5%까지 금리를 인상할 것이다. 당신은 연구해왔기 때문에 시장이 가벼운 소비자물가지수를 원한다는 것도 안다. 그러나 시장이 지나치게 낙관적이며, 눈에 띄게 늘어나는 인플레이션 신호를 무시하고 있다고 믿는다. 인플레이션이 예상외로 심각한 이 시점에서 당신은 주식 투자를 결심한다. 그러나 어떤 거래를 하겠는가?

표 5-1. 소비자물가지수에 강하게 반응하는 업종들

은행

중개, 투자

건설, 주택

금융 서비스

가계 금융

레저

멀티미디어

표 5-1은 그 질문의 대답 하나를 제공한다. 이 표에는 소비자물가지수의 심한 변화에 가장 민감하게 반응하는 서너 개 업종을 보여준다. 소비자물가지수가 예상외로 상승할 때, 이런 업종은 크게 상승하거나 크게 하락한다. 왜 이런 특정 업종만 지나치게 반응하는 것일까? 직관적으로 대답한다면 이자율에 매우 민감하기 때문이다. 실제로 이런 업종에서 고금리는 주택담보대출, 대출, 증거금 이자 같은 상품 가격을 직접 상승시킨다. 그리고 가격이 오르면 당연히 물건이 덜 팔린다. 그것은 이윤 감소를 의미하고, 업종의 이윤이 감소하면 주가도 함께 떨어진다.

표 5-1이 제공하는 업종별 정보는 매크로 투자자에게 매우 분명한 전략적 방향을 제시해준다. 이런 특별한 경우, 매크로 투자자는 예상외로 나쁜 소비자물가지수 뉴스를 기대하며 거래할 수도 있다. 예를 들어 은행업이나 중개업의 약세 주식을 공매도할 수 있다. 또는 더 방어적인 대안으로 그냥 관망하며 기다릴 수도 있다. 즉, 나쁜 소비자물가지수 뉴스에 폭락하기 쉬운 업종의 주식이나 업종에서 간단히 발

을 뺄 것이다.

7. 주식, 채권, 통화 시장을 함께 보라

미국 주식시장의 움직임은 대개 다음과 같이 시작된다. 채권시장이 상승하고 달러가 따라간다. 저금리로 인해 미국 소득의 가치가 증가하면서 주식시장도 상승한다. 그러고 나서 중요한 산업 원자재인 고급 구리의 가격이 투자지출이 늘어날 것이라는 기대 속에 상승한다. 이렇게 되면 외국인들이 미국 자산을 더욱 선호하게 되어 일본의 주식시장은 하락한다. 그러나 이는 금값 하락을 가져오는데 달러 강세로 인플레이션이 약해지기 때문이다. 인플레이션이 약해지면 경제는 매력을 잃는다. 이제 육류와 곡물, 연소재(soft commodity)가 구매력 부족으로 약해질 차례다. 그러나 유럽과 일본의 자산이 하락하기 시작하면, 곧이어 그것이 미국 증시를 끌어내릴 것이다. 이런 순환은 언제든 역전될 수 있다. 이 모든 것이 1, 2분 사이에, 하루에 열 번이나 열두 번까지도 일어날 수 있다.

빅터 니더호퍼

당신은 빅터 니더호퍼를 사랑할 수밖에 없다. 그는 거시적 사고의 황태자—가끔은 어릿광대 왕자—다. 이런 점에서 그의 말이 터무니없이 틀릴 수도 있다. 한 예로 1997년 그는 태국의 밧화에 대해 조지 소로스George Soros와 반대로 투자했다가 엄청난 파산을 겪었다. 그는 미국 시장이 아시아의 위기로부터 회복될 거라고 예측했지만 완전히 빗나가고 말았던 것이다. 그럼에도 불구하고 그의 말에 담긴 핵

표 5-2. 인플레이션에 대한 주식시장과 채권시장의 반응

주식시장 지수	종가(2000년 4월 13일)	종가(2000년 4월 14일)	변화율
▪ 다우존스지수	10923.55	10305.77	-5.66%
▪ 나스닥지수	3676.78	3321.29	-9.67%
채권시장 지수	종가(2000년 4월 13일)	종가(2000년 4월 14일)	변화율
▪ 30년 만기물	5.803	5.782	-0.36%
▪ 10년 만기물	5.914	5.885	-0.49%
▪ 5년 만기물	6.207	6.167	-0.64%

심은 매우 중요하다. 주식, 채권, 통화 시장—세계 상품시장과 금융 시장도—은 거시경제의 뉴스에 다르게 반응하고 움직인다. 표 5-2는 2000년 4월 14일 소비자물가지수가 예상치 못하게 상승하자 주식시 장과 채권시장의 반응이 달랐다는 사실을 다시 한번 보여준다.

표를 보면 소비자물가지수를 발표하기 전날 폐장 시간에서 발표 당일 폐장 시간까지 다우존스지수는 6% 하락한 반면 나스닥지수는 10% 하락했다. 물론 이런 하락 현상은 직관적인 것이다. 나쁜 뉴스는 주식시장을 끌어내린다.

그러나 채권시장은 어떤가? 30년, 10년, 5년 만기물의 수익률이 모 두 내려간 것이 보인다. 이것은 인플레이션 뉴스 때문에 채권 가격이 상승했다는 의미인데, 채권 수익률은 채권 가격과 반비례하기 때문 이다. 사실 매우 반직관적인 결과처럼 보인다. 인플레이션이 예상외 로 급등하면 연준의 금리 인상 가능성이 당연히 커진다. 그리고 연준 이 그렇게 하면 채권 가격은 떨어진다. 그러나 최소한 4월 14일에는 채권 가격이 떨어지지 않았다.

무슨 일이 일어나고 있을까? 4월 14일 하루 동안 채권 가격의 움직임을 살펴보면 우리의 반직관적인 역설이 쉽게 해결된다. 예측한 대로 인플레이션이 증대된다는 뉴스가 나가자 채권 가격은 4월 14일 아침 폭락했다. 그러나 주식시장에도 이 뉴스가 연이어 터지자 투자자들이 주식을 버리고 안전한 채권 피난처로 몰려들었다. 이런 탈출로 채권 수요가 급격히 늘어났고 채권 가격이 다시 뛰어올랐다. 그리고 폐장할 때까지 하루 동안 채권 가격은 상승한 반면 채권 수익률은 하락했다.

이 경우 매크로 투자자가 가려내야 할 경쟁적인 효과 두 가지가 있다. 하나는 채권 가격을 떨어뜨리는 '이자율 효과'이고, 다른 하나는 채권 가격을 올리는 '주식 효과'다. 적어도 이번 사례에서 채권 가격에 대한 순 효과는 긍정적이다.

이 예시는 거시적 파동 논리가 얼마나 복잡한지 보여줄 뿐만 아니라, 월스트리트 게임이 체스와 아주 비슷하다는 것을 알려준다. 이것이 마지막 제8 원칙으로 우리를 이끈다.

8. 부화뇌동해 거래하지 말라

우수한 투자자는 오래되고 유연한 일련의 거래들과 연결된 기반에서만 포지션을 구축한다. 여기 1년에 한두 번 등장하고 거래당 1조 달러 정도는 벌어들이는 아주 오래된 인기주가 있다. 정부는 선거 때가 되면 취업 사정을 개선하기 위해 금리를 계속 인하할 테니 달러는 계속 낮을 것이다. 독일 마르크가 가장 유리할 테니 그것을 매수하자. 강세장은 독일의 채권과 주식에 대한 수요를 만들어낼 것이다. 그러니 그것도 좀 사자. 파운드와 리라에는 기조를 유지하도록 압력이 가해질 것이다. 이들 통화, 주식, 채권은 팔아치우자. 지지 시스템 전체가 혼란에 빠질지도 모르는데, 그것은 멕시코에 불리하다. 그러니 페소를 팔고, 내친김에 인도의 GDR(세계 기관투자가들을 대상으로 발행한 주식예탁증서)을 공매도하고 시카고옵션거래소에 텔레멕스(Telemex) 콜옵션을 매도하자.

빅터 니더호퍼

니더호퍼의 유머에는 불멸의 진리가 숨어 있다. 즉, 한 기업이나 업종에 영향을 미치는 거시경제적 사건은 항상 다른 기업이나 업종 혹은 시장으로 흘러가는 파급 효과를 지닌다. 그와 관련해 아마추어 투자자 대부분은 부화뇌동해 거래한다. 매크로 투자자와는 달리 이들은 도박판의 수많은 움직임을 미리 내다보지 못한다. 그 결과 좋은 기회들을 놓친다.

이 장 첫머리에서 가상의 체스꾼이자 주식 투자자였던 사람은 그런 기회를 놓치지 않았다. 그 사례에서 로버트 피셔는 체스판 전체를 확실히 보았다. 그는 유나이티드항공과 유에스에어의 합병은 똑같이 몸체를 불리려는 델타와 아메리칸항공 같은 경쟁사들에 즉시 압박을 가하리란 것을 알았다. 그래서 주식시장의 다른 체스 선수들이 유에스에어 파이 한 조각을 놓고 각축을 벌일 때, 그는 인수 대상인 노스웨스트항공 주식을 매입했던 것이다.

파급 효과의 또 다른 예는 이 책 앞부분에 제시되었다. 미국 법무부가 반독점 위반 혐의로 마이크로소프트를 고소했을 때, 거시경제에 정통한 투자자는 그 뉴스의 최대 수혜자인 마이크로소프트의 경쟁사선 마이크로시스템즈와 오라클의 주식에 투자했다.

시장을 거대한 체스판으로 생각하고 최대한 많은 업종과 그 움직임을 미리 내다보라. 현실적으로 거시경제적 사건의 수많은 파급 효과를 찾아내고 그 정보에 따라 재빨리 행동하는 것을 의미한다. 또한 체계적으로 조사하는 것을 의미한다. "기회는 준비된 자의 것이다"라는 중국 속담이 있다. 매크로 투자에서는 경제의 주요 부문과 그 부문을 이루는 우량 및 불량 기업들에 익숙해지는 것을 의미한다. 이것이 다음 장에서 논의할 과제다.

6장

중요한 건 업종이다

~~~~~~~~~~~~~~~~

미셸 카레라는 거시경제 뉴스를 아주 철저히 따르는 포지션 트레이더(position trader, 장기간 지속될 가격 변동에 관심을 갖고 거래하는 비회원 트레이더)다. 그녀는 시간이 지나면서 거시경제적 사건과 경제 지표 보고서가 시장의 추세에 커다란 영향을 미칠 수 있다는 것을 알게 되었다.

오늘, 미셸은 지난 한 달 동안 계속 낙관적이던 경제 뉴스에 근거해 시장이 대폭 상승한다는 데 베팅했다. 그래서 금융 서비스 업종의 얼라이드 캐피털 1,000주와 공익사업 업종의 퍼시픽 가스 & 일렉트릭 1,000주를 매입했다.

두 달 후, 미셸은 적어도 시장 추세에 관한 한 천재처럼 보인다. 다우존스지수와 나스닥지수는 10% 이상 상승했다. 그러나 미셸은 바보가 된 느낌이다. 금융 서비스 업종의 주식은 거의 상승하지 않았다. 더 끔찍한 것은 강세 상황에서 공익사업 업종이 하락했다는 것이다. 포지션 트레이더에게 주어진 꼴찌 상이다.

미셸은 어디서 잘못한 것일까? 그녀는 시장 추세는 제대로 파악했지만 업종은 그러지 못했다. 완전 실패다.

~~~~~~~~~~~~~~~~

매크로 투자자는 증시를 바라볼 때 셰브런, 델, 월마트 같은 기업보다는 에너지, 컴퓨터, 소매와 같은 업종을 먼저 살핀다. 주식시장에서 커다란 움직임 대부분은 기업보다 업종이 만들어낸다는 것을 알기 때문이다. 실제로 개별 주식들의 움직임은 대개 기업 자체의 매출 실적보다 그 업종의 사건에 비롯된다. 세계적인 일류 기업에 투자해도 나쁜 시기에 잘못된 업종을 선택하면 쪽박을 찰 수도 있다는 뜻이다. 미셸의 실패가 바로 그런 경우에 해당된다.

이 장에서 우리는 업종들이 왜, 어떻게 서로 다르고, 이러한 차이들이 개별 주식들의 가격 동향과 당신의 포트폴리오 실적에 왜 그렇게 중요한지 자세히 들여다볼 것이다. 그중에서도 가장 중요한 관계들을 미리 살펴보자.

- 컴퓨터와 레저 같은 업종은 소비자 판매에 크게 의존하고, 화학과 환경 서비스 같은 업종은 기업 구매자를 대상으로 하며, 방위산업과 항공우주 같은 업종은 정부가 주요 고객이다. 이런 차이는 소비자 신뢰도, 내구재 주문, 각 부문의 적자 예산과 같은 다양한 경제 지표의 영향을 측정하는 데 중요하다.
- 소매 업종은 노동집약적이고, 공익사업 업종은 자본집약적이며, 운송 업종은 연료집약적이다. 이 차이 역시 임금 인플레이

션, 금리 인상, 에너지 가격 파동과 같은 다양한 거시경제적 충격이 개별 주가의 움직임에 어떤 영향을 주는지 평가할 때 아주 중요하다.

- 자동차와 제지 같은 경기 순환 업종은 경기 순환의 변화와 밀접하게 연관되어 있어서 불경기가 시작되면 제일 먼저 무너진다. 식품과 의료 업종은 비순환적이어서 대부분 불경기의 영향을 받지 않는다. 이런 차이는 강세장에서는 올라탈 승리자를 찾고 침체기 동안에는 도망칠 방어적 업종을 찾는 데 도움을 줄 것이다.

- 농업, 전자, 산업 장비, 제약 등의 업종은 수출 지향적인 반면, 금융 서비스, 의료 등의 업종은 무역 수입이 비교적 적다. 일반적으로 수출 의존적 업종의 기업들의 주가는 무역적자와 달러 평가 절하에 대한 뉴스에 좀더 민감하게 반응할 것이다.

- 홍수와 가뭄 같은 외부 충격에 대한 취약성뿐만 아니라 가격 규제, 소송, 과세와 같은 규제 리스크의 노출 정도가 모두 제약, 담배, 농업 등 업종의 주가 변동에 중요한 원인이 된다.

업종 간의 이러한 차이를 이용하는 것이 매크로 투자 접근의 핵심이며, 매크로 투자자가 시장을 유리하게 이용할 수 있는 주요 원천이 된다. 거래 업종 중심으로 시장을 지속적으로 관찰함으로써 괜찮은 시기에 괜찮은 업종의 괜찮은 주식을 선택하는 법을 익히게 될 것이다. 그리고 나쁜 업종의 나쁜 주식은 멀리하게 될 것이다. 또한 시장과 업종 리스크에 따라 포트폴리오를 좀더 분산하는 법도 배우게 될 것이다.

업종별 순환매의 중요성

투자자들이 우량주를 기술주로 갑자기 바꾸는 한, 월스트리트 주식시장에서의 업종별 순환매는 계속될 것이다.

CNN

매크로 투자자에게 업종별 순환매라는 개념은 아주 중요하다. 그 개념을 알아보려면 주식을 관리하기 쉽도록 시장을 업종으로 나누는 법부터 얘기해야 한다. 하지만 그것은 그리 쉬운 일이 아니다. 업종을 너무 넓게 잡으면 상승세와 하락세 양쪽에서 손해를 볼 뿐만 아니라 좋은 거래 시기도 놓치게 된다. 반대로 너무 좁게 잡으면 의미도 없이 너무 세밀한 부분의 눈보라 속에서 길을 잃고 시간을 허비하게 된다.

먼저 업종을 넓게 잡았을 때 생기는 문제점을 살펴보자. 표 6-1을 보라. 사실 이 표의 9개 항목은 업종보다 범주에 더 가깝다. 이 범주들이 너무 넓다고 하는 것은 각 범주 안에 있는 진짜 업종 다수가 종종 반대로 움직이기 때문이다. 예를 들어 소비 순환재 범주에서 소매업 주식들은 레저 주식들이 공매도당하고 있을 때도 월스트리트에서 좋은 날을 구가하는 경우가 있다. 하지만 이 부분을 인식하지 못하면 한 번이 아니라 두 번의 기회, 즉 매입 기회와 공매도 기회를 놓치게 된다. 이와 유사하게 금융 업종에서 은행과 보험 주식은 반대로 움직일 때가 많고, 인터넷주들은 기술 발전을 등에 업고 반도체나 컴퓨터와 다르게 아무 때나 제멋대로 움직이는 것으로 악명이 높다.

자, 이제 업종을 너무 넓게 잡아서 좋을 것이 없음을 알았다. 그렇다면 너무 좁게 잡았을 때의 문제점은 무엇일까? 이 경우는 시시콜콜한

표 6-1. 주식시장에서 업종의 넓은 범주

경기와 산업 순환
소비 순환재
소비 비순환재
에너지와 공익사업
금융
의료
부동산
기술
교통

문제로 시간만 낭비한다는 것이다. 그 이유를 이해하기 위해 자동차 업종을 제조, 부품, 타이어와 같은 하부 업종으로 나눌 수 있음을 생각해보자. 그리고 소매 업종을 할인점, 백화점, 우편 주문 같은 하부 업종으로 나눌 수도 있다. 실제로 이 정도의 세부적 구분은 대다수의 업종 거래에 도움이 되지 않는다. 한 업종이 움직이면 보통 하부 업종도 따라서 움직이기 때문이다. 달리 말해 자동차 제조사가 주저앉으면 자동차 부품과 타이어 제조사도 똑같이 진이 빠진다.

그러나 적어도 한 범주의 업종, 즉 기술 아래 '신경제'라는 이름으로 무리 지은 업종이라면 더 상세한 것이 유용할 것이다. 왜냐고? 그것이 신경제라는 괴물의 본성이기 때문이다.

예를 들어 통신 업종은 적어도 두 업종으로 나눌 수 있다. 하나는 AT&T와 벨사우스Bell South 같은 전통적인 유선 통신회사들을 포함한다. 다른 하나는 퀄컴과 모토로라처럼 광대역과 무선 해적들의 서식처다. 통신이라는 범주 아래 이 두 업종은 세계인의 귀와 입을 사로잡기 위해 사활을 건 전쟁을 치르고 있기 때문에 각 업종의 주식들은 종종 다른 방향으로 움직일 것이다.

이제 우리는 이 모든 것으로 무엇을 해야 할까? 내가 신구 경제 주식 모두를 위한 매우 효과적인 업종 지도를 펼칠 테니 기뻐하기 바란다. 먼저 표 6-2(114쪽)에서 나눈 구경제를 가지고 시작하자. 7개 범주 아래 33개 업종이 모여 있고, 내가 보기엔 그 자세함이 지나치지도 부족하지도 않게 균형을 이루었다.

이 표를 자세히 살펴보자. 이것은 중요한 업종을 알기 위해 꼭 필요한 첫 단계다. 이 표를 파악하는 최선의 방법은 왼쪽 줄의 업종들과 오른쪽 줄의 대표적 기업들 간의 관계를 머릿속에 담아두는 것이다.

표를 살펴보면 어느 정도 겹치는 업종이 많음을 알게 된다. 예를 들어 운수 업종은 항공뿐만 아니라 철도와 트럭 제조사도 포함한다. 이는 걱정하지 말자. 항공 업종은 여러 거시경제적 힘에 반응할 때가 많기 때문에, 그럴 경우 항공 업종을 분리하는 것이 유용할 수 있다.

이제 신경제 기술주를 위한 업종 지도로 넘어가자. 표 6-3(115쪽)을 보면 지도가 좀더 정교하게 다듬어졌다.

예를 들어 우리는 컴퓨터만 보지 않는다. 그 업종은 크레이Cray와 IBM 같은 메인프레임 컴퓨터(많은 사용자가 동시에 다양한 데이터를 처리할 수 있는 대형 컴퓨터) 회사, 애플과 컴팩 같은 PC 제조사, 실리콘 그래픽스Silicon Graphics와 선 마이크로시스템즈 같은 소형 컴퓨터 제조사, 코렐Corel과 마이크로소프트, 오라클 같은 소프트웨어회사, 샌디스크Sandisk와 시게이트Seagate 같은 기억 장치 제조사로 나뉜다.

마찬가지로 인터넷도 하나의 범주로 보지 않는다. 이 범주는 시스코와 선 마이크로시스템즈 같은 인터넷 아키텍처 회사, 아리바Ariba와

표 6-2. 구경제 업종 지도

사업과 산업 순환

기간산업 원료	다우, 3M, 몬산토
비즈니스 서비스	ADP, 퍼스트 데이터, 페이첵스
화학	다우, 듀폰, 유니언 카바이드
방위와 항공	보잉, 제너럴 다이내믹스, 록히드 마틴
환경 서비스	오그든, 서모 일렉트론, 웨이스트 매니지먼트
산업 장비	캐터필러, GE, 피트니 보우스
제지와 임산품	조지아 퍼시픽, 킴벌리 클라크, 웨이어하우저

소비 순환재

자동차	GM, 포드, 혼다
건설과 주택	홈디포, 패니메이, 월풀
레저와 게임	디즈니, 시그램스, 타임 워너
멀티미디어	콕스, 폭스, 비아콤
소매	코스트코, 갭, 타깃

소비 비순환재

화장품	알베르토 킬버, 에스티 로더, 레블론
교육 및 출판	아폴로, 러닝 트리, 맥그로-힐
식품 및 농업	안호이저 부시, 맥도날드, 세이프웨이
담배	필립 모리스, R.J. 레이놀즈, UST

에너지와 공익사업

에너지	셰브런, 엑손, 슐럼버거
에너지 서비스	핼리버튼, 노블, 웨더포드
석유와 천연가스	셰브런, 엔론, 슐럼버거
유무선 통신	AT&T, 벨사우스, 버라이즌
공익사업	아메리칸 일렉트릭 파워, 듀크 파워, PG&E

금융과 부동산

은행	체이스맨해튼, 멜론, 웰스파고
중개 및 투자	리먼 브러더스, 모건 스탠리, 슈왑
금융 서비스	아멕스, 버크셔 해서웨이, 씨티그룹
가계 금융	프레디맥, 패니메이, 골든 웨스트
보험	시그나, 처브, 하트퍼드 파이낸셜
부동산	번행 퍼시픽, 그럽 & 엘리스, 월셔

건강과 의료

건강 관리	아메리칸 홈 프로덕츠, 존슨앤드존슨, 메드트로닉
의료보험	애트나, 시그나, 웰포인트
의료 장비	앨리건, 바이오멧, 가이던트
제약	브리스톨 마이어스, 글락소, 셰링-플라우

운송

항공	아메리칸, 델타, 사우스웨스트
운송	벌링턴 노던, 이튼, 델타

표 6-3. 신경제 업종 지도

생명공학	암젠, 제넨테크, 이뮤넥스, 리건스, 엑소마
컴퓨터	
메인프레임	클레이, IBM
PC	애플, 컴팩, 델, 팜
소형 컴퓨터	휴렛 팩커드, 실리콘 그래픽스, 선
소프트웨어	어도비, 코렐, 인튜이트, 마이크로소프트, 오라클
기억장치	EMC, 샌디스크, 시게이트, 실리콘 스토리지
전자	
측량 기구	애질런트, KLA-텐코, 텔레다인
반도체	어플라이드 머티어리얼즈, 인텔, 마이크론, 조런
인터넷	
아키텍처	시스코, EMC, 선
B2B	아리바, 커머스 원, 인터넷 캐피털
B2C	AOL, 야후, 아마존, 이베이
인프라	아카마이, BEAS, 엑서더스, 리얼 네트웍스, 베리사인
네트워크	주니퍼, 노벨, 레드백
신경제 전기 통신 및 광대역 통신	
광섬유	시에나, 코닝, JDS 유니페이스, 시카모어
무선	에릭슨, 루슨트, 모토로라, 노키아, 퀄컴

커머스 원Commerce One 같은 B2B 회사, AOL과 야후Yahoo 같은 B2C 회사, 엑서더스Exodus와 베리사인Verisign 같은 초대형 인터넷 인프라 회사, 주니퍼Juniper와 레드백Redback 같은 인터넷 네트워크 회사로 나뉜다.

　신경제 주식과 함께 다양한 업종, 하부 업종이 수없이 변하기 때문에 더욱 정교하고 세밀하게 다듬고 있다. 만약 거래하는 주식이 모두 신경제 주식이라면 업종을 좀더 나누고 싶을 수 있다. 최고의 신경제 업종 지도를 담고 있는 웹사이트 Changewave.com을 방문할 것을 권한다.

무엇이 업종을 만드는가

시장을 업종별로 제대로 나누었고 이제 다음과 같은 질문을 하게 된다. 이 업종들은 각각 어떤 차이가 있고, 그 차이로 인해 거시경제 뉴스에 대해 어떤 반응을 보이는가? 사실 이것이 거시적 문제의 요점이다. 이 질문의 답을 구하기 전에 우리는 업종의 여러 고개를 넘어야 한다.

첫 번째 고개에서는 업종의 고객을 이야기할 것이다. 그 업종은 소비자, 기업, 정부 중 어디에 더 의존하는가? 이것이 중요한 것은 소비자 신뢰도와 소매 매출액 같은 주요 경제 지표들의 변화가 생명공학과 의료보다 소매업과 멀티미디어 같은 업종에 훨씬 더 많은 영향을 미치기 때문이다.

두 번째 고개에서는 그 업종이 생산 과정에 상대적으로 많은 노동자와 기계, 연료를 사용하는지 얘기할 것이다. 즉, 노동집약적인가, 자본집약적인가, 연료집약적인가? 앞으로 알게 되겠지만, 한 업종의 투입 혼합 비율(노동력, 자본, 연료의 투입)은 그 업종이 임금 인플레이션, 금리 인상, 석유 파동 같은 것에 어떻게 반응할 것인지에 커다란 영향을 미친다.

마지막 고개에서는 수출 의존도, 규제 리스크, 가뭄이나 홍수 등 자연재해에 취약한 업종들이 어떻게 다른 업종에 영향을 미치는지 보게 될 것이다.

누가 고객인가

7월 예상보다 좋은 판매 보고서가 발표되자 소매 업종의 주가가 상승했다. 시어스 로벅(Sears, Roebuck)은 ⅞달러 올라 43⅛달러로, 메이(May) 백화점은 1⅝달러 올라 57¾달러로, 울워스(Woolworths)는 ⅜달러 올라 28¾달러로 뛰어올랐다.

〈뉴욕타임스〉

국방비가 식감되자 투자자들이 항공우주 주식을 기피하고 있다.

〈에이비에이션 위크 & 스페이스 테크놀로지(Aviation Week & Space Technology)〉

여기서 질문할 것은 하나다. 그 업종의 매출액은 소비자, 기업, 정부 중 어느 쪽에 더 의존하고 있는가? 표 6-4는 그 질문에 빛을 밝혀준다. 괄호 안의 숫자는 주요 업종들이 소비자, 기업, 정부에 판매한 비율이다.

표 6-4. 누가 고객인가? 소비자, 기업, 아니면 정부?

소비자	기업	정부
자동차(77%)	화학(91%)	건설과 주택(22%)
레저(76%)	에너지(71%)	방위와 우주항공(54%)
소매(92%)	산업 원료(83%)	
제약(64%)	제지와 임산품(86%)	

(자료: 미국 투입-산출 표, 경제분석국)

표에서 보듯이 소매 업종은 매우 소비자 지향적이다. 소비자가 업종 전체 생산량의 92%를 구입했다. 따라서 긍정적인 소매 판매 보고서가 나오면 시어스와 메이 같은 소매 업종 주식이 상승한다. 반대로 방위산업과 항공우주 업종은 판매량의 절반 이상을 정부에 의존한다. 그래서 늘어나는 재정적자로 국방비가 삭감되면 보잉Boeing과 제너럴 다이내믹스General Dynamics 같은 주식들은 급락한다.

여기서 매크로 투자자는 소비자 지향적인 업종에 투자하려 할 때에는 소비자 신뢰도, 개인 소득, 소매 매출액과 같은 경제 지표들을 관찰하는 것이 매우 유용하다는 것을 알게 된다. 반면에 구매관리자 보고서와 가동률 같은 지표는 화학과 제지업 같은 기업 지향적인 업종에 투자할 때 더욱 중요하며, 재정 관련 뉴스는 방위산업과 주택 업종에 강한 영향을 끼칠 수 있다.

상품은 어떻게 만들어지는가

급격한 유가 상승은 인플레이션 공포를 되살려 주식에 타격을 입혔다. … 트레이더들에 따르면 전체 손실은 주요 석유 및 천연가스 기업들의 주가 반등으로 크지 않았고, 그 주식들은 지난주 OPEC 생산협정이 에너지 가격을 올릴 것이라는 기대 속에 상승했다. … 항공 관련 주식들은 최대 피해자 중 하나다. 유가 상승은 비행기의 연료비를 높였고 … 일부 화학 주식 일부도 기반을 잃었다. 석유는 많은 화학제품 생산의 주원료다.

〈로스앤젤레스타임스〉

그렇다면 한 업종의 상품이나 서비스는 어떻게 만들어지는가? 이 질문은 실제로 생산하는 데 노동자, 기계, 연료, 원료 등이 어떻게 혼합되는지를 말한다.

예를 들어 유선통신과 전력사업 같은 자본집약적 업종은 소매와 컴퓨터 소프트웨어 서비스 같은 노동집약적인 업종에 비해 노동자보다 기계와 장비를 더 많이 사용한다. 이런 자본집약적 산업은 금리에 더욱 민감하고 금리 변동 뉴스에 쉽게 반응한다. 반면 노동집약적 업종은 실업률과 임금 인플레이션 가능성에 관한 뉴스에 더 강하게 반응한다.

연료집약적인 측면에서 보면, 항공과 화학 관련 업종에 속하는 델타와 다우는 '검은 금'이라는 석유에 크게 의지하기 때문에 에너지 가격의 상승이나 하락에 대한 뉴스에 강하게 반응함을 위의 기사가 분명히 보여준다.

경기 순환주인가, 경기 방어주인가

소비자 수요와 주택시장 호전은 언제나 경기 상승을 이끈다. 소비자와 주택시장에 관련되어 있는 기업들은 이자율에 민감하므로, 불경기를 동반하는 금리 하락에 가장 먼저 반응한다.

경기 팽창을 이끌고 이자율에 민감한 다른 업종으로는 전화와 전력사업, 소매점, 식당, 화장품, 담배, 보험업 등이 있다.

경기가 점점 회복됨에 따라 불경기로 급락했던 상품의 주식들이 원 상태로 돌아온다. 제조 업종은 활기를 띤다. 결국 제조회사들은 생산 한계에 도달

하고, 새 공장 투자에 가속이 붙는다. 그래서 철강, 화학, 광산 등 자본 소비
와 관련된 주식들은 지연지표가 된다.

〈인베스터즈 크로니클(Investors Chronicle)〉

위의 기사는 경기 순환cyclical 업종과 경기 방어noncyclical 업종의 중요
한 차이를 직접 설명한다. 우리는 이 차이뿐만 아니라 경기 순환과 경
기 방어 주식이 기업과 주식시장 순환에 어떻게 다르게 반응하는지
많은 얘기를 나눴다. 기억을 새롭게 하기 위해 표 6-5에 주요 경기 순
환 업종과 경기 방어 업종 표를 실었다.

표 6-5. 경기 순환 업종과 경기 방어 업종

경기 순환 업종	경기 방어 업종
자동차	방위산업
건설과 주택	식음료
제지	의료
소매	제약
운송	공익사업

자동차, 건설과 주택, 제지, 소매, 운송업 같은 경기 순환 업종은 식
음료, 제약, 공익사업과 같은 경기 방어 업종보다 불경기와 경기 순환
변화에 더 빠르고 예민하게 반응할 것이다. 왜 그럴까? 대부분의 경
기 방어 업종은 생필품, 즉 곤란한 시기에도 없어서는 안 되는 것을
생산한다. 플로리다 파워 & 라이트Florida Power & Light, 듀크 파워Duke Power
같은 전기 관련 기업이 속하고 코카콜라Coca-Cola, 퀘이커 오츠Quaker Oats,

프록터 & 갬블Procter & Gamble 같은 식음료 업종과 기업도 마찬가지다. 의약품도 생필품과 같기 때문에 존슨앤드존슨Johnson & Johnson과 머크 같은 기업의 주가는 경기 순환 변화에 약하게 반응한다.

경기 순환 주식들은 어떠한가? 경제가 침체되기 시작하면 소비자들은 새 자동차나 냉장고를 사려고 안달하진 않을 것이다. 그래서 델타항공, GM, 월풀Whirlpool 등은 매출과 수익이 감소함에 따라 주가도 함께 떨어진다. 또한 소비자들의 소비도 크게 늘지 않아서 케이마트Kmart와 월마트 같은 전통적인 소매주들은 서킷 시티Circuit City 같은 하이테크 소매주와 함께 급락한다.

매크로 투자 관점에서 경기 순환과 경기 방어 업종의 차이가 주는 이점을 즉시 알아야만 한다. 그러면 하락세일 때 어떤 업종을 공매도하고, 회복세일 때 어떤 업종을 매입할 것인지에 대한 훌륭한 지침을 얻게 된다. 이런 차이는 불경기가 시작되면 어떤 경기 방어 업종으로 방어할 수 있는지 알려준다. 따라서 경기 순환과 경기 방어 업종의 운명을 가려낼 때 자동차 판매와 주택 건설 등의 불경기지표가 매우 중요하다.

무역적자와 주가

지난주 달러 가치 대폭락으로 증시 전체에 어두운 장막이 드리워지자 투자자들은 공격적으로 주식을 대량 매도했다. … 유럽의 금리가 미국보다 빠르게 상승했기 때문에 퍼스트 앨버니의 시장 전략가인 휴 존슨은 "달러로 표시된 증권이 세계의 다른 부문들에 비해 매력을 크게 상실했다"라고 말했다. … 존슨은 달러 약세로 수출 덕을 볼 기업들의 주식을 추천했는데, IBM, 잉거솔랜드, 디어, 캐터필러, 코닝, 이스트먼 코닥 등이었다. "유럽이 회복되면 매우 잘 해낼 것"이라고 그는 말했다.

〈찰스턴 선데이 가제트 메일(Charleston Sunday Gazette Mail)〉

미국 경제의 많은 부문은 수출을 통해 수익 대부분을 올린다. 이런 수출 의존적인 업종에는 농업, 컴퓨터, 방위산업, 전자제품, 산업 장비, 제약 등이 있다. 반대로 금융 서비스, 의료, 통신, 운수 등은 비교적 무역 수입이 적은 편이다. 일반적으로 수출 의존적인 업종들은 무역과 통화시장에 대한 거시경제 뉴스에 더욱 민감하게 반응할 것이다.

이런 반응들이 얼마나 복잡한지 이해하기 위해서 무역적자가 늘어나는 경우를 생각해보자. 적자가 늘어나면 달러 가치 하락 압력을 강하게 받는다. 수출품 판매보다 수입품 구매가 더 늘어나 달러가 미국에서 외국으로 빠져나가기 때문이다. 달러가 외국에 많이 있다는 것은 달러가 유로화나 일본의 엔화, 한국의 원화로 바뀔 가능성이 높다는 것을 의미한다. 따라서 달러 수요가 줄어들고, 수요 공급의 법칙에 따라 달러의 가격, 즉 환율이 하락한다. 이는 유로화, 엔화, 원화의 가격 상승과 동시에 일어난다.

여기서 무역적자 누적은 IBM, 캐터필러, 코닝 같은 수출 의존적 기업에는 좋은 소식이다. 달러 약세는 해외 시장에서 그들의 위치가 경쟁 상품보다 유리하다는 것을 의미하기 때문이다. 그렇지만 늘어나는 무역적자가 수출 의존적인 업종뿐만 아니라 시장 전체에도 나쁜 소식이 되는 경우가 있다.

예를 들어 무역적자가 늘어나고 달러 가치가 떨어지면 외국 투자자들은 미국 주식을 보유하려 하지 않는다. 달러 하락은 그 주식들의 가치가 떨어지는 것을 의미하기 때문이다. 따라서 주식시장은 무역적자 증가 소식에 하락하는 일이 많다.

주식시장은 규제를 두려워한다

슈왑 워싱턴 리서치 그룹의 수석 전략가인 그렉 발리에르는 선거가 다음 달 제약, 방위산업, 담배 주식에 막대한 영향을 끼칠 것이라고 말한다. "선거에서 한 가지 순수한 플레이가 있다면 바로 의료 부문이다. … 노동절 이후 고어가 우세한 것처럼 보인다면 제약 주식에 나쁜 영향을 줄 거라고 생각한다." 왜냐하면 고어는 사실상의 가격 규제로 메디케어(medicare, 노인 의료보험) 처방 의약품에 대한 특혜를 더욱 압박할 것이기 때문이다.

〈배런스〉

모든 업종은 모종의 규제와 정치적 리스크를 벗어날 수 없지만, 비교적 그런 것을 잘 견뎌내는 업종도 있다. 예를 들어 노년층은 미국에서 강력한 정치적 유권층을 구성하고 있다. 이로 인해 가격 규제의 위협이나 처방 약품에 관한 특허 제한 완화는 해마다 제약 산업의 미해결 문제로 남아 있다. 정치적으로 민감한 사항인 주유소의 연료 가격과 극단적인 원유 가격 변동이 결합해서 에너지 산업은 종종 가격 규제와 막대한 이윤에 대한 과세 대상이 된다.

규제를 두려워하는 것은 에너지와 제약 업종만이 아니다. 겁에 질린 생명공학회사 임원들은 유전자 조작 식품 금지에 대한 악몽에서

식은땀을 흘리며 깨어난다. 화학회사 임원들은 미국 환경보호국의 불공정하고 값비싼 규제에 고래고래 고함치는 것으로 유명하다. 늘 희망적인 방위산업회사 임원들은 백악관에 호전적인 대통령이 입성하길 기도한다. 좌절감에 빠진 전력회사의 CEO들은 새로운 발전소를 건설할 필요가 있을 때마다 제산제를 들이부으면서 이리저리 계산을 굴린다. 이러한 다양한 규제와 정치적 리스크 때문에, 신중한 매크로 투자자들은 의회와 법원, 백악관의 사건들에 뒤처지지 않는 것이 중요하다.

좋은 정보를 하나 제공하겠다. 만약 당신이 보유한 주식이 갑자기 하락하거나 상승한다면, 그리고 배당 시기가 아니라면 Redchip.com이나 CBS의 marketwatch.com 같은 사이트를 방문해 그 주식과 관련된 최근 뉴스를 확인해보라. 새로운 소송이나 의회의 새로운 법안이나 정부의 어떤 결정이 뉴스를 이끌고 있음을 보게 될 것이다.

브라질에 비가 내리면 스타벅스 주식을 사라

새로운 세기의 첫 번째 겨울 폭풍이 지난주 초 이스턴 시보드에 있는 자동차 판매사와 공장들을 맹습함에 따라 매출이 감소하고 조지아주에서 메인주까지 일시적 생산 중단에 들어갔다. 주말에는 피해가 내륙으로 퍼졌다. 오클라호마시티에 눈이 16cm 이상 쌓이고 댈러스에는 얼음비가 내려 자동차 판매와 생산을 망쳐놓았다. 그리고 주말 남동부 지역에 더 심한 기상 악화가 예고되었다. 자동차 제조사 몇몇은 직원들이 출근하지 못하고 공급 업체들의 부품 배달에도 문제가 발생해 하루 혹은 몇 시간 동안 생산하지 못했다.

〈오토모티브 뉴스(Automotive News)〉

세계 커피콩 공급의 3분의 1을 차지하는 브라질 농민들은 최근 몇 달 동안 가격 폭락을 경험했다. 가을 가뭄에 이은 12월 폭우로 예년보다 수확량이 엄청 늘었기 때문이다. … 거대 커피하우스 업체인 스타벅스는 가격을 인하할 계획이 없다고 발표했다. 그러나 지난 5월 시애틀에 본사가 있는 체인점은 커피 값을 한 잔 평균 10센트 올렸다. 스타벅스는 구매하는 커피콩 가격이 크게 달라져도 가격을 내린 적이 없다.

〈로스앤젤레스타임스〉

식음료 같은 몇몇 업종은 비가 오지 않을 때 흘러내릴 수 있다. 이 책의 제목처럼 브라질에서 비가 내려서 가뭄이 끝나면 스타벅스 주식을 사야 할 때다. 커피콩 가격이 떨어지면 스타벅스의 이윤 폭이 커지기 때문이다. 같은 이유로 소매와 자동차 업종은 눈보라, 홍수, 폭염과 같은 천재지변에 특히 약하다. 예를 들어 중서부의 겨울에 비일상적인 혹한이나 폭설이 닥치면 자동차 제조사와 다른 소매 기업의 봄철 매출액이 예상보다 낮으리라는 것을 암시한다. 이런 날씨에 발목이 잡힌 기업들의 주가에도 용기를 갖고 인내심을 발휘해야 한다.

이것으로 자본과 노동 집약성, 소비자의 유형, 규제 위험의 노출 같은 요소에 따라 각 업종이 어떻게 다르게 변동하는지에 대한 설명을 마쳤다. 이제 당신은 업종 수준에서 주식시장을 바라보는 것이 얼마나 중요한지 알게 되었다. 그렇다면 분명 다음과 같은 질문을 할 것이다. 시장의 다양한 업종들을 추적할 수 있는 최상의 방법은 무엇인가? 그리고 나는 그 업종에서 실제로 거래해야 하는가? 그것이 바로 다음 장에서 다룰 주제다.

7장

강세 업종 찾아내기

모멘터스 시큐리티의 거래실에서 대니와 조, 잭이 치열하게 경쟁하고 있다. 그들은 매달 두 가지 내기를 반복한다. 매달 거래에서 최고액을 번 사람에게 100달러, 최악의 거래에서 손실액이 가장 적은 사람에게 50달러를 주는 것이다.

그들의 경쟁에서 흥미로운 점은 거래 스타일이 각자 다르다는 것이다. 대니는 시장의 추세를 엄격하게 따른다. 그는 산업이나 기업의 특정 리스크를 싫어한다. 그래서 큐브와 스파이더, 즉 나스닥시장을 추종하는 ETF인 QQQ와 S&P500을 추종하는 SPY 펀드에만 투자한다. 만약 시장의 상승세가 점쳐지면 큐브와 스파이더를 매입하고, 하락세가 예상되면 공매도한다.

반면에 조는 철저히 업종별로 거래한다. 조가 좋아하는 ETF는 화학과 금융 서비스 업종을 추종하는 IYD와 IYF 같은 아이셰어즈(iShares)와, 생명공학과 인터넷 업종을 추종하는 BBH와 HHH 같은 HOLDRS의 상품이다. 조는 기본적으로 업종별 순환매 게임을 한다. 어떤 업종이 상승세 혹은 하락세인지, 따라서 어떤 업종을 사고팔아야 할지 파악하기 위해 여러 가지 업종 지수를 살펴본다.

잭이 진정한 매크로 투자자다. 그는 시장과 업종의 추세를 파악하기 위해 큐브, 스파이더, 아이셰어즈, HOLDRS를 유용하게 사용할 뿐만 아니라 TICK, TRIN, S&P선물 등 더 가치 있는 추세 지표들도 컴퓨터로 자세히 살펴본다. 그러나 돈을 걸 때에는 철저히 바스켓 트레이더가 된다. 자신의 매크로 투자 행동 규범에 따라 잭은 상승세에는 강세 업종의 강세 주식을 한꺼번에 매입한다. 마찬가지로 하락세에는 약세 업종의 약세 주식을 공매도한다.

하지만 대니와 조는 잭을 싫어한다. 잭이 거의 매달 최고 수익 상을 차지하기 때문이다. 반면 최소 손실 상을 챙기는 사람은 대니다. 그 이유를 알아보자.

~~~~~~~~~~~~~~~~~

큐브와 스파이더, HOLDRS와 아이셰어즈, TICK과 TRIN 등은 거시 경제에 밝은 투자자의 전문 용어다. 다양한 업종과 시장별 지표들이 견실한 바스켓 거래 방식과 결합해 어떻게 작용하는지 이해하는 것은 거래 실적을 향상시키는 데 가장 중요한 단계 중 하나다.

이 장에서는 시장과 개별 업종의 추세를 추적하기 위해 여러 가지 지표를 사용하는 방법을 익히게 될 것이다. 또한 조처럼 조심스러운 업종별 접근, 혹은 잭처럼 더욱 공격적인 바스켓 거래 방식을 통해 거시적 거래에 효과적으로 참여하는 법을 배우게 될 것이다. 그러니 놓치지 말자. 이 장도 무척 재미있을 것이다.

월스트리트 전문가들의 추세 파악 비법

무엇보다도 거래하고 있는 시장의 종류를 판단하는 데 유의하라.

제시 리버모어, 《제시 리버모어의 회상》

매크로 투자의 제5 원칙을 기억하라. 추세는 당신의 친구다. 따라서 추세에 역행하는 거래를 해서는 안 된다. 실제로 전체 시장의 추세를 추적하는 일은 매크로 투자자에게 가장 중요한 임무 중 하나다. 그것이 왜 그렇게 중요한지 생각하면서, 잭의 매크로 투자 행동 규범을 기억하자.

- 시장이 상승세일 때에는 강세 업종의 강세 주식을 매입하라.
- 시장이 하락세일 때에는 약세 업종의 약세 주식을 공매도하라.

물론 이 규칙에 따라 거래하기 위해서는 시장 및 업종 추세가 무엇이고 그것들이 어떻게 변하는지 확실히 이해할 필요가 있다. 3부에서 다양한 경제 지표를 통해 이런 추세를 평가하는 여러 방법을 접하게 될 것이다. 그러나 지금은 당일의 추세를 추적하는 법에 집중하자. 왜냐하면 거래 여부를 고민하는 일이 당일에 이루어지기 때문이다. 표 7-1은 시장 추세를 추적하고 거래하는 데 유용한 주요 지표와 거래 수단들을 정리한 것이다.

당일 추세를 평가하려면 간단하게 다우존스지수, 나스닥지수, S&P500지수가 어떻게 움직이는지 보면 된다. 솔직히 이런 식의 접근은 기업계와 시장의 '멍청한 돈'을 위한 것이다. 이 지표들은 시장 전

표 7-1. 주요 시장 추세 지표

기업계의 '멍청한 돈' 지표
다우존스지수(DJI)
S&P500지수(SPX)
나스닥지수(NDX)
월스트리트의 스마트머니 지표
S&P선물
TICK($TICK)
암스지수 또는 TRIN($TRIN)
시장 추세 거래
큐브: 나스닥 100 트래킹 주식(QQQ)
다이아몬드: 다우존스 트래킹 주식(DIA)
스파이더: S&P500 트래킹 주식(SPY)
IVV: S&P500을 추종하는 아이셰어즈

망을 보여주지 않기 때문이다. 반면 월스트리트의 전문가들은 적어도 세 개의 주요 지표, 즉 S&P선물, TICK, TRIN을 따라 추세를 추적한다.

S&P선물은 시카고상품거래소 매장에서 주식시장의 가장 예리한 사람들이 거래하며, 최고의 투자 전문가들은 이 선물을 시장 추세의 가장 우수한 선행지표로 본다. 예를 들어 S&P선물이 상승하면 S&P500지수도 대개 그 뒤를 따른다. 그런데 S&P500지수는 반등하고 S&P선물은 그렇지 않다면 반등이 지속되지 않을 확률이 높다. 왜냐하면 선물과 실제 지수의 격차를 이용해 매매 차익을 노리는 사람들이 끼어들어 그 둘이 같아지게 만들기 때문이다.

TICK과 TRIN은 시장지수보다 순수한 지표다. TICK은 뉴욕증권

거래소의 상승과 하락을 추적한다. 예를 들어 TICK이 +207이라면, 내리는 주식보다 오르는 주식이 207종목 더 많다는 뜻이다. 따라서 TICK이 +영역에 있으면 강세라는 신호다.

TRIN은 내가 좋아하는 지표 중 하나다. 단순하게 수학적으로 상승과 하락을 비교하는 TICK을 뛰어넘기 때문이다. TRIN은 상승하는 주식의 거래량과 하락하는 주식의 상대적인 거래량을 포함한 공식이다.

$$TRIN = \frac{\text{상승 종목 수/상승 종목 거래량}}{\text{하락 종목 수/하락 종목 거래량}}$$

간단히 말해 하락하는 주식보다 상승하는 주식의 거래량이 더 많다면 TRIN은 1보다 작을 것이고 그것이 바로 강세 신호가 된다.

이제 TICK과 TRIN을 따로 관찰하는 일과 그 둘의 긴밀한 관계를 주시하는 일이 왜 중요한지 설명하겠다. 시장 추세에 따라 투자하는 대니가 이런 지표들을 어떻게 사용하는지 보여주는 것으로 대신한다.

대니는 시장 추세를 확인하면서 TICK과 TRIN이 늘 같은 방향으로 가길 바란다. 그 이유를 이해하기 위해, 오늘 TICK이 예를 들어 +200이라고 가정해보자. 그러면 시장이 분명 강세일 거라고 생각할 것이다. 그러나 만약 상승세보다 하락세의 주식이 더 많이 거래되었다면, 이것은 TICK 관찰로는 드러나지 않는 유형의 약세장을 의미한다. 실제로 이런 경우, TRIN은 TICK과 반대 방향으로 강하게 움직일 것이고, 그러면 신호는 분명 복잡해진다. 이런 상황에서는 추세가 분명하지 않기 때문에 대니는 절대로 거래하지 않는다.

그렇다면 대니는 어떻게 시장의 추세를 추적하는가? 그는 주요 시장지수들과 연결된 다양한 ETF를 안다. 이런 ETF는 큐브, 다이아몬드, 스파이더, HOLDRS, 아이셰어즈라는 친숙하고 다양한 이름으로 불리고 주식처럼 거래된다.

예를 들어 QQQ라는 심벌로 거래되는 큐브는 나스닥100지수를 추종한다. 큐브는 데이 트레이더와 단기 투자자에게 인기가 있고, 2001년 현재 하루 평균 2,500만 주 이상 거래된다. 대니는 변동성과 유동성을 지닌 이 주식을 좋아한다. 그리고 큐브를 통해 추세를 제대로 파악했다면 그는 괜찮은 거래를 하게 될 것이다.

비슷하게 스파이더로 불리는 SPY는 S&P500지수를 추종하는 펀드이고, DIA는 다우존스지수를 추종하는 다이아몬드 펀드다. 특히 대니는 돈이 나스닥시장에서 뉴욕증권거래소로 빠져나가는 어려운 시기에 이런 주식들을 즐겨 거래한다.

주식 과반수가 업종과 함께 움직인다

목요일에 식음료와 요식업 주식이 기술주를 제치고 오늘의 약세 업종의 자리를 차지했다.

〈애틀랜타 저널 앤드 컨스티튜션(The Atlanta Journal and Constitution)〉

이제 업종별 추세를 추적하는 방법을 얘기하자. 당신은 다른 주식 정보가 뭐라고 하든 약세 업종을 매입하거나 강세 업종을 공매도하길 원치 않기 때문에 그 방법을 알고 싶을 것이다. 그러므로 모든 매크로 투자자가 매일 시장이 열리기 전에 해야 하는 의식으로 시작하

자. 그것은 바로 중요한 표 두 가지를 자세히 살펴보는 일이다.

첫 번째 표는 〈월스트리트저널〉의 '다우존스 미국 산업군'이라는 제목 아래 있다. 이 표는 전날 상위와 하위 업종 5개를 정리했다. 두 번째 표는 〈인베스터스 비즈니스 데일리〉에 실리는 것으로 좀더 상세한 내용을 담고 있다. 표 이름은 '산업 물가'이고, 200개 가까운 업종과 하위 업종을 지난 6개월의 가격 실적 순서대로 정리하며, 전날 최고와 최악의 업종을 두드러지게 보여준다.

이 두 가지 표를 살핌으로써 그날의 강세와 약세 업종을 확실히 알아차릴 수 있다. 그뿐만 아니라 어떤 업종이 호전되는지, 어떤 업종이 악화되는지, 업종별 순환매는 어디서 일어나고 있는지 느끼게 될 것이다.

인쇄 매체 외에도 업종별 추세를 추적하는 우수한 웹사이트가 많다. 예를 들어 Smartmoney.com에는 다우존스지수를 이용해 10개 업종과 120개 산업군을 추적하는 업종 추적자가 있다. 어떤 업종이 인기 있고(녹색) 어떤 업종이 인기 없는지(빨간색)를 한눈에 보여주는 세련된 컬러 지도도 이 사이트의 특징이다.

Bigcharts.com과 CBS.marketwatch.com에는 업종별 실적표가 있고 특정 업종의 선도주와 실기주를 정리한 표도 있다. 그리고 CNBSC.com 사이트를 잊지 말자. 그곳에는 '오늘의 업종 탐색'이라는 괜찮은 TV 프로그램과 같이 가는 '업종 탐색'이라는 웹 페이지가 있다.

주제에서 벗어난 얘기는 이 정도로 끝내고, 이제 거래 당일에 실제로 업종을 추적하는 방법을 이야기해보자. 이 방법을 이해하기 위해 표 7-2를 자세히 살펴보라. 이 책에서 가장 중요한 표 중 하나다. 그러니 복사해서 컴퓨터 옆에 꽂아두어도 괜찮을 것이다.

표 7-2. 업종 추세의 주요 지표

	ETF	업종 지수
항공		$XAL
자동차		$AUX
은행		$BIX
기초 원자재	IYM	
생명공학	BBH	$BTK
화학	IYD	$CEX
컴퓨터		$XCO
■ 컴퓨터 하드웨어		$GHA
■ 컴퓨터 서비스		$GSV
■ 컴퓨터 소프트웨어		$CWX, $GSO
■ 컴퓨터 기술		$XCI
에너지	IYE, XLE	
■ 석유		$XOI
■ 석유 서비스		$OSX
■ 천연가스		$XNG
금융	IYE, XLE	$IXF
■ 금융 서비스	IYG	
제지와 임산품		$FPP
게임		$GAX
금		$GOX, $XAU
의료	IYH	$HCX
산업		$INDS
보험		$IUX
인터넷	HHH, IYV	$INX, $GIN
■ 인터넷 아키텍처	IAH	
■ 인터넷 B2B	BHH	
■ 인터넷 인프라	IH	
네트워킹		$NWX
네트워킹 멀티미디어		$GIP
제약	PPH	$DRG
부동산	IYR	
소매 S&P	RMS, VGSIX	$RLX
증권 브로커·딜러		$XBD
반도체	SMH	$SOX, $GSM
기술	XLK, IYW	$XCI, $TXX
통신	IYZ, TTH	$XTC
■ 광역 통신	BDH	
운송		$TRX
공익사업	XLU, IDU, UTH	$UTY

이 표는 왜 그렇게 가치가 있을까? 각 업종을 추적하고 거래하는 데 사용할 수 있는, 다양하고 광범위한 수단을 정리해놓았기 때문이다. 그러니 시간을 들여서 이 표를 자세히 들여다보라. 그리고 다른 범주의 업종 추적자가 두 가지 있다는 것도 명심하라.

시장 추세로 거래하기 위해 큐브와 스파이더 같은 ETF가 있는 것처럼, 여기 첫 번째 범주에도 업종별 ETF들이 있다. 생명공학과 반도체 업종을 위한 BBH와 SMH 같은 HOLDRS, 화학과 의료 업종을 위한 IYD와 IYH 같은 아이셰어즈, 에너지와 공익사업 업종을 위한 XLE와 XLU 같은 스파이더가 있다. ETF를 이용하는 거래의 가장 큰 이점 중 하나는, 업틱룰에 종속되지 않기 때문에 시장이 하락세일 때에도 공매도가 가능하다는 것이다. 그래서 조도 업종별 순환매 게임에서 즐겨 사용한다. 만약 생명공학 업종이 하락한다면 조는 당연히 암젠 Amgen이나 제넨테크Genentech를 공매도할 수 없다. 하지만 BBH 주식들은 얼마든지 공매도할 수 있다.

업종 추적자의 두 번째 범주에는 항공 업종을 위한 XAL 지수, 은행 업종을 위한 BIX, 증권 브로커와 딜러를 위한 XBD 등이 있다. 이런 지수들은 미국 증권거래소와 시카고거래위원회에서부터 골드만삭스와 필라델피아증권거래소까지에 이르는 다양한 출처에서 고시한다.

이제 이런 업종 추적자들을 잘 이용하는 방법을 이야기하자. 한 업종에서 거래를 시작하기 전에, 추세를 파악하기 위해 적절한 업종 지수를 확인할 필요가 있다. 온라인 거래를 할 때 표 7-2의 정보들을 이용해 선별한 업종 추적자를 전체 창으로 만들고, 이어서 거래일 내내 그것들을 따라가야 한다. 약세 업종의 강세 주식을 매수하거나 강세 업종의 약세 주식을 공매도하는 일은 피해야 한다. 그것은 주식이 업종의 흐름에 역행해 헤엄치라고 요구하는 것과 같다. 개별 주식의 움직임 중 절반 이상은 그 주식이 속한 업종의 움직임과 관련되어 있음을 기억하라.

이 표에 대해 한 가지 덧붙이겠다. 이 표를 앞 장에 나온 업종 지도와 비교해서 보면 주식시장의 모든 업종을 위한 지수나 거래 도구가 현재로선 없음을 알게 될 것이다. 그래서 어떤 경우 업종 탐색이 어렵지만 ETF가 계속 증가하니 업종을 다루는 범위도 점점 넓어지지 않을까 생각한다.

바스켓 거래의 미덕

한 업종 안에서 주식들을 바스켓 거래 하면 차익은 더 커지고 리스크는 더 낮아진다.

마이클 신시어(Michael Sincere), 데런 왜그너(Deron Wagner)

그러면 대니처럼 시장 추세에 따라 거래하는 게 나을까, 조처럼 업종별로 거래하는 것이 나을까, 아니면 잭처럼 바스켓 거래 전략을 사용하는 것이 나을까? 이 질문의 답을 제대로 구하려면 각 전략 중 시간이 지나 결과가 가장 좋을 듯한 것을 고려해야 한다.

대니는 투자자 세 명 중 리스크가 가장 적다. 오로지 시장 추세에 따라 거래해서 특정 업종과 개별 기업의 리스크를 제거할 수 있기 때문이다. 리스크가 가장 적으므로 매달 세 명 중 가장 낮은 손실액을 기록하게 마련이다. 그러나 문제는 리스크를 제한함으로써 보상 가능성도 제한한다는 것이다. 그래서 최고 수입을 올리는 데는 잭을 따라갈 수 없다.

잭은 조처럼 순수한 업종 투자자였다. 그러나 적어도 두 가지 이유로 바스켓 거래가 더 낫다는 것을 알게 되었다. 첫 번째 이유는 아주 분명하다. 주식을 매입할 경우, 거래 바스켓에 가장 강한 주식들만 담으면 주가 상승 가능성이 극대화된다. 반면 조가 광역 통신 기업을 담은 BDH나 금융 서비스 기업을 담은 IYG 같은 ETF를 이용해 해당 업종 전체를 매입한다면, 강세 기업과 약세 기업이 혼합되어 적어도 자본 일부를 낭비하게 되고 그만큼 잠재 수익이 줄어들게 된다.

잭이 업종 거래보다 바스켓 거래를 선호하는 두 번째 이유는 더욱 미묘하다. 바로 수익을 늘리는 것보다 손실을 줄이는 것과 더 관련이 있다. 실제로 한 업종이 하락세로 돌아서면 그 업종에서 가장 약한 주식들은 가장 빠르게 내리고 가장 느리게 회복하는 반면, 강한 주식들은 훨씬 빨리 회복하는 경향이 있다. 그것은 잭이 한 업종의 강한 주식들로 바구니를 채운 뒤 거래 상황이 불리하게 변할 경우, 순수한 업종 거래를 하는 조보다 하락 리스크가 작다는 의미다.

매크로 투자자가 펼치는 멋진 게임

이 모든 것이 어떻게 작용하는지 설명하는 것으로 이 장을 마무리하자. 설명은 잭의 특별한 거래 접근법을 보여주는 것으로 대신한다.

1920년대 전설적인 월스트리트 투자자 제시 리버모어의 조언에 따라 잭은 항상 "무엇보다도 거래하고 있는 시장의 종류를 판단할 필요성을 곰곰이 생각한다". 즉, 끊임없이 시장 추세를 평가하고 또 평가한다. 동시에 어떤 업종이 가장 강세이고 어떤 업종이 가장 약세인지뿐만 아니라 상승세를 타거나 악화 일로에 있는 업종이 무엇인지까지 주도면밀하게 관찰한다.

이제 잭은 강세 주식과 약세 주식을 구별하는 방법이 많다는 것을 안다. 그러나 다음과 같은 방법을 선택한다. 먼저 거래할 업종에서 최고 강세와 최고 약세에 있는 주식들을 표로 만들기 위해 펀더멘털 fundamental 분석을 실시한다. 목표는 EPS 성장률과 상대 가격 실적 같은 요소를 기초로 각 업종에서 최고 강세와 약세 주식을 10~15종목 찾는 일이다.

매입과 공매도 기회를 위한 기초적인 표를 작성하면, 잭은 그 항목을 선별하고 시장 타이밍을 완벽하게 맞히기 위해 기술적 분석을 한다. 기술적 분석은 시기에 상관없이 어떤 주식이 상승 혹은 하락할 가능성이 가장 큰지를 보여주기 때문이다. 펀터멘털 분석과 기술적 분석을 통과한 주식들은 잭이 거래할 바스켓을 채운다.

잭이 시장의 상승세를 확인하고, 제약처럼 오래 보유할 강세 업종을 찾아냈다고 가정해보자. 이는 잭이 바스켓에 있는 주식 전부를 매입할 때가 되었음을 뜻한다.

주식을 매입한 뒤(예를 들어 종목당 5,000달러씩) 잭은 관망하며 기다린다. 거래 상황이 그에게 불리해지면 재빨리 바스켓을 비우고 빠져나와 손실을 줄인다. 그러나 상황이 유리해지면 어떤 주식이 가장 큰 폭으로 상승하는지 조심스레 관찰한다. 그리고 이 정보를 이용해 비교적 약한 주식들은 처분하고 가장 강한 주식들을 사 모은다. 이런 식으로 잭은 자신의 수익을 극대화한다. 당신도 그렇게 할 수 있다!

8장

자금을 보호하는 10가지 규칙

~~~~~~~~~~

호프 낫은 바이닷컴(Buy.com) 주식을 20달러에 1,000주 매수했다. 이 주식은 금세 19½달러로 떨어졌고, 호프는 투자를 잘한 것인지 의심하기 시작했다. 그러나 그녀는 바이닷컴에 멋진 미래가 있다는 것을 알았다. 1년 내내 꾸준히 상승하고 있고 인터넷주는 폭죽처럼 뜨거웠다. 게다가 바이닷컴의 모든 기술적 지표가 타이탄 로켓처럼 똑바로 가리키고 있었다. 그러니 그녀가 아니라 시장이 잘못된 것이 틀림없다. 그래서 호프는 관망하며 시장이 제정신을 차리기를 기다렸다.

다음 날, 바이닷컴 주가는 18달러로 내려앉았다. 그러자 정말 속이 쓰리기 시작했다. 모든 투자 전문가가 8% 이상 손실을 입기 전에 빠져나오라고 말한 지점을 이미 지나버렸다는 것을 그녀는 안다. 그런데도 아직 매도 방아쇠를 당길 수가 없다.

왜냐하면 이 시점에서 그녀의 마음속이 자기 기만적인 혼란에 빠져버렸기 때문이다. 그녀는 주가가 더 떨어져서 더 큰 손해를 입지 않을까 걱정하는 동시에 주가가 회복되길 바란다. 그리고 자아와의 싸움—나는 틀리지 않았고, 시장이 틀린 거야!—에서 희망이 공포의 엉덩이를 걷어차고 있었다. 그래서 좀 더 기다리다가 그만 바이닷컴 주가가 16달러를 지나 12달러로 급락해버렸다. 이제 호프는 막대한 돈을 날렸고 남은 것이라고는 주식을 파는 것뿐이다. 젠장! 그럴 수가 없다. 감당하기에는 손실이 너무 크다. 이제 그녀가 할 수 있는 일은 이 멍청한 시장에서 멍청한 주식이 원래 상태로 돌아올 때까지 마냥 기다리는 것뿐이다.

8장과 9장에서는 매크로 투자의 기본 규칙을 다질 것이다. 곧 알게 되겠지만 이 규칙들은 매크로 투자뿐만 아니라 어떤 종류의 거래나 투자에도 적용된다. 그래서 전문가와 노련한 트레이더는 대충 읽고 다음 장으로 넘어가라고 조언하고 싶지만 그럴 수가 없다. 투자 경력이 길고 그 경험들이 머릿속 깊이 박혀 있다 하더라도, 규칙 대부분이 성공적인 거래를 위해 매우 중요하기 때문에 검토할 가치가 있다.

이 규칙들은 크게 두 가지 범주로 나뉜다. 8장에서는 자금을 관리하고 보호하는 데 도움이 되는 규칙들, 9장에서는 리스크를 조절하는 데 도움이 되는 규칙들을 살펴볼 것이다.

자금 관리와 리스크 조절은 매크로 투자자가 통달해야 할 가장 중요한 기술이다. 자금을 제대로 보호하지 못하면 곧 게임에서 퇴출될 것이다. 그리고 리스크 조절에 실패한다면, 이길 확률이 아무리 높아도 결국은 패배자가 될 것이다.

그렇다면 자금을 관리하는 10가지 규칙을 살펴보자. 표 8-1에 있는 규칙들은 크게 효과적인 거래, 효과적인 주문, 거래 비용 최소화라는 세 가지 범주로 나뉜다. 이 규칙들을 각각 살펴본 다음 이들이 자금 관리와 보호의 핵심인 이유를 설명하겠다.

표 8-1. 매크로 투자자의 자금 관리 규칙

효과적인 거래

1. 손실을 차단하라
2. 손절매를 설정하라
3. 수익을 늘려라
4. 대박주를 쪽박주로 만들지 말라
5. 물타기를 하지 말라
6. 포트폴리오 회전율을 낮춰라

효과적인 주문

7. 개장 전이나 새로운 기업공개 시에는 시장가 주문을 내지 말라
8. 추세장에서 가격 모멘텀을 잡으려면 시장가주문을 내라
9. 거래 범위 내에서 움직일 때 호가 차이를 잡으려면 지정가주문을 내라
10. 주식을 뒤쫓지 말라

거래 비용 최소화

11. 편도가 아니라 왕복 수수료를 생각하라
12. 올바른 중개인을 선택하고 작은 글씨까지 읽어라

1. 손실을 차단하라

훌륭한 거래를 하려면 첫째도 손실 차단, 둘째도 손실 차단, 셋째도 손실 차단이다. 이 세 가지 규칙을 따를 수 있다면 기회를 붙잡게 될 것이다.

에드 세이코타(Ed Seykota)

주식시장에 관한 모든 책에서 가장 빈번하게 나오는 조언이 바로 이 제1 규칙이다. 그야말로 장기적 성공을 이끄는 중요한 규칙일 뿐만 아니라, 트레이더 대다수의 기본 심리와 배치되기 때문이다.

우리는 결국 인간이다. 그래서 손실을 즉시 차단하지 못하고, 적은 손실을 이리저리 굴리다가 눈덩이처럼 불어나게 만드는 일이 허다하다. 일을 이렇게 만드는 인간의 심리에는 날카롭게 충돌하는 두 가지 감정, 즉 희망과 두려움이 깔려 있다.

거래할 때마다 마음속에는 차익에 대한 희망과 손실에 대한 두려움이 생긴다. 손실을 차단해야 할 상황에서는 불행하게도 차익에 대한 희망이 손실에 대한 두려움을 항상 압도한다. 그리고 결과는 정확히 반대가 된다.

그 과정은 이 장 첫머리에 소개한 이야기를 통해 잔인할 만큼 자세히 묘사했다. 가상의 투자자 호프 낫은 자신의 감정 때문에 실패한 거래에서 도망치지 못한 채 계속 주가가 하락하는 경험을 맛봐야만 했다. 당신도 투자자 대부분이 한두 번은 경험하는 이 상황에 처한 적이 있다면, 자신의 감정을 무시하고 손실을 차단하는 법을 배우는 것이 얼마나 중요한지 분명 알 것이다. 나아가 냉정하고 무자비하며 효율적이고 계산적인 터미네이터처럼 손실을 줄이는 법을 배워야만 한다.

바이닷컴 주식을 버리지 못한 채 주가가 5달러까지 하락하자, 호프는 주식 트레이더가 되는 것을 포기했다. 그녀는 이제 주식이라면 겁부터 집어먹게 되었고, 월스트리트식 농담으로 '제대로 투자한 투자자'가 되었다.

이런 상황은 두 가지 면에서 매우 위험한데, 하나는 분명하지만 다른 하나는 그렇지 않다. 분명한 문제는 호프가 장부상 회복하기 힘든 막대한 손실을 입었다는 점이다. 그보다 더 심각하고 미묘한 문제는 손실을 줄이지 못한 바람에 자금이 묶여버렸다는 점이다.

실제로 당신에게 상처를 입힌 쪽박주를 계속 붙잡고 있으면 잃어버리는 것은 돈뿐만이 아니다. 쪽박주에 돈이 묶여서 새로운 거래와 잠재적인 승자를 붙잡을 수 없으니 '기회비용'이 추가된다. 따라서 '날린 돈이 너무 많아서 주가가 회복될 때까지 기다리겠다'는 생각은 매우 무모하고 잘못된 개념이다.

주식을 갖고 있다면 "주식이 회생해서 손실을 줄여줄까?"라는 식의 질문을 해서는 안 된다. 그보다는 "손실을 차단해서 자금을 자유롭게 푼 다음, 쪽박주가 회복하는 것보다 더 빠르고 강한 상승세를 타는 종목이나 업종에 투자할까?"라고 질문해야 한다. 이 질문의 대답은 항상 "그렇다"이다. 소액의 수수료만 지불하면 언제든 쪽박주에서 자유로워질 수 있다는 것을 깨달아야 한다. 그러니 빠져나와야 할 때 빠져나와라. 그렇게 하는 최선의 방법은 무엇일까? 그것은 바로 제2 규칙에 나와 있다.

2. 손절매를 설정하라

나는 너무 멀거나 너무 어려워 쉽사리 도착할 수 없는 지점에 손절매를 설정한다.

브루스 코브너(Bruce Kovner)

보호적인 손절매를 설정하는 것은 도박 장기를 두는 것과 같다. 당신은 '트레이더 대다수'가 손절매를 설정하는 지점을 예측해야 하고, 다음에는 그들이 매입하기 전에 빠져나올 것인지, 혹은 시장이 당신 주식만 남기고 그들의 주식을 다 삼키도록 둘 것인지 결정해야 한다. 대개의 경우 그들의 주식이 다 처분될 동안 당신은 주식을 꼭 붙잡고 있는 편이 신중하다.

페이먼 하미디(Pejman Hamidi)

제2 규칙을 통해 손실을 줄이고 효과적인 거래를 할 수 있는 기술을 알아보자. 실제로 손절매를 설정하는 데는 3단계가 있고 각각은 엄격한 훈련이 필요하다. 그 3단계는 다음과 같다.

- 얼마까지 잃을 수 있는지 결정하라.
- 물리적 혹은 정신적인 출구인 손절매 지점을 정하라.
- 손절매가 실행되면 손실을 받아들여라. 제발 주저하지 말라!

1단계 "얼마까지 잃을 수 있는지 결정하라"를 살펴보자. 데이 트레이더에게는 1% 혹은 16분의 1% 정도의 미미한 것일 수도 있다. 포지션 트레이더에게는 투자 전문가들이 즐겨 얘기하듯 8~10% 정도가 될 것이다. 리스크 관리를 논할 9장에서 최대수용손실의 정의를 좀더 자세히 논의하겠다. 그러나 여기서 중요한 점은 최대수용손실을 먼저 정한 다음 거래를 시작해야 한다는 것이다. 일단 그렇게 정하면 그 손실을 특정 탈출점 혹은 손절매 손실로 봐야 한다. 이것은 물리적 손절매나 정신적 손절매가 될 수 있으며, 이 두 가지에는 그 나름의 장점이 있다.

물리적 손절매는 거래 소프트웨어에 프로그램화하는 것이다. 예를 들어 20달러에 바이닷컴 주식을 샀다면 당신은 이미 8% 정도의 손실을 감수할 결심을 했을 수도 있다. 이 경우 온라인 중개인에게 바이닷컴 주가가 18.40달러로 떨어지면 시장 가격으로 팔도록 지시하는 손절매를 낼 수 있다. 반면에 정신적인 손절가를 정할 수도 있다. 바이닷컴 주식이 손절가에 도달한 것을 보면 직접 매도 계약을 체결하는 것이다.

대개 데이 트레이더는 정신적 손절매에 의존하는 반면, 단기 트레이더와 포지션 트레이더는 물리적 손절매를 이용한다. 그 이유는 각각의 장단점을 검토하면 쉽게 이해할 수 있다.

물리적 손절매의 큰 장점은 시장이 열려 있는 동안 거래에서 빠져나가기 위해 컴퓨터에 매달려 있을 필요가 없다는 점이다. 물리적 손절매를 이용하면 점심을 먹고 있거나 직장에 있는 동안에도 바이닷컴이 18.40달러로 떨어지면 거래에서 즉시 빠져나올 수 있다.

물리적 손절매의 다른 장점은 손실 차단에 대한 훈련을 강화하는 데 도움을 준다는 것이다. 당신에게 정신적 손절가가 있었는데 주가가 그 지점에 다다랐다고 하자. 그런데 마음속에서 희망과 두려움이 싸움을 벌인다면 매도 방아쇠를 당기지 못하고 머뭇거리게 될 것이다. 이런 이유로 물리적 손절매가 매우 유용하다.

그러나 물리적 손절매의 가장 큰 단점은 수익성이 좋은 거래에서 자칫 중간에 밀려날 수도 있다는 점이다. 사실 거래를 포기한 후 분석한 대로 주가가 회복되어 상승세를 타는 것을 지켜보는 것만큼 배 아픈 것도 없다. 이 점에서 물리적 손절매 설정법을 배우는 것은 매크로 투자자들이 발전시킬 수 있는 가장 중요한 기술 중 하나다. 그것은 예술이자 과학이다. 문제는 투자자 대다수가 아주 멋진 거래에서도 손절매를 당하기 쉬울 만한 가격에 손절매를 설정한다는 점이다. 이것은 다음 세 가지 이유에서 일어날 수 있다.

첫째, 손절매는 정상적인 주가 변동 범위 안에서 하는 것이 보통이다. 예를 들어 바이닷컴 주가는 매일 일정하게 2~5포인트를 오락가락한다. 만약 이런 일상적인 거래 범위 안에서 손절매를 낸다면, 상승세를 타는 날의 일시적 하락에도 손절매가 이루어져 거래에서 밀려나는 수가 있다. 다음 장에서 리스크 관리를 설명하면서 더 자세히 논하겠지만, 물리적 손절매를 정할 때 여유를 좀 많이 주는 것이 중요하다. 그래야만 기회가 주어진다!

두 번째 문제는 움직임이 많은 기술적 거래 결정점들과 너무 가까운 곳에 손절가를 설정했을 때 일어난다. 이 특별한 문제를 생각할 때에는 영리한 투자 전문가 수백만 명이 지지선과 저항선, 당일 최고가와 최저가, 이중 바닥 돌파선, 선회점 등을 차트로 정리한다는 것을 염두에 두어야만 한다. 이런 기술적 지표들은 매입과 매도 신호를 나타내는 결정점으로 이용된다. 따라서 영리하게 손절매를 설정하는 일은 이런 종류의 결정점들을 벗어나는 것을 의미한다. 예를 들어 최초의 물리적 손절가를 계산하면 주요 지지선 위의 점 몇 개로 나타난다. 이때 그 지점에 손절가를 설정하면 일시적 하락에도 손절매가 이루어져서, 지지선 밑으로 조금 낮게 조절하는 경우보다 거래에서 밀려날 위험성이 훨씬 크다.

손절매의 세 번째 문제는 10, 20, 100과 같은 숫자 근처에 설정했을 때 일어난다. 이유가 무엇이든, 반올림한 숫자들은 쇠똥이 파리를 끌듯 물리적 손절매들을 끌어모은다. 그리고 당신의 손절가가 그 반올림한 숫자들 가운데 끼어 있다면 거래에서 밀려날 가능성이 훨씬 더 높아진다. 그러니 손절가를 정할 때 50달러보다는 49⅞달러나 49½달러로 약간 낮추는 편이 좋다.

여기서 내가 꼭 해주고 싶은 말은, 월스트리트에서는 거물급 전문 트레이더들이 서로 교묘하게 짜고 아마추어 투자자들의 손절매를 밀어내는 것이 평소의 일과이자 가장 오래된 게임 중 하나라는 사실이다. 믿지 못하겠으면 투자 대가인 빅터 스페란데오Victor Sperandeo가 손절매 운용에 관해 말한 것을 들어보라.

많은 트레이더가 전날의 최고가 혹은 최저가 부근에서 손절매를 내는 경향이 있다. 이런 행동 유형은 크고 작은 가격 변동에서도 마찬가지다. 손절가가 크게 몰려 있다는 것은 논리적으로 증권거래소 장내의 로컬(local. 선물거래소 회원으로 자기 자금으로 직접 거래에 참가하는 전문 투기자)들도 이 정보를 알고 있다는 뜻이다. 로컬들은 가격이 시장 가격 위에 몰려 있는 매입 손절가 무리에 접근할 때 매입하려는 경향이 있다(가격이 시장 가격 아래로 몰려 있는 매도 손절가 무리에 가까워질 때에는 매도하려는 경향이 있다). 그들은 손절매의 커다란 주머니가 움직여서 가격 변동 폭을 확대할 거라 예상하고 그로부터 이익을 얻으려고 한다. 그러고 나서 그런 가격 확대를 신속한 수익 창출을 위한 현금화 기회로 이용할 것이다. 그래서 그들에게는 많이 몰려 있는 손절매를 실행시키는 것이 이득이다.

3. 수익을 늘려라

암소의 젖을 짜라. 개들을 쏴버려라.

토빈 스미스(Tobin Smith)

거래에 커다란 확신이 있다면 급소를 노려야만 한다. 돼지가 되려면 용기가 필요하다.

스탠리 드러켄밀러(Stanley Druckenmiller)

소? 개? 돼지? 동물농장을 연상케 하는 앞의 인용문은 모든 거래에서 가장 중요한 규칙을 강조하고 있다. 승리주에 올라타서 수익을 늘려라.

참 간단한 말처럼 들리지만 문제가 있다. 트레이더 대다수는 손해본 거래에서는 오래 머무는 반면, 유리한 거래에서는 너무 일찍 빠져나감으로써 수익을 포기한다. 두 경우 모두 인간의 꼬인 심리가 작용한 탓이다.

좋은 거래를 해서 당신에게 유리한 방향으로 움직이기 시작하면 주가 상승을 기대해도 된다. 그러나 트레이더 대부분은 주가가 다시 떨어져 그간의 수익을 모두 잃어버리지나 않을까 걱정하기 시작한다. 그런 두려움 때문에 너무 일찍 매도에 나선다. 이때 두려움이 희망을 이기면 수익 창출이 너무 이른 수익 실현으로 변한다.

이것은 투자금을 불릴 최고의 기회를 빼앗은 것이기 때문에 잘못된 자금 관리다. 이렇게 생각해보자. 손실은 항상 재빨리 차단하면서 수익을 내는 주식은 항상 상당 기간 보유한다면, 거래의 절반 이상을 실패하더라도 많은 돈을 벌 수 있다.

이해를 돕기 위해, 1년에 100번 거래하고 그중 40%만 이익을 냈다고 가정하자. 평균 손실이 10%지만 평균 수익이 20%라면 돈을 벌게 될 것이다. 때문에 손실을 줄이고 승리주를 운용하는 것이 트레이더에게는 승리를 위한 강력한 무기가 된다.

4. 대박주를 쪽박주로 만들지 말라

> 무덤에서 살아 돌아오는 것만큼 만족스러운 승리도 없지만, 따놓은 것을 빼앗기는 것만큼 끔찍한 패배도 없다.
>
> 빅터 니더호퍼

매수한 주식이 처음에 10포인트 올랐다가 나중에 12포인트 떨어져 손실을 안게 된 상황을 지켜보는 것보다 더 한심한 일은 없다. 막대한 손해를 생각하면 배가 아픈 것도 당연하다. 이처럼 대박주가 쪽박주로 변하는 것을 막는 방법은 처음의 손절매를 조심스럽게 추적 손절매로 바꾸는 것이다.

이를테면 50달러짜리 델 주식을 500주 매수했는데 그다음 날 52달러로 상승했다고 하자. 처음의 손절가를 45.90달러로 정했다면 이제는 추적 손절가인 47.90달러로 상향 조정할 수 있다. 다음 날 다시 56달러로 상승했다면 추적 손절가를 이를테면 53.90달러까지 올릴 수도 있다. 그 지점에서 대박주는 절대 쪽박주가 되지 않을 것이다. 동시에 불어난 수익금을 더 키우고 싶은 마음에 지금의 이익을 잃어버리지나 않을까 하는 두려움을 잠재울 수 있다.

5. 물타기를 하지 말라

> 타고 있는 배에 물이 새어 들어오더라도, 물이 빠져나갈 다른 구멍을 뚫지 말라.
>
> 토니 살리바

물타기란 주가가 하락할 때 손익분기 가격을 낮추기 위해 주식을 추가 매수하는 것을 의미한다.

예를 들어 바이닷컴 주식을 50달러에 1,000주 매수했는데 주가가 40달러로 떨어지자 1,000주 더 매수하기로 결정한 경우다. 그렇게 하면 매수 주식의 평균 가격이 45달러로 내려가서, 주가가 회복할 때 50달러가 아니라 45달러까지만 올라가도 손익분기점에 이를 수 있기 때문이다.

그러나 이런 짓은 하지 말라. 물타기는 증시에서 가장 큰 속임수 중 하나다. 사람들은 이렇게 얘기하면서 그런 짓을 한다. "좋은 거래를 했다고 생각했는데 지금 엉뚱한 방향으로 흘러가고 있군. 투자금을 회수해 다른 좋은 주식으로 바꿔 타느니, 같은 쥐구멍에 돈을 좀 더 쏟아

붓는 게 나을 거야. 주가가 회복될 테니까." 천만에, 위험한 희망이다!

6. 포트폴리오 회전율을 낮춰라

> 내가 큰돈을 벌게 해준 것은 내 생각이 아니었다. 그건 항상 내 자리였다. 내 자리에 똑바로 앉아 있는 것! 시장에서 속임수는 결코 통하지 않는다. 강세 장에서는 초기 매입자를, 약세장에서는 초기 매도자를 언제나 많이 볼 수 있다. 양쪽 경우 모두 제자리를 옳게 찾아 똑바로 앉아 있는 사람은 드물다. 나는 그것을 배우기가 가장 어렵다는 것을 알았다.
>
> 제시 리버모어, 《제시 리버모어의 회상》

온라인 거래가 등장하기 전, 파렴치한 주식 중개인들은 오직 수수료를 챙기기 위해 고객의 포트폴리오를 빈번히 회전시켰다. 즉, 고객의 수익을 높이기 위해서가 아니라 자신들의 수수료를 벌기 위해 거래했던 것이다.

그런데 오늘날엔 많은 온라인 투자자가 스스로 그런 짓을 하고 있다는 것이 정말 아이러니하다. 그들은 자신의 포트폴리오를 지나치게 돌린다. 지루해서, 탐욕스러워서, 혹은 거래에 중독되어서 그렇다. 초보 트레이더들은 종종 경험이 부족하기 때문에 그렇게 한다. 그러나 어떤 경우로도 그러지 말아야 한다! 과하게 거래하려는 모든 충동을 극복해야 한다!

위에서 인용한 《제시 리버모어의 회상》의 구절처럼 충분한 시간과 시장의 조건은 똑바로 앉아 있게 보장해준다. 시장이 확실한 추세 없이 심하게 출렁거릴 때, 거시경제 뉴스가 복잡한 신호를 보낼 때, 연준이 금리에 대한 최근 움직임을 검토하기 위해 열릴 때, 관망하는 것은 가장 뛰어나고 최고의 보답을 얻는 거래 전략이 될 수 있다. 그런 시기에는 대박주를 선택할 확률이 너무나 낮기 때문이다.

7. 추세장에서 가격 모멘텀을 잡으려면 시장가주문을 내라

지정가주문인가, 시장가주문인가? 트레이더가 종종 직면하는 문제이며, 시장이나 업종이 상향인지 하향인지 답보 상태인지 결정하기 위해 거시적 파동 논리의 힘을 이용함으로써 대답할 수 있는 문제다. 다음 사례가 해답을 제시해준다.

~~~~~~~~~~

이언 맥그리거는 일주일 내내 캘리포니아 앰플리파이어California Amplifier를 주시했다. 그 종목의 기술적 지표들은 모두 상승세였다. 더욱 중요한 것은 이 회사가 무선 광역 통신 기술의 핵심 부품인 트랜시버 신규 시장의 80%를 차지한다는 점이며, 이는 이언이 활용해보고 싶은 시장점유율이다.

금요일 시장이 열리자 캘리포니아 앰플리파이어는 시장 전체 평균과 같이 0.25포인트 상승했다. 그때 이언이 행동을 개시해서, 현 시장의 매수·매도 호가 차이를 잡기 위해 내부 매수 호가 29에 지정가주문을 했다. 그러나 주문이 체결되지 못했을 뿐만 아니라 내부 매수 호가가 29.50으로 뛰었다.

그래서 이언은 첫 지정가주문을 취소하고 새로운 내부 매수 호가로 다시 주문을 냈다. 구두쇠인 그는 호가 차이를 포기하기 싫었다. 그러나 지정가주문이 체결되기도 전에 내부 매수 호가가 또다시 0.50포인트 뛰어올랐다.

그러자 그는 지정가주문을 포기하고 시장가주문을 했다. 내부 매도 호가로 1,000주를 건졌지만, 처음 지정가주문을 냈던 가격보다 1.50포인트 높았다. 가장 안타까운 일은, 이언이 비록 구두쇠지만 주식이 움직일 때에는 지정가주문을 내면 안 된다는 것쯤은 알았다는 것이다. 그는 실수의 대가로 1,000달러 이상의 가격 변동과 이익을 지불해야 했다.

우리는 어느 지점에서나 내부의 매수 호가와 매도 호가를 만나게 되며, 그 둘의 차이가 바로 매수·매도 호가 차이(spread)다. 차이는 16분의 1이나 8분의 1포인트 정도로 작을 수도 있지만 4분의 1포인트 이상으로 클 수도 있다. 여하튼 시장가주문을 내면 내부 매도 호가로 체결되기 쉽다. 이 경우 모든 차이를 매도자에게 주게 된다. 반면에 지정가주문을 이용하면 현재의 내부 매수 호가로 제한할 수 있다. 만약 당신이 내부 매수 호가로 계약을 체결한다면, 그 차이를 얻는 사람은 매도자가 아니라 당신이 된다.

그런데 지정가주문을 이용할 때 한 가지 위험한 것은, 위에 소개한 이언의 경우처럼 계약이 체결되지 않을 수도 있다는 점이다. 계속 상승할 것 같아서 매수하기로 작정한 주식은 실제로 상승해서, 당신이 지정한 가격 근처로는 돌아오지 않을 것이다. 이런 경우 호가 차이를 잡으려고 시도하면 시장가주문 시 맛볼 가격의 움직임을 잡지 못해 실패하게 된다. 그래서 이언은 1,000달러 이상 날렸다.

그렇다면 무엇을 이용해야 할까? 그것을 도와줄 수 있는 것이 바로 매크로 투자의 힘이다. 이렇게 생각해보자. 당신의 경제 지표들이 시장이나 업종이나 종목의 상승세나 하향세를 가리킨다면 무조건 시장가주문을 이용하라. 예를 들어 반도체 종목인 마이크론 테크놀로지Micron Technology를 매수할 생각이 있다고 하자. 만약 주식시장이나 반도체 업종이 상승세일 때 계속 매수 호가를 제시하면 사들이지 못할 것이다. 더욱 나쁜 것은, 그 매수 호가를 놓쳤기 때문에 오름세를 타는 그 주식을 뒤쫓고 싶어지는 것이다. 이럴 경우 시장가주문을 이용해야만 한다.

또한 하락세에서 소매 업종이 내려앉는 분위기인데 불운하게도 월마트를 매수했고 빠져나오고 싶다면, 매도 호가로 장난치지 말라. 시장가주문을 이용하고, 손실을 감수하고, 빠져나와라.

8. 거래 범위 내에서는 지정가주문을 내라

> 매수·매도 호가 차이는 월스트리트의 하우스 에지(house edge)다. … 당신은 지정가주문을 이용해 매수·매도 호가 차이를 차지함으로써 이 에지를 극복하게 된다.
>
> 크리스토퍼 패럴(Christopher Farrell)

일반적으로 시장가주문은 추세장에 적합한 반면, 지정가주문은 시장이나 업종이 거래 범위 내에서 움직이거나 옆걸음질 할 때 더 잘 통한다. 이런 시장에서는 참을 수 있다. 매수하고 싶다면 매수 호가를 보라. 매도하거나 공매도하고 싶다면 매도 호가를 보라. 원하는 것을 얻을 기회가 올 것이다. 그렇게 함으로써 호가 차이를 잡을 것이다.

"티끌 모아 태산"이라는 말을 잊지 말라.

호가 차이가 티끌처럼 하찮아 보일 수도 있다. 하지만 매년 수만에서 수십만 주를 굴리는 적극적인 트레이더라면, 작은 호가 차이를 수백 개 날려버림으로써 금세 수천 달러를 헛되이 잃을 수 있다. 그리고 회계장부에 그런 불리한 점을 추가한다는 것은, 효과적으로 주문하지 못한 바람에 이익을 극대화하지 못했다는 뜻이다.

9. 개장 전이나 기업공개 시에는 시장가주문을 내지 말라

지난 수 주일 동안 팜 파일럿의 기업공개에 대한 소문들에 팻시 허트는 귀가 따가울 지경이었다. 도처에서 팜 마니아들이 팜에 관한 나팔을 불어댔다. 라디오, TV, 신문, 심지어 그녀의 약혼자까지도 팜의 기업공개 열병에 걸렸다. 그러니 팻시가 어떻게 참을 수 있겠는가.

그래서 팜의 기업공개가 월스트리트를 강타하기 전날 밤, 팻시는 온라인 계좌에서 시장가주문으로 100주를 신청했다. 물론 그녀는 온갖 기사에서 읽은 것처럼 주당 38달러를 약간 웃도는 가격으로 계약이 체결될 거라고 생각했다. 그리고 조금 더 비싸진들 어때? 그러면 주가가 그 이상으로 올라갈 것이다. 어쩌면 그리스 섬으로 떠나는 신혼여행 경비를 감당하고도 남을 정도로 말이다.

팻시는 다른 수많은 트레이더도 똑같이 시장가주문을 낼 수 있다는 것을 생각지 못했다. 이런 집중적인 매입 압력 아래 팜 주식이 마침내 시장에 나오자, 주가는 즉시 38달러에서 150달러로 급등했다. 그리고 나서 주문 폭주로 고무

된 주가가 계속 올라서 165달러에 이르렀다.

물론 팻시는 주문량을 받았다. 하지만 불행히도 주가가 160달러일 때였다. 결국 약 4,000달러로 예상했던 매수 대금은 1만 6,000달러로 불어났다. 그날 장 마감 무렵, 주가는 95달러로 떨어졌다. 이틀 후에는 다시 60달러로 내려갔다. 그때 팻시는 1만 달러의 손실을 안고 빠져나왔다. 지정가주문을 하지 않은 탓에, 신혼여행 계획은 크레타와 미코노스의 2주일에서 코니아일랜드의 1주일로 대체해야 할 형편이 되었다.

~~~~~~~~~~~~~~~~~

효과적인 주문을 위한 가장 중요한 규칙은 이것이다. 개장 전이나 새로운 기업공개 시에는 절대로 시장가주문을 내지 말라. 이 상황에서 시장가주문을 내는 것은 좀 심하게 말하면 '섶을 지고 불속에 뛰어드는' 짓이다. 시장가주문이 한꺼번에 몰려 압력이 걸리면 주가는 개장과 동시에 급등한다. 그러다가 압력이 조금씩 풀리면서 주가가 1, 2, 3포인트 떨어지기 시작한다. 그러나 기업공개 건수가 많을 때에는 30, 40, 50포인트가 되어 그야말로 "악" 소리가 난다.

기업공개 주식이 아닌 주식이 개장 시간에 급등하는 것은 보통 전날 폐장 후에 긍정적인 뉴스가 발표되었기 때문이다. 예를 들어 시러스 로직Cirrus Logic이 예상외의 수익 증대에 관한 뉴스를 발표한 경우다. 혹은 연방 특허청이 독점적인 레이저 안과 기술에 대한 VISX 특허권을 확대하겠다고 발표할 수도 있다. 또는 무모한 인터넷 음악 해적인 MP3가 워너 브러더스Warner Brothers가 제기한 주요 저작권 침해 소송에서 유리한 판결을 따냈다고 발표할 수도 있다.

각각의 경우, 시장이 열리면 주가가 급등한다. 그러나 만약 개장 전에 시장가주문을 낸다면, 비싼 가격으로 주식을 매입해 손실을 맛보게 될 것이다.

10. 중개 계약할 때 세부 항목도 읽어라

수수료를 깎아주거나 무료로 해주는 염가 중개인은 자신에게 사례금을 가장 많이 주는 시장 조성자(market maker)에게 주문을 보냄으로써 투자자의 주머니를 조용히 털 수도 있다. 그것은 염가 중개인에겐 좋을지 모르나, 그 거래에서 최상의 가격을 얻지 못해 손실을 볼 투자자에게는 좋은 일이 못 된다.

〈배런스〉

주식 중개인은 금융 상담자가 아니라 증권 세일즈맨이다.

마이클 오히긴스(Michael B. O'Higgins)

주식 중개인 모두가 세일즈맨은 아닐 것이다. 그렇지만 대부분은 오히긴스의 말대로 세일즈맨이다. 그들에게는 수수료를 창출하는 것이 최우선이고, 고객의 돈을 키우는 일은 그다음이다. 따라서 대개의 경우 온라인 거래를 하는 것이 더 유리하다.

그러나 위에서 인용한 〈배런스〉의 경고처럼, 올바른 온라인 중개인을 선택하는 일은 단순히 수수료를 낮추는 것 이상으로 힘든 작업이다. 주문 이행 속도와, 당신의 매수 호가와 최종 체결가의 차이가 모두 중요하다. 또한 주식 규모 제약과 주문 종류별 요금 차이를 규정한 세부 항목도 주의 깊게 읽어야 한다. 그런 것들이 왜 중요한지는 다음 이야기를 통해 설명하겠다.

~~~~~~~~~~~~~

세라 페니와이즈는 자신의 포트폴리오를 더 적극적으로 관리하고 싶었다. 그래서 온라인 거래를 시작하기로 결심했다. CNBC의 광고를 모두 시청한 후, 그녀는 거래당 수수료 5달러를 제시한 염가 중개인과 계약했다.

첫 거래에서 세라는 코넥슨트 주식을 시장가주문으로 100주 신청했다. 매도 호가는 54달러였지만, 3분 후 주문을 확정하고 보니 지불 금액이 54.75달러로 뛰어 있었다. 현 매도 호가와 주문 이행 시 가격의 차이 때문에 7달러 50센트나 더 지불했고, 이는 수수료만 12달러 50센트를 지불했다는 뜻이다. 그녀는 두말할 것도 없이 대단히 화가 났다.

그다음 거래는 더했다. 그녀는 매도 호가가 20달러인 네트제로에 시장가주문을 냈다. 주문은 금방 이행되었지만, 가격은 또 온라인 주문서에서 본 매도 호가보다 50센트나 비쌌다. 손실은 5달러에 불과했지만 부담할 수수료는 10달러였다.

세 번째 주문에 나선 세라는 더 현명하게 현재 매도 호가로 지정가주문을 내기로 결정했다. 흥미롭게도 이 주문은 가격 차이 없이 매도 호가로 즉각 이행되었다. 하지만 시장가주문이 아니라 지정가주문을 할 경우에는 온라인 중개인 요금으로 8달러가 추가되는 것을 알고 깜짝 놀랐다. 수수료만 이제까지 최고액인 13달러였다.

최악의 경우는 세라가 친구의 추천으로 저가주 2만 5,000주를 사려고 할 때였다. 그 주문의 수수료는 기존 5달러의 5배로 매겨졌는데, 그녀의 온라인 중개인이 5달러의 할인 수수료가 어떤 주식이든 5,000주까지만 적용된다고 했기 때문이다. 맙소사, 이럴 줄 알았으면 계약서의 세부 항목을 꼼꼼히 읽어볼걸!

~~~~~~~~~~~~~

이 사례에서 세라가 부딪힌 문제 중 가장 고약한 것은 가격 차이일 것이다. 가격 차이는 매도 호가로 주식을 매입하기 위해 시장가주문을 냈지만 그보다 높은 가격에 매입이 이루어졌을 때, 혹은 주식을 매도하기 위해 시장가주문을 냈지만 매수 호가보다 낮은 가격에 매도가 이루어졌을 때 생긴다.

그런 차이는 온라인 중개인이 주문을 천천히 이행할 때에도 생길 수 있다. 주문하고 실제로 이행하기 전 몇 초나 몇 분 사이에 16분의 1포인트나 2분의 1포인트 혹은 수 포인트까지도 움직이는 것이 시장이다. 주문 시의 매도 호가보다 이행 시의 가격이 높아서 생기는 차이다.

느린 주문 이행보다 더 사악한 것이 '주문 공급 대가'다. 온라인 중개인이 고객의 주문을 공급해준 대가로 시장 조성자로부터 사례금을 받는 경우다. 일반적으로 당신의 거래를 이행하는 것은 온라인 중개인이 아니라 바로 시장 조성자다.

본질적으로는 뻔뻔스러운 '횡령' 음모인 이런 약정의 문제점은 인센티브가 오른다는 것이다. 온라인 중개인들은 고객의 주문을 최상의 가격을 제시하는 시장 조성자가 아니라 가장 큰 인센티브를 제공하는 사람에게 보낸다. 반면 시장 조성자들은 매도 호가와 매수 호가의 차이를 잡는 능력에 따라 돈을 벌기 때문에, 지정가주문에 가장 잘 맞는 대상을 찾기보다는 그냥 현재의 매수 호가로 주문을 이행할 것이다. 그래서 당신이 그 차이를 부담하게 되는 것이다.

불행히도 온라인 중개인들을 평가할 수 있는 정보는 그다지 많지 않다. 내 조언은 조심스럽게 유형을 살피는 일을 게을리하지 말고, 수수료가 비싸다는 생각이 들면 중개인을 바꾸라는 것이다. 보다 넓게는 사이버코프Cybercorp나 트레이드캐스트Tradecast 같은 기업이 제공하는 레벨 II 기준으로 거래하는 것을 심사숙고해야 한다. 레벨 II로 거래하면서 직접 시장 조성자와 시장에 접속함으로써 중간 브로커를 피하라는 것이다.

9장

리스크를 관리하는 12가지 규칙

서른 번째 생일날, 래리 램은 데이 트레이더가 되기로 결심했다. 그는 직장을 그만두고 집을 담보로 5만 달러를 대출받은 다음 팔자를 고치기 위해 증권사로 달려갔다.

첫날, 래리는 거래량은 적지만 변동 폭이 큰, 이름이 멋진 인터넷 주식을 5,000주 매입했다. 10만 달러에 신용으로 매입한 뒤 입맛을 다시며 1~2포인트만 상승하면 당장 매도하려고 벼르고 있었다.

점심시간에 연준이 금리 인상을 공고하자 래리의 주식은 다른 모든 주식과 함께 하락하기 시작했다. 그는 속이 뒤틀렸는데 허기 때문이 아니었다.

오후 1시, 그 회사의 분기 실적이 매우 실망스러울 것이라는 루머가 증권가를 강타했다. 불과 5분 만에 그의 주식은 추가로 5포인트나 하락했고, 그는 리스크에서 빠져나가려고 필사적으로 애썼지만 적은 거래량과 낮은 유동성 때문에 매수자가 나서지 않아 계속 추락할 뿐이었다.

1시 23분, 래리는 결국 12포인트 손실을 안고 주식을 처분했다. 그는 원금 5만 달러를 날렸을 뿐만 아니라, 증권사에 1만 달러의 빚까지 지게 되었다. 리스크 관리 규칙을 무시하면 당신도 이런 일을 당하게 된다.

~~~~~~~~~~~

리스크 관리는 자금 관리와 아주 밀접한 관계가 있다. 우리는 이 장에서 가장 중요한 리스크 관리 규칙 12가지를 살펴볼 것이다(표 9-1).

표 9-1. 매크로 투자자의 리스크 관리 규칙

이벤트 리스크 관리

1. 거시경제적 이벤트 일정을 주의 깊게 살펴라
2. 의심스러울 때에는 관망하라
3. 실적 발표의 덫을 조심하라

거래 리스크 관리

4. 유동성이 높은 주식만 거래하라
5. 적정 규모의 주식을 거래하고, 결코 전 재산을 걸지 말라
6. 서로 밀접하게 관련된 주식들을 거래하지 말라
7. 가격 변동성을 리스크에 맞춰 거래 규모를 재조정하라
8. 매입과 매도 리스크를 관리하라
9. 신용거래를 조심하고, 그에 따라 리스크 정도를 조정하라

거래 전후의 분석

10. 거래를 분석하고 특히 실패한 경험을 사랑하라
11. 직접 조사하라
12. 타인의 조언과 최신 정보를 무시하라

처음 3가지는 경제 뉴스와 정기적으로 예정된 거시경제적 이벤트 일정을 주의 깊게 살핌으로써 이벤트 리스크를 관리하는 것이다. 다음 6가지는 주식의 최적 규모와 유동성, 가격 변동성에 세심한 주의를 기울임으로써 거래 리스크를 관리하는 것에 초점을 맞췄다. 마지막 3가지는 주식 거래 전 조사와 거래 후 분석이 거래 리스크를 얼마나 최소화할 수 있는지에 관한 것이다.

1. 거시경제적 이벤트 일정을 주의 깊게 살펴라

너무 바빠서 신문을 읽을 새도 없었던 제인 볼링거는 기술 분석 차트에 시선을 고정하고 컴팩 주식이 멋진 브레이크아웃(breakout, 패턴을 깨고 위로 올라가는 현상)을 구사하는 것을 지켜보고 있었다. 컴팩은 방금 30달러에 대량으로 저항선을 넘어섰고, 이제는 그보다 ⅛포인트쯤 위의 전환점에서 폭등할 자세를 취하고 있는 듯했다.

개장 직후 제인은 컴팩 1,000주를 매입하자마자 1포인트 상승해서 기뻐했다. 그러나 정오에 연준이 금리 0.25% 인상을 발표했다. 주가가 급락했고 견실한 컴팩의 주가도 그와 함께 정확히 5포인트 하락했다. 제인은 이유조차 이해하지 못했다. 5,000달러 손실을 입고 빠져나온 그녀는 자신에게 타격을 입힌 것이 무엇인지 알기 위해 다시 차트로 눈을 돌렸다.

이런 식의 주식 거래는 위험하기만 한 것이 아니라 무모하다. 이 사례는 이 책의 가장 중요한 요점들 가운데 하나를 강조한다. 거시경제적 이벤트 일정을 주의 깊게 살피고 그에 따라 주식 거래를 계획하라. 연준의 금리 인상이나, 다른 방법으로도 쉽게 예상할 수 있는 소비자 물가지수 발표 같은 거시경제적 뉴스의 덫에 절대로 걸려들지 말라.

제인의 사례에서 신중한 매크로 투자자라면 연준이 그날 모임을 한다는 것을 정확하게 알았을 것이다. 제인 역시 그 모임에서 일어날 만한 몇 가지 시나리오를 예상하면서 주식 거래를 결정할 수도 있었다. 다음 장에서는 모든 거시경제적 뉴스들이 똑같은 비중을 갖지는 않는다는 사실을 자세히 설명할 것이다. 특정 시기에 발표된 특정 자료가 다른 시기의 유사한 발표 자료보다 증시에 훨씬 큰 영향을 미치듯이, 연준의 몇 가지 조치와 경제 지표들은 다른 것들보다 더욱 중요하다. 모두 맥락에 관한 문제다.

예를 들어 경기가 활발하고 인플레이션이 증대되고 있다면 주식시장은 실업률 증가 뉴스를 오래전에 헤어진 형제처럼 끌어안고 당장 상승할 것이다. 그러나 경기 침체가 시작되고 인플레이션 기미가 보이지 않으면 실업률 증가는 주식시장을 하락시킬 수도 있다.

이 책에서 내 역할은 당신이 거시적 관점을 정확히 발전시켜 2초 먼저 테이프를 끊을 수 있도록 도와주는 것이다. 거시적 관점은 어떤 거시경제적 이벤트와 지표가 가장 중요한지, 주식시장과 각 업종이 서로 어떻게 반응할 수 있는지에 대한 예리한 감각 이상도 이하도 아니다. 이런 관점을 발전시키는 것이 다음 장의 목표다. 거시경제적 일정을 살피면 추세를 반전시키거나 지속시키는 이벤트들을 계속 주시하게 됨으로써 시장 리스크를 최소화하는 데 도움이 되기 때문이다. 서로 다른 업종이 서로 다른 거시경제적 뉴스에 어떻게 반응하는지

아는 매크로 투자자는 거시경제적 이벤트 일정을 주시함으로써 기업과 업종 리스크도 최소화할 수 있다. 그러니 부디 거시적 이벤트 일정을 꼼꼼히 살피고 그에 반응해 일어나는 주식시장의 등락에 대한 감각을 발전시켜나가라. 적어도 이것의 앞부분은 따르기 쉽다. 거시경제적 캘린더는 매주 〈배런스〉나 〈인베스터스 비즈니스 데일리〉에 실리며, Dismalscience.com과 같은 웹사이트에서도 찾을 수 있다.

2. 의심스러울 때에는 관망하라

> 나는 중요한 보고서가 발표되었다고 해서 많은 돈을 위험에 빠뜨리진 않는다. 그것은 도박이지, 거래가 아니기 때문이다.
>
> 폴 튜더 존스(Paul Tudor Jones)

이 규칙은 아주 간단하지만, 중요하기 때문에 두 번째로 꼽을 만한 가치가 있다. 이런 상황을 생각해보자. 거시경제적 뉴스들이 잇달아 발표되는 도중에는 거시경제적 신호들이 뒤섞이고 주식시장이 혼란스러운 때가 많다. 그런 때에는 과하게 거래하려는 경향이 강하다.

주식시장이 이런 혼란에서 어떻게 벗어날지에 대한 분명한 시나리오가 없다면 한쪽으로 비켜서서 관망하는 편이 나을 것이다. 그러면 자금시장에서 돈을 잃는 경우가 없다. 당신이 잃는 것은 기회뿐이다. 그 기회의 방향을 정확히 알지 못한다면, 당신은 거래가 아닌 도박을 하고 있는 것이다. 이는 매크로 투자의 제1 원칙을 명백히 위반한 것이다.

3. 실적 발표의 덫을 조심하라

주말 내내 〈머니(Money)〉의 2002년 최고 가치주 10종목에 관한 기사를 읽은 짐 바일로는 월요일에 월풀 주식 100주를 사기로 결심했다. 그 주식이 그 주에 4포인트 상승해서 짐은 정말 기뻤다. 사실 너무 기분이 좋아서 금요일에 100주를 추가 매입했다.

다음 월요일에 월풀이 분기 실적을 발표했고, 화요일 아침이 되자 주식은 짐이 얻었던 4포인트만큼 하락했을 뿐 아니라 3포인트 더 하락했다. 짐은 순식간에 처음 100주에서 300달러, 그다음 100주에서 700달러, 도합 1,000달러를 잃었다.

그날 저녁 식사 후 조간신문을 읽으면서 짐은 월풀의 실적이 월스트리트의 예상치를 넘었다는 기사를 접하고 상처받은 데다 모욕감까지 느꼈다. 그런데도 주가는 계속 내렸다. 짐은 '젠장, 이 주식시장은 정말 이상해'라고 생각했다.

정말 이상한가? 짐에게 일어난 일은 수많은 트레이더와 투자자가 정기적으로 경험하는 일이다. 짐은 그때가 실적 발표 기간임을 모르고 특정 기업의 위험한 정보에 스스로를 불필요하게 노출했다. 그런 위험을 피하려면 실적 발표의 덫을 피하는 법을 알아야만 한다.

실적 발표 기간은 매 분기가 끝나고 기업들이 실적을 공개하면서 시작된다. 각 기업에는 세 가지 중 한 가지가 일어날 수 있다. 실적이 예상을 충족하지 못한 경우, 예상을 충족한 경우, 예상을 초과한 경우다. 그러나 우리가 말하는 예상치는 정확히 무엇인가? 사실 두 가지가 있는데 하나는 '합의 예상치(consensus estimate)'이고, 다른 하나는 소위 '위스퍼 넘버(whisper number)'다.

합의 예상치는 증권 조사 전문 사이트인 퍼스트콜First Call이 집계하고 발표한다. 이 사이트는 다양한 주식을 추적하는 주식시장 전문 애널리스트들의 판단에만 의존해 합의 예상치를 구한다. 그리고 바로 그 점에 커다란 문제가 있다.

마이크로소프트에 의해 유명해진 전략으로, 많은 기업의 경영진이 합의 예상치 시스템 게임을 하려고 한다. 그 게임은 일종의 속임수다. 애널리스트들에게 거짓 정보를 주어 예상치가 기업의 내부 목표에 못 미치게 하는 것이다. 이 게임에 승리한 경영진이 받는 보상은, 나중에 발표된 실제 실적이 합의 예상치를 초과했을 때 기업의 주가가 천정부지로 치솟는 것이다.

이런 게임 행위 때문에 이제는 '위스퍼 넘버'가 적어도 강세장에서 기업의 적정 실적을 나타내는 더 나은 예상치로 간주된다. 이러한 위스퍼 넘버는 보다 광범위한 의견을 수렴해 산출되며 Earningswhispers.com 같은 사이트에 정기적으로 게시된다. 여기서 알아야 할 중요한 사실은 위스퍼 넘버가 발표된 합의 예상치를 크게 벗어날 수 있다는 점이다. 실제로 위스퍼 넘버는 종종 합의 예상치보다 훨씬 정확한 궤적을 그린다.

이제 이 모든 것이 왜 중요한지 살펴보자. 실적 발표 기간이 가까워지면 주식들은 대개 실적에 대한 소문으로 상당히 오르내리기 때문이다. 그런 데다가 마침내 실제 뉴스가 발표되면 주가가 폭등하거나 폭락하는 경우가 빈번하다. 이것은 "소문에 사고 사실에 팔아라"라는 월스트리트의 전형적인 행동이며, 뉴욕증권거래소만큼 역사가 오래

되었다.

앞의 사례에서 짐은 주식을 매입한 직후 호의적인 위스퍼 넘버가 월스트리트에 도달한 상황에 무심코 발을 들인 것이 문제였다. 실제 실적이 합의 예상치를 초과할 것이라는 소문이 나자 전문 투자자들이 스마트머니(smart money, 투자자들이 공포 심리에 빠져 있을 때 중장기적 관점에서 싼값에 주식을 사들이는 투자)로 재빨리 그 주식을 사 모으기 시작했다. 이 자금이 하루 이틀 주가를 몇 포인트 올려놓고 나면, 일반 투자자들의 '멍청한 자금'이 일부 뛰어든다. 그 상승세가 끝날 무렵, 세상에! 그 주식은 정확히 4포인트나 상승했다. 스마트머니가 이미 빠져나가기 시작한 바로 그 시점에 짐도 주식을 팔아치울 수 있었다. 그러나 그는 오히려 100주를 더 사들였다.

이 모든 일의 아이러니한 결말은 이렇다. 각 신문과 CNN에서 월풀이 월스트리트의 합의 예상치를 초과했다는 보도가 나오자, 호재로 보이는 그 뉴스에 엄청난 양의 '멍청한 자금'이 월풀 주식으로 몰려들었다. "대단해, 월풀은 대박을 터뜨릴 거야. 정말 잘 샀어." 그러나 각 언론은 월풀의 실적이 위스퍼 넘버에는 못 미쳤다는 사실은 전혀 보도하지 않았다. 그때 남아 있던 스마트머니는 출구 쪽으로 성큼성큼 걸어가고 있었다. 뉴스 보도에 감을 잡은 '멍청한 자금'이 주식을 대거 매입하는 사이, 스마트머니는 주식을 몽땅 팔아 상당한 이익을 챙기고 빠져나갔다.

짐은 바로 이 시점에서 또 한 방 먹었다. 주가가 하락세를 보이자, 지난주 상한가 근처에서 주식을 매입했던 일부 멍청한 자금도 깜짝 놀라 철수하기 시작한 것이다. 그 결과 주가가 추가로 폭락했고 공황 국면이 심화되어 매도가 증가했다. 소란이 가라앉아 대박을 터뜨릴 것 같았던 주식은 전주 대비 3포인트 하락으로 끝났다. 짐은 1,000달러를 잃었다.

여기서 우리는 거시경제적 이벤트 일정을 살피는 일에 더해서 최소한 하나의 미시경제적 사건, 즉 '실적 발표 기간'이라는 월스트리트의 의례적 행사를 관찰하는 일 역시 매우 중요하다는 것을 알아야 한다.

이제부터는 거래 리스크와 관련된 6가지 규칙을 이야기해보자. 이 규칙들은 모두 밀접하게 관련되어 있으며 주식의 최적 규모와 유동성, 변동성과 같은 요인들을 다룬다. 요점만 말하면 리스크 관리는 어떤 위험 수준에 대해 어떤 주식의 거래량과 유동성에 알맞은 주식 규모를 선택하는 것을 의미한다.

4. 유동성이 높은 주식만 거래하라

한 주식 중개인이 고객에게 전화를 걸어 이렇게 말했다. "기막힌 페니주(penny stock, 투기성 저가주)가 있는데 주당 10센트에 거래되고 있어요. 제 생각에는 폭등할 것 같아요." 그러자 고객이 말했다. "좋소. 1만 주 사주시오." 다음 날 그 중개인이 다시 전화를 걸었다. "어제 산 10센트짜리 주식이 20센트로 뛰었어요. 제 생각엔 계속 치솟을 것 같아요." 그 고객이 말했다. "좋소. 5,000주 더 사주시오." 사흘째 되는 날 중개인이 다시 전화했다. "그 주식이 이제는 주당 30센트가 되었어요. 아마 계속 치솟을 거예요." "이제 그건 상관없소. 내 주식을 모두 팔아주시오." 당황한 중개인이 대답했다. "누구에게요?"

〈볼티모어 선(The Baltimore Sun)〉

앞에서 소개했던 래리 램의 불행을 기억하라. 그는 유동성이 낮은 주식의 거래가 재난으로 가는 지름길임을 가장 쓰라리게 배웠다. 주식이 휴지로 변할 위험에 처해도 빠져나올 수 없었던 것은 매수할 사람이 없었기 때문이다.

그러면 유동성은 대체 무엇인가? 간단히 말해서 신속하게 매수 또는 매도할 수 있을 만큼 충분히 유통되는 주식의 거래량이다. 유동성을 판단하는 가장 우수한 기준은 주식의 일 평균 거래량이다. 가령 시스코 같은 대형 우량주는 일 평균 4,000만 주 이상 거래된다. 유동성이 매우 높다는 뜻이다. 반면에 넷울브즈NetWolves 같은 나스닥 틈새 주식의 거래량은 일 평균 5만 주 이하로, 유동성이 낮은 주식의 대표적 사례다. 그렇다면 유동성에 대한 첫 번째 규칙은? 일 평균 거래량이 50만 주 이하인 주식에는 절대 손대지 말라.

이제 유동성의 중요성을 이해하기 위해 래리 램의 재난을 다른 형태로 살펴보자. 당신이 거래했다고 가정하겠다.

당신이 거래에 들어간 다음 자금 관리 규칙에 따라 손실을 최대한 수용하는 한에서 보호적인 손절매를 설정했다고 하자. 이로써 당신은 마음이 아주 편해진다. 손절가 '보험'으로 보호받기 때문이다. 하지만 안심하긴 이르다. 당신은 일 평균 거래량이 10만 주 이하인 주식을 거래하고 있기 때문에 호기를 잡지 못한다. 이런 경우 주가가 하락하기 시작하면 매입자를 끌지도 못하고 곧바로 손절가에 이를 수도 있다. 주가가 예상보다 2~5포인트, 심지어 10포인트 이상 떨어진다면 당신은 상상도 못 했던 엄청난 손실을 보고 말 것이다.

이런 최악의 시나리오는 페니주들이 폭락하던 2000년에 흔히 목격되었다. 투기성 저가주가 그렇게 위험한 것은 유동성이 낮기 때문이다. 거래에 들어가긴 쉽지만 빠져나오긴 어렵다. 2000년의 페니주 폭락 상황에서 페니주나 장외주식의 거래량은 폭포수에서 낙숫물로 줄어들었다. 그 결과 많은 투자자가 최소한의 손실로 비유동적인 시장을 빠져나가는 일이 거의 불가능하다는 것을 알아차리고 망연자실했다.

최종 결론은 이렇다. 하락 위험을 최소화하려면 유동성이 높은 주식을 거래하라.

5. 편히 잘 수 있는 만큼만 걸어라

"얼간이 양반, 한 번의 거래에 몽땅 거는 이유가 뭐요? 고통보다는 행복을 추구하며 사는 것이 낫지 않겠소?"

폴 튜더 존스

래리 램이 한 종목의 주식에 전 재산을 걸었던 것을 기억하라. 이는 잘못된 자금 관리다. 앞 장에서 설명했듯이, 손해를 보았다고 해서 그 게임에서 완전히 밀려나서는 안 된다. 바로 여기서 리스트 관리에 대한 더 미묘하고 직접적인 문제가 나온다. 즉, 거래하기에 적당한 주식 규모는 어떻게 결정하는가?

답하기 힘든 문제다. 그러나 성공한 트레이더 대부분은 한 번의 거래에 투자 자금의 10~20% 이상은 절대 투입하지 않는다. 위험을 분산하기 위해서다.

성공한 트레이더 대부분이 한 번의 거래에서 잃어도 상관없는 금액은 자금의 1~8%다. 그러면 당신은 이렇게 말할 수도 있다. "1%와 8%는 아주 큰 차이입니다. 투자 자금이 2만 달러라면 200달러와 1,600달러라는 말이잖아요. 그러면 어느 쪽이 최적 금액인가요?"

그건 나도 말해줄 수 없다. 무엇보다 당신이 거래하는 스타일에 따라 달라진다. 만약 데이 트레이더라면 8% 가이드라인보다 1% 쪽에 훨씬 가깝게 자금을 운영할 필요가 있을 것이다. 하지만 며칠이나 몇주 또는 몇 달 동안 포지션을 유지하는 거래라면, 거래에 여유를 주기 위해 8% 가이드라인에 바싹 다가가려고 할 것이다.

이 점에 관해서는 옳거나 그르거나 확실한 규칙이 있을 수 없다. 결국 당신 자신이 어느 정도의 위험 수준을 감수하고 싶은지에 기초해 직접 결정해야만 한다. 그러나 따르면 좋은 규칙으로 옛날 면화 트레이더에게서 전해 내려온 것이 하나 있다. "밤에 잘 수 있을 만큼의 리스크만 감수하라."

6. 밀접하게 관련된 주식들은 거래하지 말라

쓰라린 경험을 통해서 나는 포지션과 관련된 한 가지 실수가 거래상 가장 심각한 문제들의 원인임을 알았다. 매우 밀접하게 관련된 8가지 포지션을 가지고 있다면, 실제로 하나의 포지션을 8배 크기로 거래하는 셈이다.

브루스 코브너

이 규칙은 간단하고 유용하다. 이것은 제5 규칙의 필연적 결과로서 다음 사례로 잘 설명된다. 당신이 야후 주식에 최대 한도액을 투자하고, 그다음 날 아마존Amazon에 다시 그만큼의 금액을 걸었다고 가정하자. 이 경우 당신은 거래에 따르는 리스크를 분산하지 못했고, 사실상 최대 한도액 투자 규칙을 위반한 것이다. 왜냐하면 이런 인터넷 주식들은 밀접하게 관련되어 있고, 그 업종의 등락에 따라 동반 상승 및 하락하는 경향이 있기 때문이다.

따라서 이 규칙을 이행하려면 연관성이 낮고 견실한 몇 가지 업종에 최대 투자 금액을 분산 투자하는 것이 상책이다.

7. 가격 변동성에 맞춰 거래 규모를 조정하라

> 변동성은 리스크보다는 기회를 의미한다. 변동 폭이 큰 주식이 안정적인 주식보다 대체로 더 많은 수익을 제공한다는 점에서 그렇다.
>
> 피터 번스타인(Peter Bernstein)

변동성은 주가의 등락을 재는 것이 아니라 주가의 이동 폭을 재는 것이다. 다시 말해 가격 변화의 크기를 재는 것이지, 주가의 방향을 가늠하는 것이 아니다. 거래에 들어갈 때는 적절한 리스크 관리를 위해 반드시 변동성을 고려해야만 한다.

그 이유를 이해하기 위해서는 우선 GM이나 듀폰Dupont처럼 변동성이 낮은 우량주는 대개 아주 작은 범위, 즉 겨우 50센트에서 1달러 상승이나 하락으로 거래된다는 점을 알아두자. 이와 반대로 셀레라 지노믹스나 야후처럼 변동성이 높은 생명공학이나 인터넷 주식들은 10달러에서 20달러까지 등락하는 날도 있다. 이것이 왜 중요한가?

주식의 변동 폭이 클수록 거래가 위험해지고 잠재적 수익도 더 커진다. 그처럼 간단하다. 당신이 손절매를 설정할 뿐만 아니라 최대 투자 금액을 조정하면 주식의 변동성을 대하기가 더 복잡해진다. 이것을 이해하기 위해 당신이 투자 자금 10만 달러로 '20 & 5' 법칙을 따른다고 가정하자. 이는 한 번의 거래에 투자 자금의 20%인 2만 달러 이상은 투자하지 않을 것이며, 그 거래에서 그 2만 달러의 5%인 1,000달러 이상은 잃지 않겠다는 뜻이다. 나아가서 당신의 거래 시스템이 PLX 테크놀로지를 매입하라는 신호를 보낸다고 가정하자. 당신은 '20 & 5' 법칙에 따라 주당 50달러에 거래되는 그 주식을 400주 사들인다. 그리고 바로 보호적인 손절매를 47.50달러에 설정한다.

그러나 안타깝게도 당신은 방금 커다란 실수를 저질렀다. 이유는 PLXT 주식의 높은 변동성에 있다. 그 주식은 변동 폭이 너무 크기 때문에 정상적인 거래일 내내 47달러 정도로 하락해 손절매가 이루어질 가능성이 있다. 또한 그렇게 되자마자 53달러까지 급등할 수도 있어서, 그때까지 주식을 보유했다면 짭짤한 수익을 얻었을 것이다.

일이 그렇게 되면 당신은 대박이 될 수도 있었던 거래에서 밀려나게 되어 스트레스로 머리카락이 빠지거나, 좌절감에 스스로 머리카락을 한 주먹 쥐어뜯을 수도 있다. 대머리가 되지 않으려면 어떻게 해야 할까?

방법은 간단하다. 변동성에 맞춰 주식 규모를 조절하는 것이다. 위의 경우라면 그 주식을 200주만 매입하고 손절매를 45달러에 설정할 수 있다. 그러면 변동 범위는 많이 벗어나지만 그래도 1,000달러의 리스크 한도 내에서 거래하는 것이다. 그리고 나서 그 주식이 당신의 의도대로 만족스럽게 움직이면 200주를 추가 매수할 수도 있다. 이런 식의 점진적인 거래 규모 확대가 바로 리스크 관리 제8 규칙의 주제다.

8. 거래 규모는 조금씩 늘려가라

예를 들어 내가 어떤 주식을 매입한다고 가정해보자. 주당 110달러에 2,000주 매입할 것이다. 매입 후 주가가 111달러로 상승하면 1포인트 상승한 것이므로 일시적이지만 내 운용이 맞았고 이익을 냈다. 내 판단이 옳았으니 2,000주를 추가 매입한다. 주가가 계속 상승하면 나는 세 번째로 2,000주를 매입한다. 주가가 주당 114달러까지 올랐다고 해보자. 나는 그 정도면 충분하다고 생각한다. 나는 지켜야 할 거래 원칙이 있다. 나는 6,000주를 평균 111.75달러에 매입했고 그것은 지금 114달러에 거래된다. 그때부터 나는 더 이상 매입하지 않을 것이다. 기다리면서 관망한다.

제시 리버모어, 《제시 리버모어의 회상》

거래 규모를 조금씩 늘려가면 증시의 흐름을 판단할 수 있다. 동시에 주가 변동의 제약을 받을 때 자신의 최대 투자 규모에 맞춰 체계적으로 움직일 수도 있다.

앞에서 든 PLX 테크놀로지 사례에서 당신은 주당 50달러에 200주 매입하며 거래를 시작할 것이다. 그런 다음 주당 55달러로 오르면 포지션을 채우기 위해 다시 200주를 매입한다. 이 시점에서 평균 매입가는 주당 52.50달러이고 이익은 500달러에 이른다. 여기서 손절매를 50달러로 낮게 설정할 수 있다. 그러면 정상적인 주가 변동으로 일어난 손절가 매도로 손실을 입는 일이 없을 것이다.

거래 규모를 조금씩 늘려가는 것의 이점은 이것만이 아니다. 당신은 아주 중요한 것도 성취했다. 적은 자금으로 거래에 참여함으로써 더 적은 리스크를 안고 주식의 향방을 확인할 수 있다. 이제 거래 규모를 점차 늘리면서 더 큰 이익을 예상한다. 하지만 주식이 엉뚱한 쪽으로 움직인다 해도 당신이 입을 손실은 거래 규모를 한꺼번에 늘렸을 때보다 훨씬 적을 것이라는 점에 주목하라.

거래 규모를 조금씩 줄여가는 것도 그 나름의 이점이 있다. 앞의 사례에서 PLX 테크놀로지 주식이 58달러나 60달러 혹은 65달러까지 상승하면 당신은 400주 가운데 200주를 우선 매도할 수 있다. 이 거래 규모 축소로 최소한 얼마의 이익을 확보했다. 이로써 더 많은 이익을 얻기 위해 아주 편한 마음으로 나머지 200주를 더 오래 보유할 수 있다. 이것은 성공적인 주식 투자의 가장 중요한 비결 중 하나다.

그러니 매수와 매도 리스크를 잘 관리하라. 특히 변동성이 높은 주식을 거래할 때에는 규모를 조금씩 늘려나가거나 줄여나가는 것이 매우 중요하다.

9. 신용거래를 조심하라

2000년 만우절, 줄리아 에지워터는 신용거래 조항이 업계에서 가장 관대한 염가 중개회사인 플런지 온라인을 이용해 2만 5,000달러를 투자했다. 이후 며칠 동안 '놓칠 수 없는' 스윙 거래에 7만 5,000달러어치의 새로운 포지션을 열었다.

4월 14일, 줄리아는 사상 초유의 나스닥 주가 폭락에 발목이 잡혔다. 그녀의 포트폴리오 가치가 거의 절반으로 떨어지자 플런지 온라인은 재빨리 증거금을 요구했다. 그러나 줄리아는 증거금을 납부할 돈이 없었다. 이미 마지막 한 푼까지 계좌에 털어 넣은 뒤였고, 담보로 내놓을 자산도 없었다.

플런지 온라인은 줄리아가 보유한 주식을 처분해 융자금을 회수했다. 하지만 최악의 순간은 그다음에 찾아왔다. 자신이 매수했던 주식이 불과 몇 주 만에 원래 가격을 회복한 것을 보고 줄리아는 정말 가슴이 찢어졌다. 신용거래만 하지 않았더라도….

<hr />

불행하게도 줄리아 에지워터라는 가상 인물이 겪은 이 불행은 2000년 봄 암흑기에 실재했던 사람들과 그 가족들, 진짜 담보물 등을 합성한 얘기다. 안타까운 일이지만 이런 증거금 날리기는 항상 일어나는 일이며, 주식시장이 급조정을 겪는 동안에 특히 빈번하다.

그렇다면 신용거래는 하지 말아야 하는가? 전혀 그렇지 않다. 몇 가지 중요한 조정만 거치면 된다. 특히 줄리아처럼 추가 증거금 청구에 대비한 예비 자금이 없는 경우에 매우 중요하다.

첫 번째로 조정해야 할 것은, 하늘이 두 쪽 나도 보호적 손절매를 반드시 설정해야 한다는 것이다. 하지만 그보다 더 중요한 것은, 신용거래가 아닌 것처럼 자금 할당과 최대 손실 금액에 대한 규칙을 준수해야 한다는 것이다. 이것이 얼마나 중요한지 이해하기 위해 줄리아의 경우를 좀더 자세히 살펴보자.

줄리아는 2만 5,000달러의 자금으로 '20 & 5' 규칙을 따르고자 한다. 신용 구매력이 전혀 없다면 거래당 최대 규모는 5,000달러이고, 수용 가능한 거래당 최대 손실은 250달러다. 신용으로 주식을 매수한다면 지분을 7만 5,000달러까지 늘릴 수 있다. 이런 수준이라면 줄리아는 거래당 최대 규모를 1만 5,000달러로 키우고, 거래당 최대 손실을 750달러로 늘리고 싶어질지도 모른다. 그러나 이것은 너무 위험하다. 줄리아가 거래 위험을 최소화하기 위한 더 나은 전략은 투자와 최대 손실 규모를 처음 수준으로 유지하는 것이다.

달리 말해 거래당 최대 투자는 5,000달러, 거래당 최대 손실은 250달러를 고수하면서 거래를 여러 번 하라는 뜻이다. 신용거래로 거래량을 늘린다고 해서 반드시 그만큼 더 번다는 보장은 없지만, 적어도 그만큼 더 잃지는 않는다는 뜻이기도 하다.

당신이 신용거래를 하고 있다면, 융자금이 아니라 수중의 현금을 바탕으로 주식의 최적 규모를 정하는 것이 좋다.

이제 거래 전후의 분석에 대한 규칙으로 넘어가자.

10. 거래일지를 반드시 작성하라

> 주식시장은 카지노가 아니다. 주식 거래는 시장 심리에 대한 확실한 이해와 힘든 일이 필요한, 분별력 있는 사람들의 게임이다.
>
> 데이비드 나사르(David Nassar)

이 규칙의 목적은 신규 트레이더와 투자자 모두가 손실이라는 형태로 주식시장에 치러야만 하는 '수업료'를 최소화하는 것이다. 그러기 위해서는 모든 거래를 낱낱이 기록하고, 성공한 거래와 실패한 거래 모두 면밀히 분석해야만 한다.

그런데 실패에 대한 분석이 성공에 대한 분석보다 훨씬 중요하다. 왜냐하면 특히 초기에 겪는 실패 대부분은 되풀이하고 싶지 않은 풋내기의 실수이기 때문이다. 한 예로 개장 전에 시장가주문을 냈다가 호가 차이에 걸려들 수도 있다. 혹은 손절매를 너무 빡빡하게 설정하거나, 아예 설정하지 않았을 수도 있다. 또는 두 가지 주식을 매입했는데 같은 업종에 속해서 같이 죽을 쑤는 것을 발견했을 수도 있다. 또는 실적 발표에 반등하는 주식을 샀다가 스마트머니가 일시에 빠져나가는 바람에 엄청난 손해를 볼 수도 있다. 이렇게 실수할 때마다 당신은 주식시장에 수업료를 지불하는 셈이다. 그 대신 주어지는 선물은 실수를 조정해주고 그로부터 배우게끔 도와주는 거래일지다.

따라서 거래일지를 작성하지 않을 때 일어날 수 있는 최악의 상황은 같은 실수를 두 번만이 아니라 몇 번이고 반복하는 것이다. 유감스럽게도 일반적인 거래 심리가 정말 위험한 적이 될 수 있다.

문제는 전문가가 아닌 트레이더와 투자자들이 성공한 경험은 잘 기억하지만 실패한 경험은 완전히 잊고 싶어 한다는 것이다. 달면 삼키고 쓰면 뱉고 싶은 것이 사람의 본성이니 어쩔 수 없다. 그러나 이 문제를 극복하려면 실패한 경험을 기꺼이 끌어안고 사랑하는 법을 배워야 한다. 실패를 절친한 친구로 대우해야만 그 친구가 앞으로 당신이 유사한 실수를 하지 않도록 도와줄 것이다.

11. 거래 전에 꼭 해야 할 숙제

시장을 항상 존중하라. 어느 것도 당연하게 여겨서는 안 된다. 숙제를 하라. 그날 배운 것을 복습하라. 잘한 일과 잘못한 일을 구분하라. 그것이 숙제의 일부이고, 나머지 부분은 상상하는 것이다. 내일은 무슨 일이 일어나면 좋을까? 정반대 상황이 벌어지면 어떻게 할까? 아무 일도 없으면 어떻게 될까? 그 모든 '가정'을 곰곰이 생각하라. 반응하기보다는 예상하고 계획하라.

토니 살리바

더 많이 조사할수록 리스크가 줄어든다. 하지만 중요한 점은 조사를 제대로 해야 한다는 것이다. 다음은 모든 매크로 투자자가 반드시 알아야 할 사항이다.

- 업종을 알고, 그 업종의 선도주와 실기주를 알아보라.
- 당신의 주식이 거시경제적 사건들과 관련해 어떻게 움직이는지, 또한 주식들이 서로 어떻게 관련되어 움직이는지 알아보라.
- 당신의 주식의 기술적 특징, 즉 호가 차이, 거래량, 거래 가격대, 이동평균, 매집과 분산 유형 등을 알아보라.
- 당신의 주식의 펀더멘털 특징, 즉 수익 성장률, 가격 실적, 관리 구조, 기관투자가 지분 등을 알아보라.
- 거시경제적 이벤트와 실적 발표 일정을 살펴보라. 특별히 실적 뉴스에 따라 거래하는 것이 아니라면, 실적 발표 시기에는 주식 거래를 하지 말라.

간단히 말해서 거래하기 전에 숙제부터 하라. 그것이 최상의 리스크 보험 방책이다.

12. 타인의 조언과 최신 정보는 무시하라

효과적인 시스템은 비매품이다.

페르난도 곤잘레스(Fernando Gonzalez), 윌리엄 리(William Rhee)

당신의 거래 시스템이 다른 사람의 조언이나 최신 정보를 따르는 것으로 구성된다면, 당신은 거래 시스템을 가진 것이 아니라 위험에 완전히 노출된 것이다. 그리고 직접 조사할 생각도 시간도 없는 트레이더들처럼 주식을 거래할 바엔 차라리 리스크가 낮은 뮤추얼펀드에 투자하는 편이 훨씬 나을 것이다. 이제 월스트리트의 조언이 빚어내는 리스크들을 살펴보자.

당신이 주식을 선택할 때 전문 애널리스트들의 조언을 맹목적으로 따른다고 치자. 그러면 그들이 주식을 깎아내리거나 매도 주문을 반대하는 경우는 거의 없다는 사실을 알아둘 필요가 있다. 그들 대부분이 증권회사 직원이어서, 거래 수수료를 얻으려면 고객들에게 주식을 팔아야 하는 동시에 매수 기회를 끊임없이 제공해야 하기 때문이다.

전문 애널리스트의 추천이 대체로 쓸모없는 두 번째 이유는 증권회사가 주식을 매도할 뿐만 아니라 신주新株를 인수한다는 사실과 관계가 있다. 증권회사의 조사 부서와 이런 인수 업무를 분리하는 윤리적 벽이 있어야겠지만, 전문 애널리스트들은 종종 부정적인 보고서로 고객들을 괴롭히지 말라는 압력을 받는다.

인기 있는 웹사이트와 주식 정보 게시판의 경우, 정보들이 웹에 올라온 지 나노 초 만에 낡은 정보가 된다. 더 심각한 문제는 파렴치한 트레이더 몇몇이 이를 '치고 빠지기' 작전의 일부로 이용할 수 있다는 점이다. 그들은 헛소문으로 주가를 올리고 주식을 매도한 후, 다른 사람들이 구정물을 뒤집어쓰는 것을 히죽거리며 바라보고 싶어 한다.

이런 식의 행위는 증시 초창기에 보일러실 점포(무허가 증권 중개인들의 영업소)에서 전화로 주식을 거래하던 시절에는 늘 있었다. 그러나 요즘의 새로운 보일러실은 웹사이트상의 채팅방이다. 이곳의 비극은 야후 파이낸스와 레이징 불Raging Bull, 모틀리 풀Motley Fool, 실리콘 인베스터Silicon Investor의 게시판에 아주 좋은 정보가 많이 올라오는 데도 불구하고, 소중한 정보와 치고 빠지려는 쓰레기를 구분하기가 정말 어렵다는 것이다. 따라서 매크로 투자자들은 이런 정보 모두를 분류하고 걸러내고 신중하게 비교 검토할 것이다. 그러나 결국은 자신의 거래 시스템에 설정한 객관적 기준들을 바탕으로 결단할 것이다.

팁스 알 어스Tips R Us에 친구가 있는 한 친구의 친구에 의해 당신의 레이더망에 가끔 걸려들지도 모르는 '따끈따끈한 정보'는 대체로 무시해야 한다. 최신 정보로 알려진 그것이 당신의 더듬이에 걸렸을 때쯤이면, 아마도 족히 1,000명은 그것을 쫓아 이미 행동에 들어갔을 테니까.

10장

모든 투자 유형에
거시적 관점 적용하기

앨리스는 LA의 데이 트레이더, 벤저민은 보스턴의 스윙 투자자, 칼라는 애틀랜타의 매입 보유법 투자자, 시카고의 디트리히는 기술적 트레이더, 댈러스의 에반은 펀더멘털 투자자, 샌프란시스코의 프랜은 가치투자자, 워싱턴 D.C.의 조르지오는 변성 파동change wave 투자자다. 앞으로 몇 주일 동안 월스트리트의 이 선수들은 모두 두 가지 사실을 공유할 예정이다. 그들은 모두 각기 다른 이유에서 어떤 주식을 1,000주씩 매수할 것이다. 그리고 모두 돈을 잃게 될 것이다. 거시적 관점을 갖지 못한 채 거래했기 때문이다.

주식시장에 대한 거시적 관점은 거래 스타일이나 전략에 상관없이 최종 결정에 도움을 줄 수 있다. 이것은 적어도 다음 세 가지 이유에서 사실이다.

첫째, 증시의 전반적 추세를 더욱 잘 예측하도록 돕는다. 이미 말했듯이 주식시장의 추세는 당신의 친구이니 그 추세에 반해 거래하거나 투자하고 싶지 않을 것이다. 둘째, 서로 다른 거시경제적 뉴스들이 시장의 여러 업종에 미칠 수 있는 서로 다른 충격을 가려내도록 돕는다. 실제로 주식시장의 모든 업종이 상승세지만 어떤 업종은 다른 업종보다 훨씬 높고 빠르게 치솟을 수도 있다. 마찬가지로 어떤 업종은 인플레이션이나 경기 침체 같은 거시적 요소가 시장을 하락세로 내몰 때 더욱 처참하게 무너지는 경향이 있다. 수익성 높은 거래를 조성할 때 이런 정보가 매우 효과적일 뿐만 아니라 큰 손실을 면하게 해준다.

어떤 점에서 가장 중요한 세 번째 이유는 시장 전체를 더욱 명확하게 바라볼 수 있도록 돕는다는 것이다. 이런 유리한 고지에서 당신은 앞으로의 주식 이동을 몇 단계 앞서 생각하기 시작하고, 거시경제적 이벤트와 그로 인한 주가 변동의 복잡한 관계도 알기 시작한다. 따라서 브라질에 비가 오면 스타벅스 주식을 매입할 시점임을 깨닫고, 법무부의 독점금지법이 마이크로소프트를 공격하면 오라클에 투자할 순간임을 알게 된다. 또한 유나이티드항공과 유에스에어가 합병하면 즉시 노스웨스트항공 주식을 사들인다.

나는 이 장의 주제를 '거시적 관점은 모든 유형의 트레이더와 투자자를 몇 단계 앞서도록 도와줄 수 있다'로 정리하고자 한다. 가장 흔한 거래 스타일과 투자 전략 몇 가지를 거시적 관점으로 분석하면서 설명하겠다. 그러면 먼저 이런 질문으로 시작하자. 여러 가지 스타일과 전략을 어떻게 구분하는가? 그 대답은 다음 두 가지 중요한 행동에 달려 있다.

- 주식을 어떻게 매수하는가?
- 주식을 얼마나 오래 보유하는가?

예를 들면 기술적 트레이더와 펀더멘털 트레이더의 차이, 가치주 투자자와 성장주 투자자의 차이, 소형주 트레이더와 대형주 트레이더의 차이는 첫 번째 특성인 "주식을 어떻게 매수하는가?"와 관계가 있다. 이에 비해 데이 트레이딩과 스윙 매매, 매입 보유법 투자의 차이는 발생 시간과 보유 기간에 초점을 맞춘다. 이 두 가지 행동 모두에서 거시적 관점이 거래 성공 가능성을 높여줄 수 있다. 먼저 시간 차원에서 이유를 설명하겠다.

데이 트레이더의 악몽

LA에 사는 앨리스는 서부에서 사양이 가장 좋은 컴퓨터를 소유한 데이 트레이더다. 그녀는 지금 이 거래 로켓 앞에 딱 붙어서 나스닥 레벨 II 화면에서 시장 조성자들이 투기 바람을 일으키는 것을 주의 깊게 지켜보고 있다.

앨리스가 오늘 초단타 매매의 목표로 삼은 것은 믿을 만한 우량주인 시스코이며, 지금까지 지켜본 바로는 마음에 든다. 일일 3분 차트는 거래량 증가와 함께 한 단계 상승세를 보이기 시작했고, 시스코의 움직임을 이끄는 S&P의 현물 차트도 강한 상승세를 보인다. 무엇보다도 시장 조성자 화면 창에는 언제나 Ax라는 교활한 시장 조성자, 즉 골드만삭스가 매입할 태세를 보이고 있다. 앨리스는 번개같이 키보드를 두드려 소량 주문 결제 시스템을 통해 시장가주문을 냈다. 그리고 즉시 1,000주를 매입했다.

순식간에 시스코 주가가 1티니teenie, 즉 16분의 1포인트 상승한다. 우와, 앨리스가 좋아한다. 또다시 2티니 상승한다. 티니라는 이름을 붙인 앨리스의 고양이도 좋아한다.

그런데 뭔가 잘못되었다. Ax가 매수 측에서 퇴장하고 있고 갑자기 매도 압력이 강하게 형성된다. 시스코 상승을 부추기던 힘이 즉시 멈추더니 사이버 공간에서 분해된다. 앨리스는 눈을 믿을 수 없다.

그러고 나서 시스코가 하락하기 시작한다. 금세 2티니 날아가더니 또 1티니 날아간다. "나와, 나오라고!" 앨리스는 시장가주문을 미끼로 내던지며 소리친다. 하지만 매도 물결이 소량 주문 결제 시스템을 덮치자 시스코 주가가 어지럽게 추락해, 그녀의 주문이 실행되기도 전에 1포인트나 추가 하락한다.

으악! 앨리스는 방금 1,000달러 이상 잃었다. 오늘 밤에는 스테이크가 없다. 고양이 티니에게도 참치가 주어지지 않는다.

〰〰〰〰〰〰〰

초단타 매매를 하는 데이 트레이더의 하루는 그렇게 지나간다. 항공관제사 같은 일을 공원 산책처럼 보이게 하는, 위험하고 스트레스가 많은 거래다. 이 사례에서 앨리스는 초단타 매매로 몇 티니의 이익을 얻으려고 시도한다. 이는 나스닥 화면에서 다양한 시장 조성자들의 주문 패턴을 관찰하고 그에 기반해 순수 모멘텀 플레이(momentum play, 주가 추세를 전환시키는 단기 재료에 의한 매매)를 실시하는 것이다. 앨리스는 가끔 단 30초 만에 몇 티니를 얻어 나온다. 어떤 날은 5분 정도 걸려서 1포인트 건질 수도 있다. 그리고 만약 급등하는 정말 좋은 주식을 용케 찾아내면, 폐장 직전까지 머물다가 여러 포인트를 챙길 수도 있다. 그러나 주식을 다음 날까지 보유하는 경우는 절대 없다.

훌륭한 데이 트레이더 대다수는 나스닥 화면 외에 무엇에도 관심이 없는 것이 분명하다. 앨리스처럼 그들은 단지 매수와 매도 주문을 지켜보고, 시장 조성자들의 스타일을 살피고, 그것에서 주가 모멘텀 방향을 가늠하고, 그에 따라 주식을 거래한다. 이런 종류의 데이 트레이더들은 거시경제적 이벤트에 주의를 게을리할 수가 없다.

그 말은 최고의 데이 트레이더들은 거시경제적 뉴스를 따르는 일의 중요성을 절감하고 있다는 뜻이다. 그날의 거래 환경을 결정하는 것이 바로 거시경제적 상황이고, 훌륭한 데이 트레이더라면 거시경제적 자료가 발표되는데 눈과 귀를 가리는 일은 결코 하지 않기 때문이다. 페르난도 곤잘레스와 윌리엄 리가 쓴 초단타 매매에 관한 최고의 저서에서 따온 다음 글을 숙고하라.

전문 데이 트레이더는 대개 큰 그림을 무시한다는 오해를 받는다. 적당한 수익을 거두는 데이 트레이더 몇몇에게는 사실일지 모르지만, 최고의 수익을 꾸준히 올리는 가장 뛰어난 데이 트레이더 대부분은 큰 그림에 주의를 기울일 뿐만 아니라 그것을 정확히 이해한다. 주식시장을 철저히 아는 것은 정신적인 나침반을 가진 것과 비슷하다. 항상 완벽하지는 않더라도 시장—개별 주식, 특정 업종 또는 주식시장 전체—이 움직일 확률이 가장 높은 곳으로 트레이더들을 인도하며, 이들이 궁지와 함정에 빠지지 않도록 도와준다.

위의 예에서 앨리스는 선행 경제 지표 지수의 최신 자료가 발표되기 몇 초 전에 매수 버튼을 눌렀기 때문에 돈을 잃었다. 그 뉴스는 악재였고(뜻밖의 지수 하락), 시장에 짧은 공황성 매도 물결을 일으키는 바람에 시스코의 주가도 무너져버렸다.

앨리스가 잃은 1,000달러의 교훈은 이렇다. 뉴스를 관찰하고, 증시의 동향을 가늠하며, 당일 뉴스에 거의 노출되지 않은 업종에서 거래함으로써 위험을 최소화하라.

스윙 투자자의 실수

~~~~~~~~~~~~~~~

벤저민은 보스턴의 스윙 투자자다. 그는 주식을 매수하고 그것이 2~5포인트, 또는 정말 운이 좋으면 10포인트까지 오르기를 희망하며 며칠에서 몇 주까지 보유한다. 그는 스윙 매매 대상을 찾기 위해 주식 선별 서비스를 몇 가지 신청한다. 각 서비스는 훌륭한 실적을 가지고 있지만, 어쩐 일인지 벤은 그만큼 잘 해낼 수가 없다.

오늘 그는 퍼시피케어 헬스 시스템 주식을 1,000주 매입하려고 한다. 며칠 안에 적어도 2~3포인트 상승하리라고 판단한 것이다. 그러나 그의 판단은 틀렸다. 포지션을 열고 두 시간도 못 되어 1.5포인트가 날아가 버렸다. 주가가 그의 정신적 손절가에 이르자, 그는 적은 손실을 안고 빠르게 빠져나왔다. 잘한 일이었는데, 그 주식은 다음 주까지 3.5포인트 더 하락했기 때문이다. 뭐가 잘못되었지?

~~~~~~~~~~~~~~~

아이러니하게도 좋은 거시경제적 뉴스 때문에 망한 경우였다. 아침 일찍 소비자물가지수는 인플레이션이 완화되고 있음을 나타냈지만,

정오가 되기 직전에 연준 의장은 의회에서 당분간 금리 인상이 없다고 공언했다. 이 낙관적인 뉴스에, 대형 뮤추얼펀드 몇몇을 포함한 투자자 다수가 방어 목적으로 의료 업종에 투자했던 자금을 생명공학, 인터넷, 반도체처럼 보다 투기적인 기술 업종으로 돌렸다. 이 업종 순환매 때문에 벤이 매입한 주식은 5포인트나 하락했다.

물론 벤은 잘못된 방향을 일러준 주식 선별 서비스를 탓했다. 그러나 그의 잘못도 있었다. 우선 그는 주요 거시경제적 자료 두 가지가 정기적으로 발표되기 겨우 몇 시간 전에 새 포지션을 열었는데, 자료들 모두 그가 선택한 업종에 상당한 영향을 미칠 수 있었다.

포괄적인 요점은, 거래에 들어가기 전에 앞으로 발표될 거시경제적 뉴스를 세심하게 살피고 그에 따른 가상 시나리오를 구성해두라는 것이다. 거래 기간에 어떤 경제 지표가 발표될 예정인가? 그 수치들의 예측치는 얼마인가? 뜻밖의 수치가 발표된다면 넓은 시장뿐 아니라 특정 업종에 어떤 영향을 주어 흔들어놓을 수 있는가? 연준 의장이 의회에서 연설하기로 예정되어 있다면, 무슨 말을 할 것 같은가? 그리고 그의 말은 증시에 어떤 영향을 미칠 것인가? 주식시장과 당신이 거래하는 업종에 영향을 미칠 수 있는 어떤 다른 종류의 뉴스가 있는가?

탄력적이지 못한 매입 보유법 투자자

주식을 매입한 후 보유하는 투자자인 55세의 칼라는 애틀랜타 교외의 전망

좋은 대저택에 사는, 비교적 젊은 과부다. 약사였던 남편이 사망하면서 100만 달러 상당의 포트폴리오(절반은 주식이고 절반은 채권)를 물려받은 그녀는 배당금과 이자 소득으로 아주 안락하게 살 수 있다. 그러나 안타깝게도 칼라가 소유한 주식들은 모두 남편이 생전에 종사했던 업종인 존슨앤드존슨, 머크, 화이자에 집중되어 있다.

오늘은 5만 달러짜리 장기 채권의 만기일이다. 칼라의 재정 고문인 조 버터워스가 막 전화를 걸어서 그 돈을 주식시장으로 돌리라고 제안한다. 조는 증시가 상승세이고 지금 존슨앤드존슨 주가가 낮기 때문에, 남편이 살아 있었다면 그 주식을 사고 싶어 했을 거라고 말했다.

칼라는 당연히 조의 제안에 따른다. 그녀의 남편은 항상 조를 신뢰했다. 설사 조가 주식 투자에 관해서는 돌팔이였을지라도…. 그래서 조는 칼라를 위해 존슨앤드존슨 주식 500주를 추가 매입한다.

다음 날 의회가 메디케어 처방 의약품 가격을 규제하기 위해 새로운 법률 제정을 고려할 거라는 뉴스가 나오자, 머크와 화이자, 존슨앤드존슨 모두 폭락한다. 칼라의 손실 총액은 5만 달러 이상이다. 채권 판매로 거둔 수익에다 그녀의 노후 자금 5%에 해당하는 돈이 순식간에 날아가 버린 셈이다.

~~~~~~~~~~~~~~~~~~

매크로 투자자들은 결코 이런 실수를 하지 않는다. 항상 업종별 관점으로 시장을 관찰하고 그것을 이용해 자산을 적절하게 다양화하기 때문이다. 매입 보유법 투자자들에게는 이것이 거시적으로 접근하는 데 가장 강력한 방법이 될 수 있다.

거시적 관점은 매입 보유법 투자자들이 자산을 다양화하게 할 뿐만 아니라 투자 전략을 더 탄력적으로 유지하도록 도와준다. 한 예로 이 책 도입부에 소개했던 에드 버크의 사례를 기억하라. 은퇴한 석유 엔지니어인 그는 엑손과 셰브런, 핼리버튼 같은 석유주에 몽땅 투자했다. 칼라처럼 그의 주식도 전혀 다양하지 않았고, 유가 폭등으로 인한 석유주 상승 시에도 매도하지 못해, 큰 수익을 올릴 기회를 놓쳤다.

지금까지 시간 차원에서 투자 스타일과 전략을 다루었다. 이제 주식 선정에 대한 이야기로 넘어가자. 주식을 고르는 방법은 사람의 지문처럼 제각각 다르다. 그렇지만 광범위하게 범주를 정할 수는 있다. 그 안에는 기술적 접근과 펀더멘털 접근, 가치주 투자와 성장주 투자, 소형주와 대형주, 변성 파동 투자와 기업공개 주식 매수 옵션처럼 보다 현대적이고 혁신적인 방법들이 포함되어 있다.

차트의 함정에 빠진 기술적 트레이더

디트리히는 시카고에 사는 기술적 트레이더다. 그는 다음번 브레이크아웃 주식을 찾기 위해 차트를 열심히 살피고 있다. 그 주식은 아마 나노메트릭스가 될 것이다. 10일, 20일, 50일, 200일 이동평균선이 순서대로 보기 좋게 쌓여 있고, 누적균형거래량(on-balance volume, OBV, 지수 또는 주가가 전일에 비해 상승했을 때의 거래량 누계에서 하락했을 때의 거래량 누계를 뺀 것)은 스마트머니가 강하게 축적된 것을 보여준다. 게다가 추계학적 진동 지표들(stochastic oscillators)은 현재 과매도 상태이기 때문에 우수한 진입점이라고 암시한다. 무엇보다 3개월 차트가 7주의 바닥과 손잡이 달린 컵 모양을 뚜렷하게 보여주며, 그 주식은 막 전환점 위로 0.5포인트 올라섰다.

디트리히가 마지막으로 자료를 검토하자 손이 떨리기 시작했다. 이보다 더 좋을 순 없어. 그래서 그는 나노메트릭스 1,000주를 매입했다. 마침내 사냥이다!

~~~~~~~~~~~~~~~~

안타깝게도 디트리히는 곧 사냥꾼이 아니라 사냥감이 될 것이다. 기술적으로 매우 튼튼한 주식을 선택한 것도 사실이고, 그것이 저항선을 뚫고 힘껏 상승해 하루 종일 전환점 위에 머물 것도 사실이다. 그러나 거래량이 없을 것이다.

설상가상으로 내일이면 그 기술적으로 튼튼한 주식은 폭락해 지지선까지 완전히 내려앉을 것이며, 디트리히는 그 거짓 상승주로 밝혀질 주식 때문에 거금을 잃을 것이다. 이런 일은 왜 일어나는 것일까? 정답은 디트리히가 주식시장 전반의 추세를 무시했기 때문이다.

사실 디트리히는 기술적 차트들만 열심히 들여다보느라, 지난달 내내 주요 경제 지표들이 하나같이 부정적이었다는 사실을 알아채지 못했다. 소매 매출, 내구재, 소비자 신뢰도, 기업 재고, 주택 건설, 고용보고서 등 모든 것들이 경기 침체가 임박했음을 가리키고 있었다.

그러나 나노메트릭스 주식은 기술적 특성이 너무 강하기 때문에, 거시경제적으로 좋지 않은 이런 시기에도 주가가 시장 전체의 극심한 변동에 견딜 수 있다는 점이 흥미롭다. 정말 엄청난 상승 잠재력을 지닌 주식인 것이다.

하지만 기술적 특성이 그렇게 강한 주식조차 주식시장 전반이 급락세로 돌아설 때에는 상승할 수 없다. 하락세는 모든 주식을 아래로 끌어내린다. 나스닥이 주중에 수백 포인트 떨어질 때, 디트리히가 매수한 주식도 바로 그런 이유에서 떨어졌다.

기술적 분석을 비난하고 싶지는 않다. 사실은 나도 정기적으로 보유 주식을 심사하는 과정에서 기술적 분석을 이용하며, 그것을 광범위한 거시적 전략의 일부로 진심으로 추천한다. 내가 여기서 강조하는 것은, 주식시장의 전반적인 추세가 엄청난 증거금 청구에 직면한 여느 데이 트레이더처럼 자포자기 상태가 되면 최고의 기술적 투자자가 선택한 주식들조차 오르기가 아주 어려워진다는 것이다. 달리 말하면 추세가 없는 상태에서는 기술적 거래가 일어나지 않는다.

저점에서 사야 하나, 정점에서 사야 하나

이 점은 너무 중요하기 때문에 여기서는 간단히 넘어가고, 주식 선정 문제에서 영원히 계속되는 전략적 논쟁에 관해 더 많이 설명하려고 한다. 논쟁 주제는 디트리히가 의도했던 것처럼 높은 가격에 사서 더 높은 가격에 팔아야 하는가, 아니면 저가주만 찾는 투자자들처럼 저점에서 사서 정점에서 팔아야 하는가다.

사실 어떤 전략이든 거금을 벌 수 있다. 비결은 주식시장 상황에 적절한 전략을 선택하는 것이며, 그때 거시적 관점이 큰 도움이 될 수 있다.

먼저 저점에서 사서 정점에서 파는 전략을 살펴보자. 이것은 돈을 버는 전략이 될 수도 있다. 그러나 주식시장이 소위 거래 범위에 있을 때만 그렇다. 거래 범위에서는 주가지수는 물론 주식 자체가 뚜렷한

10장. 모든 투자 유형에 거시적 관점 적용하기

구간 내에서 등락하는 경향이 있다. 이런 때 저점에서 사서 정점에서 파는 트레이더는 이러한 범위 내의 순환적인 변동을 이용해 짭짤한 수익을 얻을 수 있다.

반면에 추세장에서는 주식과 지수 모두 끊임없이 순환적인 변동을 보일 것이다. 게다가 이런 일일 변동에 더해 전체 주식시장에는 주간, 월간 상승 또는 하락 변동이 있다. 이런 추세장에서는 저점에서 매수해서 정점에서 매도하는 트레이더는 다음 두 가지 이유로 완전히 망하는 수가 있다.

첫째, 지지선이나 그 아래에서 머뭇거리는 주식들은 추세를 거슬러 더 하락할 가능성이 많다. 다시 말해 상승장에서 저점에 이른 주식을 매수하는 것은 실패의 지름길이다. 둘째, 상승장에서 정점에 이른 주식을 매도하면, 그것이 기존 저항선을 돌파한 다음 주식시장 전반의 상승세를 타고 새로운 정점에 도달할 경우 그야말로 대박을 놓치는 것이다. 이 경우 저점에서 사서 정점에서 파는 트레이더는 매크로 투자의 가장 중요한 원칙 가운데 하나를 위반한 것이며 그 때문에 수익을 날린다.

그렇다면 디트리히처럼 높은 가격에 매입해 더 높은 가격에 매도하는 전략은 어떤가? 이 전략은 소위 주식의 브레이크아웃을 바탕으로 한다. 이러한 브레이크아웃은 주가가 드디어 저항선 범위를 벗어나 새로운 고점에 도달했을 때 일어나는 반면, 주가가 지지선 아래로 떨어져 새로운 저점에 이르렀을 때에는 브레이크다운breakdown이 일어난다. 디트리히 같은 기술적 트레이더들은 이런 브레이크아웃 주식을 매입하고 브레이크다운 주식을 공매도하길 좋아하는데, 일단 지지선이나 저항선을 벗어난 주식은 매우 심하게 변동할 가능성이 있기 때문이다. 실제로 높은 가격에 매수하고 더 높은 가격에 매도하는 전략은 수많은 투자자가 따르는 〈인베스터스 비즈니스 데일리〉의 중요한 투자 전략 가운데 하나다.

그렇지만 이 전략을 주식시장의 거래 범위에서 시도한다면, 저점에서 매수해 정점에서 매도하는 전략만큼이나 심각한 곤경에 빠질 수 있다. 그리고 주식시장의 추세에 거슬러서 시도한다면 훨씬 난처한 문제에 직면하게 된다. 전자의 경우, 거래 범위의 주식시장에서는 주식 대부분이 브레이크아웃을 달성하기 어렵다. 후자의 경우, 주식시장 전체가 하락세일 때 급등하는 것은 가장 튼튼한 주식들조차 사실상 불가능하다. 나노메트릭스 주식을 보유한 디트리히가 당한 일을 생각해보라.

이렇게 말하면 높은 가격에 매입해 더 높은 가격에 매도하는 전략이 추세장에서는 지극히 탁월한 선택일 수 있다. 추세 국면에서 실제로 이익을 놓칠 수도 있고 대박을 즐길 수도 있다. 중요한 것은 거시적 관점이 거래 범위와 추세 국면을 더 잘 구별하도록 도와주리라는 것이다. 거시경제적 지표들을 세심하게 살피면 추세 반전을 더 잘 파악하는 데 도움이 될 것이다. 어느 경우든 자신의 투자 전략에 맞는 주식시장 상황을 정확히 파악해야 한다.

펀더멘털 투자자의 안타까운 손실

에반은 자신이 선택한 댈러스 카우보이즈 주식을 사랑한다. 펀더멘털 투자자인 그가 주식을 선택하는 방법은 항상 주식의 재정적 생명 징후, 즉 시가총액, 주당순이익, 매출 수익률, 레버리지, 기관투자가 지분, 플로트float를 완전히 파악하는 것으로 시작된다. 에반은 그것들을 모두 안다.

이런 기초적인 것들을 파악하고 나면 그 기업의 경영 구조와 유형을 꼼꼼히 따져본다. 혁신적이고 독창적인가, 아니면 보수적이고 반사적인가? 그는 고용 동향까지 살필 만큼 아주 철저하다. 노조가 있는가? 있다면 차후 단체교섭 시기는 언제인가? 인건비는 증가하고 있는가, 감소하고 있는가?

철저한 준비에도 불구하고 에반은 이제 커다란 실수를 저지를 참이다. 그는 견실한 펀더멘털 경쟁력을 갖춘 기업의 주식을 1,000주 매수하려고 한다. 그러나 다음 해 내내 디트리히와는 전혀 다른 종류의 손해를 입게 될 것이다. 즉, 실제로 돈을 잃는 것이 아니라, 그런 전략을 쓰지 않았으면 거금을 손에 넣을 수 있었을 거라는 뜻이다. 다음 해 내내 더 견실한 다른 업종에 속하고 펀더멘털이 강한 기업들의 주식은 상승세를 지속하겠지만, 에반이 산 주식이 속한 업종은 제자리걸음만 할 것이기 때문이다.

~~~~~~~~~~~~~

거시적 관점을 갖지 못한 펀더멘털 투자자는 반드시 두 종류의 함정에 빠지게 된다. 첫 번째 함정은 전체 증시가 좋지 않은 상황에서 우량 기업에 투자하는 것이다. 에반이 걸려든 더욱 교묘한 두 번째 함정은 좋지 않은 업종에 있는 우량 기업에 투자하는 것이다. 어느 경우든 펀더멘털 투자자들은 무엇이 잘못되었는지 의아해하는 것으로 끝난다.

이렇게 말하면 내가 펀더멘털 접근을 약간 폄하하는 것인지도 모르겠다. 사실 진정한 펀더멘털 투자자는 먼저 기업의 재무 실적과 주식

배분 형태, 경영과 마케팅 실적에 이르기까지 모든 면을 조사할 것이다. 하지만 그 기업을 움직이는 정치와 경제의 전반적인 상황도 면밀하게 관찰해야 한다. 자칭 펀더멘털 투자자라는 이들 대다수가 기업의 특정 수준에서 멈추고, 에반이 걸려든 함정(좋지 않은 업종의 우량 기업 주식을 사는 것)에 항상 빠지는 것이 안타깝다.

가치투자자 대 성장주 투자자

미니애폴리스에 사는 프랜은 개(dog, 여기서는 싸구려 주식을 가리킨다)를 사랑한다. 가치주 투자자인 그녀는 저녁마다 헐값에 살 수 있는 저평가 주식을 찾기 위해 야후 파이낸스와 모틀리 풀, Wallstreet.com 등을 방문한다.

어젯밤 프랜은 조건이 완벽한 나스닥 종목을 하나 발견했다. 시가총액 1억 달러 이상, PER 10 이하, 주가순자산배수PBR 1 이하였다. 프랜은 다음 날 개장에서 이 슈나우저 주식을 사기 위해 온라인 계좌를 통해 지정가주문을 입력한 뒤 잠자리에 들었다.

프랜 같은 가치투자자는 펀더멘털 투자자의 한 유형이다. 그들은 PER이 낮고 현재 시장가치가 기업의 실제 가치보다 저평가되었다고 여겨지는 주식을 찾는다. 주식시장이 마침내 평가 실수를 깨달으면 주가가 상승해 가치투자자에게 보상해줄 것이라는 생각에서다.

주식시장이 효율적 시장이라고 믿는 월스트리트 사람들은 프랜처럼 싸구려 주식과 담배꽁초 주식만 찾는 투자자들을 경멸한다. 그들은 투자자들의 기대를 고려할 때 주가가 언제나 그 기업의 진정한 가치를 반영한다고 주장한다. 따라서 주식은 저평가될 수 없고, 진정한 의미의 실수란 있을 수 없다는 것이다. 그러나 이 전략으로 S&P500 지수와 성장주 투자자의 실적을 모두 정기적으로 앞지르는 수많은 가치투자자에게는 그렇게 말해도 아무 소용이 없을 것이다.

성장주 투자자들은 매출과 이익에서 평균 이상의 성장률과 지속적인 성장 가능성을 지닌 주식들을 사들인다. 그들에게 어도비Adobe나 시스코처럼 PER이 50~100 이상인 주식은 과대평가되었으니 던져버려야 한다는 말은 어림도 없다. 그들에게는 그 주식들이 아주 성공적이며 앞으로 더욱 성공하리라는 것을 의미한다.

성장주 전략과 가치주 전략 중 어느 쪽이 매크로 투자자에게 더 유리한가는 단정적으로 말할 수 없다. 기본적으로 이 문제는 전략을 평가하는 시기와 투자 스타일이 제기하는 같은 문제들, 즉 "주식시장의 전반적 추세는 어떤가? 더 관심을 끄는 업종은 어떤 추세인가?"로 요약된다.

위의 사례에서 프랜은 어쩌다 경기 순환 업종에 있는 싸구려 주식을 사기로 마음먹었다. 주식시장이 하락세인 불황기에 이 업종의 주식을 매입했다면 아주 영리한 판단이었을 것이다. 알코아Alcoa, 캐터필러, 듀폰과 같은 경기 순환주는 경기 회복기 초반에 최대 수익을 올리기 때문이다. 그러나 프랜은 그러지 않고 경기 회복기 후반의 초강세 장에서 꼭대기로 향하고 있는 주식을 선택했다. 이 경우 '저평가된' 경기 순환주는 결코 저평가된 것이 아니다. 주식시장이 계속 상승세에 있을지라도 프랜에게 결코 이익을 안겨주지 않을, 쓸모없는 주식이다. 추세가 반전되면 이런 종류의 주식은 다른 주식들보다 더 빨리 추락할 것이다.

성장주 투자자들이 빠질 수 있는 위험들도 대부분 주식시장의 추세와 관련이 있다. 실제로 성장주 투자자들에게 '추세는 친구다'라는 말보다 더 중요한 말은 없다. 성장주 투자의 요점은 주가에 대한 옳은 인식이며, 주식시장 전체가 하락세이거나 투자한 업종의 인기가 없어졌을 때 가격이 급등하는 주식은 거의 없기 때문이다.

이제 어떤 시기에는 성장주가 가치주를 능가하고 다른 시기에는 정반대 현상이 일어나는 이유가 분명해졌을 것이다. 중요한 것은 우리가 어떤 시기에 매입했고 경기 순환은 어떤 상황인지 아는 것이며, 이때 거시적 관점이 정말 큰 도움을 줄 수 있다.

변성 파동 투자자도 예외가 아니다

워싱턴 D.C.에 사는 조르지오는 변성 파동 투자자로, 낮에는 의회에서 로비 활동을 하고 밤에는 신경제 주식을 투기 매매한다.

그는 변성 파동 전략을 이용해 주식시장의 초공간에서 살인적인 가격을 제시하는 결정적인 초강력주를 찾는다. 이 방법으로 이미 BEA 시스템즈, 블루스톤 소프트웨어, JDS 유니페이즈, 베리티즈, 윈드 리버와 같은 주식들을 매집했고, 이들 모두 200% 이상의 수익을 안겨주었다.

오늘, 조르지오는 변성 파동 투자용 보석을 발견했다고 생각한다. 바로 폰닷컴phone.com이다. 이 기업은 평범한 휴대폰을 웹브라우저로 바꾸는 소프트웨어를 독점 판매한다. '무선 인터넷의 넷스케이프'로 선전되며 에릭슨, 노키아, 넥스텔, 스프린트 등 수많은 휴대폰 제조사가 모두 그 기술을 표준으로 삼는다. 조르지오가 지금까지 들어본 변성 파동 투자용 주식 가운데 가장 유망하다. 그래서 그는 신용거래로 1,000주를 매입한다.

1주일 이내에 조르지오는 증거금을 청구당할 것이며, 추가 자금을 입금하지 못하면 주식에 투자한 자금을 몽땅 잃게 될 것이다. 죽창들을 꽂아놓은 실적이라는 함정에 빠진 것이다.

~~~~~~~~~~

변성 파동 투자는 2001년 현재 월스트리트에서 가장 인기 있고 자극적인 투자 스타일로, 수십 년 전에 출현했다. 이는 다음 세 가지 이유에서 자세히 연구할 필요가 있다. 첫째, 투자할 때 업종으로 접근하면 수익성이 좋아질 수 있다는 것을 보여준다. 둘째, 투자 목적으로 광범위한 업종을 세부 업종으로 나누는 방법을 보여준다. 셋째, 지금까지의 결과들이 정말 놀랍다.

그러나 조르지오 같은 변성 파동 투자자도 거시적 관점을 유지하지 못하면 곤경에 처할 수 있다. 모든 투자자에게 적용되는 이 규칙이 변성 파동 투자자라고 해서 예외가 되진 않는다. 앞의 경우 휴대폰 제조사인 노키아가 뛰어난 분기 실적을 발표했다. 그러나 이후 기자들과의 회견에서 노키아의 CEO는 다음 분기의 실적은 기대에 훨씬 못 미칠 거라고 예고했다. 그 소식에 노키아 주식이 즉시 흔들렸고 그 결과 주가가 25% 이상 하락했다. 안타깝게도 그 뉴스는 에릭슨과 넥스텔 등 다른 휴대폰 제조사들을 공격했고 폰닷컴 역시 크게 한 방 얻어맞았다. 주식시장은 종종 그렇게 함께 움직인다.

조르지오가 실적 함정에 걸려들고 6개월 후까지 폰닷컴 주식은 150% 이상 상승했다. 가엾게도 조르지오에게는 그 주식이 없었다.

이 외에 소형주 대 대형주, 분사주 대 기업공개주 등 다른 유형의 주식 거래와 투자 전략 사례도 얼마든지 있고, 끊임없이 회생 기업주나 인수합병주를 찾는 투자자들도 있다. 그러나 이제 당신은 큰 그림을 보았을 것이다.

거래 스타일이나 전략에 상관없이 최소한 다음 세 가지 경우만이라도 거시적 관점을 가지고 대응한다면 주식 자산을 늘릴 수 있다. .

- 주식시장의 추세를 따르라.
- 업종의 추세를 따르라.
- 주식시장 내 업종들 간의 관계, 주식과 채권과 통화 시장의 관계를 살펴라.

위의 세 가지 목표를 체계적으로 달성하는 방법이 다음 장의 주제다. 다음 장에서는 모든 매크로 투자자가 주식을 거래하기 전에 면밀히 관찰해야 하는 체크리스트를 검토할 것이다.

11장

매크로 투자 성공을 위한 체크리스트

코퍼 마운틴 아시죠? 그 사람들 오늘 기분 안 좋을 거예요. 확실히 그 사람들 지독하게 일했죠. 그래서 오늘 수익을 꽤 올렸어요. 24센트 벌었거든요. 월스트리트는 23센트를 기대하고 있었죠. … 그러나 주식이 뭉개지고 있어요. 대략 24~25달러 하락해서 100달러 정도가 될 겁니다. 문제는 '위스퍼 넘버'예요. 위스퍼 넘버는 28센트거든요. 나는 그렇게 들었어요.

앤디 서워(Andy Serwer), 〈포천(Fortune)〉 편집장, CNN 방송 출연

홀륭한 조종사는 이륙하기 전에 항상 긴 체크리스트를 꼼꼼하게 점검한다. 사고 위험성을 최소화함으로써 비행기와 승객과 화물을 보호하기 위해서다. 신중한 매크로 투자자 역시 신규 포지션을 열기 전에 긴 체크리스트를 자세히 살핀다. 거래 리스크를 최소화함으로써

자금을 보호하기 위해서다. 매크로 투자자의 체크리스트에는 다음 세 가지 범주가 포함된다.

- 주식시장 추세 판단
- 각 업종 추세 판단
- 가능성 있는 거래 대상 선정

매크로 투자자는 궁극적으로 다음 두 가지 황금률에 따라 거래한다.

- 주식시장이 안정적이거나 상승세일 때에는 강한 업종의 강한 주식을 매입하라.
- 주식시장이 불안정하거나 하락세일 때에는 약한 업종의 약한 주식을 공매도하라.

물론 이 규칙을 따른다고 해서 반드시 이익을 얻는다는 보장은 없다. 그러나 이 규칙을 엄격히 준수하는 매크로 투자자는 점차 승률이 높아지면서 장기적 성공으로 가는 가장 평탄한 길에 들어서게 된다는 것을 안다. 가상 트레이더인 찰스 예거와 앤절라 에어하트의 도움으로 매크로 투자자의 체크리스트를 살펴보자.

캘리포니아 롱비치에 사는 찰스는 매크로 투자자로 낮에는 휴즈우주통신의 항공우주 엔지니어로 일한다. 오전 8시 30분 이후에 출근하기 때문에 서부 표준시로 6시 30분에 증시가 개장하면 매일 아침에 적어도 1시간은 주식 거래를 할 수 있다. 정오에서 1시까지의 점심시간과 주식시장 폐장 무렵에도 거래할 수 있는데, 그 정도면 많은 돈을 벌기에 충분하다. 찰스는 직장에서 조사 업무를 수행할 때처럼 자신의 주식도 아주 꼼꼼하게 조사한다.

한편 앤절라는 애틀랜타에 사는 비행기 조종사다. 보잉 767기를 몰고 런던, 마드리드, 도쿄로 날아가는 시간을 제외하고는 주식 거래에 열심이다. 찰스처럼 앤절라 역시 준비가 철저하다. 하는 일이 크게 다른 이 두 사람은 시장과 업종의 추세를 판단하고 투자 대상을 고르는 방법도 크게 다르다.

자기만의 매크로 투자 스타일을 발전시키는 사람은 결국 당신 자신이다. 그렇지만 찰스와 앤절라가 체크리스트를 점검하는 방법을 관찰하면 도움이 될 수 있다. 우선 찰스와 앤절라가 그들 나름대로 증시의 전반적인 추세를 판단하는 방법부터 살펴보자.

두 번 속았으면 자신을 탓하라

월스트리트가 이상 고온으로 축 처진 동안, 기술주들은 고평가 우려로 묶여 있었다. 시스코의 높은 PER과 기업 인수, 회계 업무를 의심하는 〈배런스〉의 기사 한 토막이 기술주 대량 매도를 불러왔다.

CNN

찰스 예거의 주식 거래 모토는 "한 번 속았으면 너를 탓하고, 두 번 속았으면 나를 탓하라"이다. 2000년의 나스닥 주가 폭락에 말려든 후, 그는 헛된 희망으로 또다시 바보가 되지는 않겠다고 맹세했다. 그 경험으로 주식시장의 전반적 추세를 형성하는 데 거시경제적 이벤트가 얼마나 중요한지를 깨달았다.

그래서 토요일 아침마다 〈배런스〉 한 부를 집어 들고 곧장 '금주의 전망'부터 펼쳐본다. 이 부분에는 앞으로 발표될 거시경제적 지표들이 자세히 실려 있다. 그것은 매월 자동차 판매, 건설 지출, 개인 소득 등의 지표로 시작해 소비자 신뢰도, 연방 예산 같은 지표들로 끝난다.

찰스는 지표 리스트를 훑어보면서 어떤 보고서들이 언제 발표되는지 머리에 담아두려고 노력한다. 그는 또한 소매 매출, 소비자물가지수, 고용보고서같이 더 중요한 지표들과, 체인점 판매와 소비자 신용 대출같이 덜 중요한 지표들을 살펴보며 그에 따른 시나리오를 구성하기 시작한다. 가령 소비자물가지수가 뜻밖에 과열되었다면 연준은 아마도 다음 모임에서 금리를 인상할 것이고, 그 여파로 주식시장 전체가 하락세로 돌아설 것이다. 그렇지 않고 만약 고용보고서가 실업률 증가를 나타낸다면, 시장이 경기 침체 압력을 감지하고 있더라도 그 발표가 주식시장 추세에 호재로 작용할 수 있다. 그러나 찰스는 그 자료가 경기 침체의 초기 신호로 해석된다면 시장이 부정적으로 반응할 수 있다는 것을 안다.

찰스는 거시경제 일정을 검토한 다음 〈배런스〉의 칼럼과 기사를 펼친다. 그는 기본적으로 두 가지를 찾는다. 하나는 지난주의 주식시장이 어땠는지, 더 중요한 것은 시장이 어떻게 변할 수 있는지에 대한 다양한 관점이다. 다른 하나는 추세 판단보다 주식 선정과 관련된다. 찰스는 특히 어떤 주식이나 어떤 업종이 호의적으로 보도되는지, 아니면 악의적으로 보도되는지를 알고 싶어 한다. 실제로 그가 선호하던 시스코를 〈배런스〉가 혹평한 후 크게 손해 본 적이 있다. 또 그런 일을 당하고 싶지 않다. 두 번 속으면 나를 탓하라고 하지 않았나.

칼럼과 기사를 모두 읽고 나면 본격적으로 힘든 일이 시작된다. 그는 독서용 안경을 코에 얹고 작은 활자들을 철저하게 뒤진다. 그가 가장 좋아하는 부분 중 하나는 공매도 증감을 보여주는 공매 총액(short interest, 대주 매도한 주식 수에서 매수 상환한 주식 수 공제)에 관한 보고서다. 찰스는 공매량이 큰 폭으로 떨어지면 상승세를 가리킬 때가 많다고 믿는다.

찰스는 다른 몇 가지 투자 심리 지표도 자세히 살핀다. 그가 가장 좋아하는 것은 강세 대 약세의 투자 조언이다. 이 역발상 지표는 인베스터스 인텔리전스Investors Intelligence에서 산출하는 것으로, 주식시장 추세 전망에 대한 투자 고문들의 의견을 조사해 집계한다. 찰스는 강세 백분율이 너무 높아지면 주식시장에 상승을 지속시킬 추가 매수자가 없어서 시장이 하락세로 돌아설 가능성이 있다는 것을 안다. 마찬가지로 약세 백분율이 너무 높아지면 옆으로 비켜선 현금이 너무 많아서 이후 강한 상승세를 위한 기반이 마련된 셈이다.

앤절라 에어하트는 찰스처럼 〈배런스〉를 잡는 부지런한 새가 아니다. 비행이 없는 토요일이면 언제나 잠을 잔다. 비행기 조종사로서 피할 수 없는 시차 피로 때문이기도 하지만, 대개는 새로운 투자 대상과 주식시장 추세를 찾아내려고 매일 새벽 두세 시까지 인터넷을 돌아다니기 때문이다.

거시경제 일정을 따를 때 앤절라는 인터넷을 훨씬 선호한다. 그래서 토요일 오후에는 Dismalscience.com 같은 웹사이트들을 훑어본다. 이 사이트들은 앞으로 있을 모든 이벤트에 대한 정보는 물론 거시경제적 지표들 각각을 심층적으로 분석해준다. 그녀는 이런 정보를 이용해 주식시장 추세에 관한 자신만의 시나리오를 구성한다.

블룸버그와 CNBC

CNBC는 그날 종일 주가에 영향을 미치는 루머와 사건들에 대한 심층 뉴스
와 CEO 인터뷰를 방송했다. 이런 방송은 언제나 보도된 주식의 수요와 공
급에 영향을 미칠 것이다.

크리스토퍼 패럴

찰스와 앤절라는 서로 다른 시간대에 살고 수면 습관이 매우 다르
지만, 월요일 아침 주식 거래가 시작되면 중요한 두 가지를 공유한다.
바로 TV를 경제 뉴스에 고정하고, 동부 표준시로 8시 30분에서 9시
30분까지는 특히 주의 깊게 시청하는 것이다.

주식시장 개장 전의 이른 아침에 거시경제적 자료들이 밀려 나온
다. 정부 보고서가 대량으로 발표되고, 주식시장은 아직 열지 않았지
만 채권시장은 이미 열었다. 찰스와 앤절라는 최초의 뉴스에 대해 채
권시장이 보이는 반응이 이어지는 주식시장의 방향을 잘 암시한다는
사실을 안다.

가령 소비자물가지수나 GDP 수치가 예기치 않게 상승한 것은 인플
레이션 신호일 수 있다. 그 뉴스에 반응해 채권 가격이 급락하면 채권
시장은 연준의 금리 인상 가능성을 가리킨 것이다. 그러면 그 여파로
주식시장이 하락세로 시작한다.

8시 30분에서 9시 30분 사이에 발표되는 거시경제적 자료만 그렇
게 중요하다는 뜻이 아니다. 그 시간 시카고에서는 옵션시장이 열린
다. 이는 S&P와 나스닥의 선물 거래가 모두 활발하게 이루어지고 있
다는 뜻이다. 찰스와 앤절라는 TV 화면 아래의 보조 해설창으로 이런

선물들을 열심히 살핀다. 실제 지수와 소위 적정가보다 크게 상승하면 그것은 그날 주식시장이 활황 국면일 수 있다는 뜻이다. 선물 가격이 하락하면 곤경에 대비하거나 공매도할 시기일지도 모른다.

앤절라는 블룸버그 TV를 유난히 좋아한다. 그녀가 비행하는 지역인 유럽과 아시아 쪽 뉴스에 강하다는 것이 한 가지 이유다. 이 뉴스는 앤절라가 포트폴리오를 더 세계적으로 운용하도록 도와준다. 더 중요하게도 앤절라는 유럽의 하락 장세가 종종 미국의 하락 장세를 예언한다고 믿는다. 따라서 그것은 훌륭한 시장 추세 지표다.

반면에 찰스는 유럽 시장은 대개 전날의 미국 뉴스에 반응할 뿐이며, 당일의 개장을 제대로 예언하지 못한다고 믿는다. 그래서 미국 시장을 중점적으로 다루는 CNBC에 주로 채널을 맞춘다. CNBC에는 미셸 카루소 카브레라의 업종별 관찰, 개장에 대한 마리아 바티로모의 따발총 분석, 톰 코스텔로의 나스닥 전망, 조 커낸의 냉소적 주가 예측이 있고, 찰스가 좋아하는 채권시장의 정보통 릭 샌텔리 같은 뛰어난 인물들이 출연해 자신의 관점을 얘기한다.

투자일지는 이렇게 써라

5월 이후 주택 건설, 제조업, 고용 동향 등에 대한 경제 자료들은 극도의 경기 과열을 억제하기 위해 금리를 더 인상할 필요는 없다는 희망을 주었다. 그러나 금요일에 6월의 소매 매출액이 기대치 이상이라는 보도가 나온 후 국채 가격이 하락했다. 주식의 시장 가격은 중앙은행들이 8월 22일 모임에서 신용대출을 더욱 축소할 것이라는 의견이 투자자들 사이에서 커지고 있음을 암시한다.

〈인베스터스 비즈니스 데일리〉

흥미롭게도 찰스와 앤절라는 증시 뉴스를 좋아하는 것 외에 또 하나의 공통점을 가지고 있다. 컴퓨터 바로 옆에 일지를 놓아두고 계속 발표되는 주요 경제 지표들을 적는 것이다. 표 11-1은 앤절라의 방식을 보여준다. 첫째 칸에는 주요 경제 지표가 발표되는 순서대로 적었고, 분기별 지표에는 밑줄을 그어놓았다.

둘째 칸은 그 지표가 시장에 미칠 수 있는 영향력을 평가한 것으로, 별 두 개짜리 개인 소득 보고서보다는 별 네 개짜리 소비자물가지수 보고서의 영향이 훨씬 크다는 것을 보여준다. 그 옆의 칸들은 최근 발표된 지수가 시장을 어떤 방향으로 밀어낼지 앤절라가 예측한 것으로서 U는 상승, D는 하락, N은 중립을 의미한다.

가령 5월의 건설 지출 보고서가 적당한 소비 증가를 보여주고 인플레이션이 위협적이지 않다면 그것은 호재이므로, 앤절라는 그것이 시장의 상승세에 일조하리라는 가정하에 'U'라고 적을 것이다. 이와 반대로 구매관리자지수가 경기 침체로 접어드는 것을 나타낸다면, 앤절라는 이 악재와 증시의 하락세에 대해 'D'라고 쓸 것이다.

앤절라의 체크리스트를 살펴보면 5월에는 뉴스들이 혼란스러운 것을 볼 수 있다. 몇몇 지표는 증시에 긍정적인 신호를, 또 몇몇은 부정적인 신호를, 나머지는 중립적인 신호를 보내고 있다. 중립적 지표는 뚜렷한 추세가 없는 횡보 국면이나 혼잡 국면을 가리킬 경우가 많기 때문에 그 자체로도 유용한 정보다. 앤절라는 이런 국면의 증시에서 초단타 매매를 즐겨 한다. 이것은 비추세적인 국면을 가리키며, 이런

표 11-1. 앤절라의 거시경제적 지표에 따른 증시 추세 체크리스트

지표	평가	5월	6월	7월	8월
건설 지출	*	U	D		
구매관리자지수	***	D	D		
자동차·트럭 판매	**	N	D		
개인 소득과 지출	**	U	D		
신규 주택 판매	**	U	D		
체인점 판매	*	N	U		
공장 수주	*	D	D		
고용보고서	****	U	D		
선행지표지수	*	N	U		
소비자 신용	*	D	D		
생산성과 비용	****	U	D		
소매	****	N	D		
산업 생산과 가동률	***	U	D		
기업 재고	*	D	D		
생산자물가지수	***	N	U		
소비자물가지수	****	U	D		
주택 착공	***	U	D		
국제 무역	***	D	D		
소비자 신뢰도	***	N	D		
연방 예산	**	D	D		
내구재 수주	**	U	D		
고용비용지수	***	D	U		
기존 주택 판매	**	U	D		
GDP	***	D	D		

시장에서 저항선까지 오른 주식들은 반드시 지지선까지 떨어지게 마련이다. 따라서 저가에 매입하고 고가에 매도하기에 아주 적절한 환경이다.

그러나 6월을 보자. 여기선 거의 모든 지표가 약세임을 알 수 있다. 이것은 뚜렷한 하락세를 암시한다. 그러나 앤절라처럼 일지를 작성하지 않는다면 이 뚜렷한 흐름을 놓치기 쉬우며, 이 흐름에 휩쓸려 떠내려갔을지도 모른다. 앤절라는 그렇게 되지 않았다. 그녀는 6월 내내 공매도를 해서 돈을 벌어들였다.

앤절라는 이 표를 채우기 위해서 관련 웹사이트뿐만 아니라 각 보고서에 대한 〈인베스터스 비즈니스 데일리〉와 〈월스트리트저널〉의 분석에 상당 부분 의존한다. 또한 〈인베스터스 비즈니스 데일리〉의 '빅 픽처'도 세심하게 읽는다. 그 기사는 최근의 거시경제적 뉴스와 엄청난 실적, 합병, 새로운 입법 등 시장 촉매제에 관련된 주식시장의 동향을 다룬다.

강세장인가, 약세장인가

찰스와 앤절라는 거시경제적 지표 일정을 살피며 펀더멘털 분석에 따라 증시의 추세를 판단하는 한편, 몇 가지 기술적 지표도 매우 잘 사용한다. 찰스가 가장 좋아하는 지표는 TICK이다. 그는 이를 $TICK이라는 기호로 표시해 자신의 온라인 포트폴리오에 포함한다. 앞에서 TICK은 뉴욕증권거래소에서 상승하는 주식의 수에서 하락하는 주식의 수를 뺀 값이라고 설명한 것을 기억할 것이다. 찰스는 거래일의 +TICK은 강세장 추세를 강화한다는 것을 안다. 반대로 -TICK은 하락하는 주식이 상승하는 주식들을 압도하는 약세장임을 가리킨다.

앤절라도 TICK을 즐겨 사용하지만, TRIN과 S&P선물지수도 반드시 함께 살핀다. TICK이 안정적인 플러스 값이고 TRIN이 0.5~0.9에 있으며 S&P선물지수가 상승세라면, 앤절라는 하루 종일 초단타 매매

결제 버튼을 두드릴 수 있다. 그러나 TICK과 TRIN이 반대 방향으로 달리고 있다면 아주 위험하다는 것을 안다. 강세와 약세가 치열하게 싸우는 상황이어서, 거기 끼어들면 크게 다칠 수 있다. 따라서 TICK과 TRIN이 전쟁 중일 때 그녀는 대개 옆으로 비켜선다.

어떤 업종이 강한가

이제부터 찰스와 앤절라가 각자의 방식으로 업종 추세를 판단하는 과정을 살펴보자. 중요한 질문 몇 가지가 있다. 어떤 업종이 강하고 어떤 업종이 약한가? 어떤 업종이 상승세이고 어떤 업종이 하락세인가? 예를 들어 돈이 통신과 컴퓨터 업종에서 식품과 의료 같은 업종으로 이동하고 있는가? 아니면 다른 방향으로 흐르는가?

신문과 잡지를 선호하는 찰스는 이런 질문의 해답을 얻기 위해 〈월스트리트저널〉에 실린 몇 가지 자료를 읽는다. 그중 하나가 각 업종에서 가장 강한 주식과 가장 약한 주식은 물론 전날의 선두 업종과 후진 업종을 표시한 다우존스 미국 업종 분석표다. 다른 자료는 다우존스 다국적 업종 최대 기업들이다. 이 표에도 선두 업종과 후진 업종을 대표하는 주식들이 실려 있지만, 전자보다 더 자세하고 세계적인 관점을 반영한다. 찰스는 하위 업종들을 더욱 상세히 조사하기 위해 〈인베스터스 비즈니스 데일리〉의 산업별 실적에 기초해 약 200개 업종과 그 하위 업종들을 평가하며, 전날의 최고와 최악 업종도 선정한다.

반면에 앤절라는 전적으로 인터넷에 의존해 업종을 조사한다. 각업종을 기술적으로 분석하기 위해서는 마켓 에지Market Edge의 기업 분석을 이용한다. 이 도구는 다양한 기술적 분석 기준을 이용해 여러 시간대에 가장 강한 업종에서 가장 약한 업종까지 등급을 매길 수 있다. 또한 좋아지고 있는 업종과 나빠지고 있는 업종을 알려줄 뿐만 아니라, 특히 그 업종의 가장 강한 주식과 가장 약한 주식을 쉽게 확인시켜준다. 그래서 '강한 주식만 매입하고 약한 주식만 공매도한다'라는 그녀의 거래 원칙을 실행할 때 도움이 된다. 게다가 그녀는 색색으로 표시된 증시 지도와 Smartmoney.com의 업종 추적자도 세심하게 살핀다. 후자는 거래 당일의 업종별 순환매를 간파하는 데 특히 유용하다.

투자 대상 골라내기

주식시장과 업종의 추세를 평가하는 일 외에 찰스와 앤절라가 매주 마주하는 또 하나의 중요한 과제는 투자 대상을 찾아내는 것이다. 매크로 투자자인 그들은 펀더멘털 분석과 기술적 분석에 의존하는 것이 투자 대상을 찾는 최선의 방법임을 안다. 그러나 흥미롭게도 두 사람이 주식을 검토하는 순서에 차이가 있다.

혁신적 가치투자자인 찰스는 벤저민 그레이엄Benjamin Graham과 워런 버핏Warren Buffett을 영웅처럼 여겼다. 그는 가치투자에 기반해서 주식 투자 적격 여부를 조사하는 데 귀납적 방법을 취한다. 따라서 먼저 펀더멘털 경쟁력을 검토해 기초 체력이 강한 주식을 찾아내고, 다음으로 기술적인 면도 유망한지 조사할 것이다.

찰스가 실제로 조사하는 주식들을 보면 접근법이 다소 절충적이다. 그는 〈블룸버그 퍼스널 파이낸스〉, 〈비즈니스위크〉, 〈이코노미스트〉,

〈패밀리 머니〉, 〈포브스〉, 〈포천〉, 〈키플링어스〉, 〈머니〉, 〈스마트머니〉, 〈워스〉와 같은 아주 우수한 잡지들을 열심히 읽는다. 또한 〈액티브 트레이더〉, 〈인디비주얼 인베스터〉, 〈레드 헤링〉, 〈스톡 앤 커모디티즈〉 같은 잡지들도 정기구독한다. 그는 열성적인 독서로 새로운 투자 대상을 끊임없이 찾아낸다. 일단 어떤 주식을 발견하면 마지못해 인터넷에 접속한다. 그도 이제는 펀더멘털 분석에 종이 보고서보다 인터넷이 훨씬 빠르고 효율적이라는 사실을 인정하기 때문이다. 그래서 15년 동안 충실히 구독한 〈밸류 라인〉을 주저 없이 끊어버렸다.

찰스는 요즘 CNBC.com, Hoovers.com, Financialweb.com, Fool.com, Wallstreetcity.com 같은 웹사이트들을 이용한다. 이런 사이트 대다수는 아주 정교한 주식 검토 기준을 가지고 유동성과 배당수익률, 시가총액부터 EPS, PER, 기관투자가 지분에 이르는 모든 것을 바탕으로 주식을 가려낸다. 이 사이트들은 또한 과거 주가 자료도 제공하는데, 찰스는 그것을 이용해 자신이 설정할 손절가를 계산한다. 꼼꼼한 엔지니어인 그는 야후 파이낸스와 Earningswhispers.com을 방문해 투자 대상 후보들의 실적을 조사할 것이다. 다음 실적 발표일도 챙기며, 의견을 더 넓게 수렴해 더 정확해진 위스퍼 넘버와, 기업 애널리스트들의 판단을 대표하는 합의 예상치도 세심하게 비교한다. 찰스가 가장 경계하는 것은 무심결에 실적의 함정에 걸려드는 일이다.

이렇게 펀더멘털 분석을 마치면 주식 검토 과정의 기술적인 면으로 옮겨 간다. 그러나 찰스 자신도 이 영역에서 자신의 기술적 방식이 다소 원시적이라는 사실은 인정해야 할 것이다. 실제로 그가 할 일이라곤 Bigcharts.com의 차트를 끌어와서 주식의 50일과 200일 이동평균선을 자세히 살피는 것뿐이다. 그의 주식 거래 제1 원칙은 이동평균

선 아래로 하락했던 주식은 절대 사지 않는 것이다. 이동평균선이 무너지면 뮤추얼펀드들이 주식을 대거 매도하기 시작하는 경향이 있음을 안다. 그러면 주식은 낙하산도 없이 추락한다.

앤절라는 찰스의 귀납적 주식 검토와 다르게 연역적 방식을 선호한다. 따라서 항상 꼭대기에서 기술적 분석으로 시작한다. 가끔은 사이버코프Cybercorp 주식 거래 소프트웨어의 사이버퀀트 자료를 이용한다. 또한 날마다 마켓 에지의 '금일 매수자를 위한 자금 관리인'을 비롯해 Pristine Swing Trader, eGoose.com 같은 종목 선정 서비스들을 체크한다. 마켓 에지의 자금 관리인은 광범위한 기술적 특징들을 기반으로 매수와 매도 대상을 모두 확인해준다. 이것들은 이동평균선은 물론 추계학적 진동 지표들과 RSI(relative-strength indicators, 현재 추세의 강도를 백분율로 나타낸 값으로, 보통 14일간의 상승 폭 합계와 하락 폭 합계 등을 이용), 볼린저 밴드(Bollinger bands, 시간에 따른 가격 변화 정도를 반영한 지표), MACD(moving average convergence-divergence, 추세를 따르는 모멘텀 지수로 12일 지수 이동평균선에서 26일 지수 이동평균선을 뺀 값) 등 더욱 복잡한 통계를 포함한다. 게다가 마켓 에지의 '세컨드 오피니언'은 주식들의 저항선과 지지선 수준을 정확히 알려주기 때문에 앤절라는 그 수준을 이용해 손절매를 설정하는 데 도움을 얻는다.

하지만 그녀는 기술적 분석만 이용하는 것, 기술적 분석을 다루는 인터넷 서비스에만 의존해 주식을 선정하는 것을 몹시 경계한다. 매수와 공매를 위한 최상의 추천은 단지 포지션을 열 만큼 증시와 업종의 추세가 유리하다는 뜻일 뿐이라는 것을 쓰라린 경험으로 안다. 또한 기술적 분석은 기초 체력이 완전히 바닥난 주식을 매수하거나 기초 체력이 튼튼한 주식을 매도하라고 추천하는 경우가 잦다는 것도 안다. 그런 경우 그 기술적인 충고는 너무 위험해서 받아들일 수 없다는 것을 안다.

그래서 앤절라는 언제나 기술적 검토에서 살아남은 주식의 펀더멘털을 점검한다. 시간을 벌기 위해, 아주 간단하지만 매우 효과적인 도구를 사용한다. 바로 〈인베스터스 비즈니스 데일리〉가 날마다 주식 등급을 매기는 데 사용하는 다섯 범주의 평가 시스템이다. 여기에는 EPS, 주가의 상대 강도, 업종의 상대 강도, 매출액과 이윤 폭, 주식의 축적 또는 분산 정도에 대한 평가가 포함된다. 앤절라가 이 자료를 이용해 주식을 결정하는 방법은 아주 간단하다. EPS가 85 이상이고 매출액과 이윤 폭이 B 이상이어야 매수한다. 또한 EPS가 50 이하이고 매출액과 이윤 폭이 C 이하여야 공매도한다.

또한 앤절라는 두 번 다시 실적의 함정에 걸려들지 않을 것이다. 몇 년 전 겨우 2주 동안에 세 종목에서 2만 5,000달러 이상 잃은 적이 있기 때문이다. 그것들은 모두 마이너스 실적 발표에 폭락했다. 그 경험이 너무나 충격적이어서, 앤절라는 주식 거래의 유혹을 뿌리치고자 이제는 여행과 휴가 계획을 모두 실적 발표 기간에 몰아넣는다.

게다가 앤절라가 제약주만 한 바구니 보유했던 주식 거래 초보 시절, 클린턴 정부가 클린턴 자신과 제약 업종 모두에 재앙이었던 의료법 수정안을 발의하는 바람에 된통 걸려든 일이 있었다. 그 경험으로 그녀는 정치와 입법 관련 뉴스에도 상당히 민감해야 함을 알게 되었다. 그녀가 아는 투자자 중에서 〈워싱턴포스트〉의 인터넷판을 정기적으로 읽는 사람은 자신뿐이다.

주식 검토

앤절라와 찰스는 투자 대상 후보들에 관한 최신 뉴스를 항상 점검한다. 특히 주식에 영향을 미치는 규제나 법안 개정, 주식이 속한 업종, 가장 포착하기 힘든 그 업종의 선행 주식에 관심을 갖는다.

찰스는 주로 Redchip.com의 '뉴스 스크린'을 이용한다. 이 사이트는 찰스가 보유한 주식의 최신 뉴스들을 이메일로 보내주는 서비스를 제공한다. 그에 비해 앤절라는 CBS의 Marketwatch.com을 선호한다. 그리고 찰스가 주식 선정 채팅방에서 자주 튀어나오는 상스러운 표현에 눈살을 찌푸리는 것과는 달리, 앤절라는 언제나 주요 인터넷 게시판들을 살핀다. 가끔 들어와서 주가 상승이나 하락을 유도하려고 헛소문을 퍼뜨리는 비열한 인간들과 상스러운 언어들에도 불구하고 유용한 정보가 많다는 것을 알기 때문이다.

앤절라는 간단히 CNET.com으로 들어가서 게시판을 점검한다. 이 사이트에 어떤 주식의 기호를 입력하면 검색엔진이 그녀가 가장 좋아하는 네 개의 게시판(모틀리 풀, 레이징 불, 실리콘 인베스터, 야후 파이낸스)의 내용을 모두 올려주는 서비스가 있다.

주식 검토의 마지막 과정으로 찰스와 앤절라는 업종의 선도주인지 실기주인지 판단해야 한다. 여기서 〈인베스터스 비즈니스 데일리〉의 평가가 다시 한번 도움을 준다. 그들은 이에 더해 Bigcharts.com의 기업 분석 자료를 즐겨 사용한다. 그것은 1주일, 1개월, 1년, 5년에 이르는 다양한 기간 동안 실적 면에서 최고와 최악을 기록한 주식들의 목록을 제공한다.

찰스와 앤절라는 증시와 업종의 추세를 평가하고 우수한 투자 대상을 찾는 일이 얼마나 고된지 안다. 그러나 주식 거래를 준비하는 데 매크로 투자 체크리스트를 철저하게 검토하는 것이 얼마나 중요한지도 각자의 경험으로 안다. 그래서 두 사람은 각자의 방식으로 뛰어난 매크로 투자자가 된 것이다.

3부

매크로 투자
실전 매뉴얼

12장

경제 지표는
거시적 탐험의 나침반

이 장을 시작하기에 앞서, 책 서문에 실었던 중요한 구절을 가져오 겠다.

연준은 금리를 인상하고, 소비자 신뢰도는 떨어지고, 발칸반도에서는 전쟁 이 터지고, 브라질에서는 가뭄으로 커피콩 수확이 줄어들고, 로테르담에서 는 유가가 급격히 상승하고, 의회는 조제약 가격을 규제하는 새 의료 법안 을 통과시키고, 미국의 무역적자는 신기록을 수립했다. 이런 거시경제 파동 각각은 수천 킬로미터나 떨어진 것도 있는데, 다양한 방식을 취하겠지만 체 계적이고 예측 가능한 방법으로 주식시장을 움직일 것이다. 이런 거시적 파 동을 완전히 이해한다면, 투자나 거래 스타일이 어떻든 더 나은 투자나 거 래를 할 수 있을 것이다. 이것이 매크로 투자의 힘이자 이 책에서 설명할 내용이다.

이 장의 목적은 주식시장과 각 업종이 거시경제적 사건들에 반응해 움직이는, 체계적이고 예측 가능한 방식을 자세하게 설명하는 것이다. 부차적으로 당신이 트레이더나 투자자로서 더 나은 거래 시점을 선택하기 위해 거시경제적 정보의 흐름을 활용하고 거래하려는 업종을 더 잘 확인하도록 돕는 것이다.

그러려면 우선 주별, 월별, 또는 분기별로 발표되는 다양한 거시경제 지표들을 배우는 까다로운 숙제를 해야 한다. 이를 돕기 위해 나는 각 지표와 가장 밀접한 관계인 거시경제적 문제 유형에 따라 다양한 지표들을 정리했다.

예를 들어 불황의 약세장에 적응하는 방법을 설명할 13장에서는 경기 침체의 가장 중요한 선행지표 두 가지, 즉 주택 착공과 자동차 판매 감소를 소개한다. 마찬가지로 15장에서 인플레이션을 다룰 때에는 소비자물가지수와 생산자물가지수를 설명할 것이다. 내가 이 지표들을 정리한 방식에 주의하기 바란다. 다양한 지표들을 특정 장과 특정 문제에 배치한 방식은 많은 면에서 인위적이다. 실제로는 어떤 시기의 어떤 경제 지표라도 경기 침체, 인플레이션, 경제 성장, 생산성 등 거시경제적 문제에 중요한 증거를 제공할 수 있다. 그러므로 경제 지표가 암시하는 것을 주식 거래 실적 향상의 수단으로 이용하려면 현재의 경제 상황 내에서 경제 지표를 읽어야만 한다.

호재가 악재가 되는 순간

> 신규 일자리 급증은 연준이 금리를 인하할 것이라는 기대를 날려버렸다. 그 결과 발생한 주식 매도로 나스닥과 S&P500에서 시가총액 1,820억 달러가 사라졌다. 이 모든 악재를 만든 호재는 이날 아침 노동부가 신규 일자리 70만 5,000개가 창출되면서 2월 실업률이 5.5%로 하락했다고 발표한 것이었다.
>
> 〈머니라인(Moneyline)〉

내가 경제 상황의 중요성을 강조하는 이유를 이젠 알겠는가? 월스트리트라는 요상한 곳에서는 악재가 호재가 될 수 있고 호재가 악재가 될 수 있기 때문에, 이런 모순을 해결하도록 도와줄 수 있는 것은 그 뉴스에 대한 경제적 상황뿐이다.

예를 들어 실업률 상승, 산업 생산 감소, 소비자 신뢰도 하락은 월스트리트에서 악재가 될 수 있고 경제가 둔화되기 시작하면 주가 폭락을 불러올 수 있다. 이런 특별한 상황에서 월스트리트가 가장 두려워하는 것은 경기 침체이며, 그런 악재는 그들을 더욱 두렵게 만든다.

하지만 정반대의 경우가 나타날 수 있다. 똑같은 악재 뉴스들, 예를 들어 실업률 상승, 생산 감소, 소비자 신뢰도 하락이 월스트리트에서 호재로 받아들여질 수 있고, 경기가 침체 국면의 후반기에 있고 인플레이션 압력이 크다면 주가가 폭등할 수도 있다. 이 경우 월스트리트의 가장 큰 걱정은 경기 침체보다 연준의 금리 인상 여부다. 그런 상황에서는 경기 둔화를 가리키는 어떤 시도라도 그들의 두려움을 진정시키고 증시를 안심시킬 수 있다. 그러므로 다음 몇 장에 걸쳐 다양한 경제 지표들을 검토할 때 이런 경제 상황의 중요성을 맨 먼저 기억하길 바란다.

그러면 여러 가지 경제 지표들을 검토하기 전에 두 가지 과제를 먼저 끝내자, 하나는 소위 선행지표, 지행지표, 동시지표를 분명히 구분하는 아주 중요한 일이다. 다른 하나는 주가에 영향을 미치는 전망들의 역할을 재검토하는 일이다.

모든 지표가 똑같이 중요한 것은 아니다

선행지표는 앞으로 일어날 일을 신호한다. 가령 주택 건설 허가는 대개 경기 침체가 시작되기 몇 달 전부터 감소한다. 따라서 주택 건설 허가는 경기 침체의 선행지표다. 매크로 투자자가 선행지표를 사랑하는 것은 주식시장과 업종의 추세 변화를 예측하는 최고의 수단이기 때문이다.

이와 반대로 지행지표는 사업 여건이 변한 다음에야 방향을 바꾼다. 한 예로 평균 실업 기간이 대표적 지행지표로 여겨진다. 왜냐하면 경기 침체가 시작된 직후 큰 폭으로 상승하지만, 침체가 심해진 다음에는 감소하는 경향이 있기 때문이다. 이처럼 지행지표는 이미 일어난 일을 확인해줄 뿐이므로, 경기 변동을 확인하는 데에는 중요할 수 있겠지만 거시적 상황에서는 별로 쓸모가 없다.

소위 동시지표는 경기의 상승이나 하강과 동시에 움직임으로써 경제 현황을 알려준다. 여기엔 비농업 분야 취업인구, 개인 소득, 산업 생산 등이 포함된다. 매크로 투자자는 지행지표와 동시지표는 경기 변동을 예측하기보다 확인하는 데 더 유용하다는 것을 안다.

이제 표 12-1을 살펴보자. 여기에 각종 경제적 선행지표를 정리했다. 비영리단체인 콘퍼런스보드가 매월 첫 주에 최근 2개월간의 지수를 발표한다. 표 12-1의 왼쪽에는 지수를 구성하는 각종 지표를 놓았고, 오른쪽에는 그것이 선행지표로 간주되는 이유를 간략하게 설명했다.

어떤 거시경제적 지표에 관해서 들었다면 선행지표 지수일 가능성이 크다. 선행지표 지수는 분명 언론의 많은 관심을 끈다. 그러나 유감

표 12-1. 경제적 선행지표 지수

선행지표	이론적 근거
주당 노동시간	초과 노동시간 증가는 인플레이션을, 감소는 경기 침체를 선행
신규 실업수당 청구 수	청구액 증가는 불황 시작을, 감소는 인플레이션 시작을 선행
상품을 늦게 받은 기업 비율	상품 인도가 늦어지는 것은 사업 호황을, 빨라지는 것은 경기 약화를 의미
소비재 신규 수주	생산 과정의 첫 단계, 주문이 늘면 생산도 따라서 늘고, 주문 감소는 경기 침체의 신호
신규 건축 허가	경제를 자극하기 위해 연준이 금리를 인상하거나 인하하면 가장 민감하게 반응하는 부문
소비자 신뢰도	소비 심리가 상승하면 경기 호전, 위축되면 GDP 감소
자본재 신규 수주	투자 증가는 경기 상승, 투자 감소는 경기 위축 신호
S&P500지수	증시는 경기 침체 몇 달 전이 정점, 경기 회복 몇 달 전이 바닥
통화 공급(M2)	통화량 증가는 저금리와 투자 증가를 의미, 통화량 감소는 그와 정반대
금리 스프레드(연방기금금리보다 낮은 10년 만기 채권)	단기 금리가 장기 금리보다 높은 역수익률 곡선은 경기 침체의 신호

스럽게도 경기 변동을 정확히 예측하는 데에는 비교적 약한 편이다. 사실 월스트리트의 농담 중에서 내가 가장 좋아하는 것은 "이 지수는 지난 다섯 번의 경기 침체 가운데 열 번을 예측해냈다"이다. 보다 중요한 것은 선행지표 지수가 주식시장에 미치는 충격이 다른 지수들에 비해 훨씬 작다는 것이다. 근본적으로 이미 발표된 자료들을 기반으로 산출하기 때문이다. 그러므로 선행지표 지수가 발표된 즈음에는 대개 증시에 이미 반영된, 흘러간 뉴스일 뿐이다. 다음 장들에서 이 말의 의미를 알게 될 것이다. 하지만 그 전에 경제 자료에 대한 주식시장의 반응을 가늠할 때 예상이 하는 중요한 역할을 설명하겠다.

월스트리트는 예상에 따라 미리 움직인다

주가 변동에서 예상이 하는 역할을 더 잘 이해하는 방법으로, 새로운 거시경제 뉴스에 대한 시장의 반응을 가늠하는 소위 이벤트 연구 event study를 소개하고자 한다. 이벤트 연구의 핵심은 예상치 못한 주요 거시경제적 이벤트가 일어나기 직전과 직후의 주가를 비교하는 것이다. 여기서 '예상치 못한'이라는 말이 가장 중요하다. 문제는 이것이다.

실제로 월스트리트의 최고 전문가들은 모두 거시경제적 이벤트 일정을 면밀하게 관찰한다. 이 '스마트머니'가 이벤트 일정을 관찰하면서 실제 이벤트에 대한 예상도 형성한다. 이는 고도로 발달된 의식儀式으로, 월스트리트의 애널리스트와 경제학자들은 앞으로 발표될 수치들을 정기적으로 평가하고 그에 대한 합의 예상치를 내놓는다.

여기서 더욱 중요한 점은 이 스마트머니가 예상만 하는 것이 아니라, 실제 이벤트가 일어나기 전에 그 정보를 바탕으로 거래도 한다는 것이다. 따라서 월스트리트가 소비자물가지수가 크게 상승할 것이라고 예상했다면, 그곳의 스마트머니는 뉴스가 실제로 보도되기 전에 이미 인플레이션에 민감한 업종에서 빠져나와 며칠 또는 몇 주일 만에 더 방어적인 업종으로 옮겨 갔을 것이다. 이후 뉴스가 나오고 그것이 예상과 일치한다 해도 주식시장은 크게 반응하지 않을 것이다. 시장은 이미 반응했기 때문이다.

월스트리트가 예상에 크게 의존해 거래한다는 점은 거시경제적 사건에 대한 시장의 반응을 가늠하려고 애쓰는 순진한 통계학자들을 어렵게 만든다. 예를 들어 심플턴 교수가 소비자물가지수 발표 전후의 주가를 관찰했다고 가정하자. 주가 변동이 전혀 없기 때문에 그는 상당히 높은 통계적 의미를 가지고 "경기 침체 신호들은 주가에 어떤 영향도 미치지 않는 것 같다"라고 결론지을 것이다. 당연히 말도 안 되는 소리다. 그가 알아채지 못한 것은 주가 변동이 정말 밝혀내기 힘든 시간대(3, 4일 또는 1, 2주, 심지어 1개월)에 걸쳐 이미 일어났다는 사실이다.

13장

불황의 약세장에
대응하기

<hr>

16개월도 못 되어 연방기금 금리가 6번이나 인상되자, 로이 지그프리드는 앨런 그린스펀의 가차 없는 올가미가 결국 팽창하는 경제를 질식시키기 시작했다고 생각했다. 따라서 자동차 매출이 2개월 연속 하락하고, 주택 착공이 3개월 연속 줄어들고, 주당 노동시간이 감소하기 시작했지만 그는 별로 놀라지 않았다.

'움직일 시간이야'라고 그는 생각했다. 그의 움직임은 확신만큼이나 신속했다. 그는 애지중지하는 오라클 2,000주도 포함해서 자신이 보유한 주식을 모두 현금화한 다음 곧장 채권으로 옮겨 갔다.

4개월 후, 로이가 예상했던 경기 침체가 공식적으로 진행되었다. 그리고 그다음 해까지 연준이 금리를 2% 이상 인하함에 따라 다우와 나스닥 지수는 5년만의 최저치를 찍었지만, 채권과 로이의 포트폴리오는 모두 급등했다.

이런 암흑기에도 로이는 밤에 편안히 잠들 수 있었다. 또한 고급 승용차에 돈을 물 쓰듯 하는 몇 안 되는 소비자 중 한 사람이었다. 그는 새로 산 미끈한 갈색 포르셰에 '베어(Bear, 약세장)'라는 애칭을 붙였다.

~~~~~~~~~~~~~~~~~~

로이 지그프리드가 분명히 알았듯이, 불황의 조짐은 주식시장에 재앙을 가져온다. 그 이유는 다음과 같은 치명적인 악순환을 이해하면 알게 된다.

금리가 높아지면 많은 산업 부문에서 사업비용이 증가한다. 사업비용 증가는 물가 상승으로, 물가 상승은 수요 감소로 이어진다. 금리 인상으로 소비자 신용이 압박을 받을 때조차 그렇다. 소비자 수요가 감소하면 기업 재고가 증가하고, 각 기업은 노동시간을 단축하게 된다. 그러면 소득이 적어지므로 소비가 감소하고 매출이 하락하고 재고가 증가하고 기업이 직원을 해고하기 시작된다. 그러나 이것은 다시 큰 폭의 소비 감소와 더 낮은 매출, 더 적은 생산, 더 많은 해고를 의미한다. 이런 경기 침체의 악순환은 모든 사업의 수지를 밑바닥으로 끌어내리며, 실적에 좌우되는 주가는 결국 하락할 수밖에 없다.

물론 이런 시련기에 채권 투자자들은 경제의 시체들을 집적거리며 좋은 시절을 보낸다. 그들은 경기 침체가 시작되면 예외 없이 연준이 금리를 인하한다는 것을 안다. 그러면 채권 수익률이 하락하고, 채권 가격은 수익률과 반대이므로 상승한다. 따라서 금리가 최고 수준이고 경기 침체가 시작되기 직전에 채권을 사는 것은 호화 주택이나 포르셰를 손에 넣는 지름길이 된다.

여기서 경기 침체가 어렴풋이 나타나는 시기를 어떻게 알 수 있는지 궁금할 것이다. 그 대답의 일부가 표 13-1에 있다. 주요 경기 침체 선행지표들을 별 다섯 개 척도로 평가해 요약했다.

표 13-1. 중요한 경기 침체 선행지표

경기 침체	시장 평가 반응	자료 출처	발표 시기
자동차·트럭 판매	***	상무부	월별, 매월 셋째 근무일
주택 착공·건축 허가	****	상무부	월별, 매월 16~20일
기존 주택 판매	**	전국부동산업협회	월별, 매월 25일경
신규 주택 판매	**	상무부	월별, 매월 마지막 근무일
건설비 지출	*	상무부	월별, 매월 첫 근무일
실업수당 청구 실적	***	노동부	주별, 매주 목요일
고용보고서	*****	노동부	월별, 매월 첫째 금요일

이 표에서 알 수 있듯이, 알 만한 매크로 투자자는 우선 두 가지 경제 지표를 살필 것이다. 하나는 자동차·트럭 판매이고, 또 하나는 주택 착공과 건축 허가다. 이 두 가지는 경기가 침체되는지 또는 회복하는지 가장 먼저 암시하는 대표적 선행지표다.

이에 더해 경기 침체 시작을 암시하는 중요한 신호 두 가지는 노동부가 발표하는 지표에서 찾을 수 있다. 실업수당 청구 실적은 그 전주에 실업수당을 신청한 사람들의 숫자다. 별 다섯 개짜리 중요 지표인 고용보고서는 서로 다른 업종, 지역, 인구집단에 따른 실업률을 산정하며, 주당 노동시간과 시간당 소득 같은 요인들에 관한 중요한 정보도 제공한다. 이제 각 지표를 좀더 자세히 살펴보자.

자동차·트럭 판매: 대표적 선행지수

> 변동이 심한 자동차 판매는 불황의 선행지표가 되기 때문에 자동차 산업의
> 건강은 중요하다. 자동차 생산은 미국 GDP의 약 4%를 차지한다. GM과 포
> 드는 매출과 세계 생산의 지분 면에서 세계 2대 기업이다.
>
> 〈뉴욕타임스〉

몇 년 전까지는 그저 '자동차 판매'로 언급되는 정도였다. 그러나 가
족용 미니밴과 휘발유를 넣는 스포츠용 차량(두 가지 모두 경량 트럭으로
분류)이 등장하면서 이제 이 지표에 트럭 판매까지 포함하게 되었다.
자동차·트럭 판매는 3대 자동차회사인 다임러크라이슬러, 포드, GM
과 외국 제조사들이 각각 발표한다. 그리고 나서 상무부가 그 보고서
들을 이용해 계절별로 조정한 연간 판매 속도를 산출한다. 주식시장
이 관심을 갖는 부분은 이 판매 속도이며, 이 자료는 매월 첫째 주에
발표된다.

자동차·트럭 판매 보고서는 상당한 관심이 필요한 별 세 개짜리 지
표로서 주식시장이 중요하게 전환되는 시점이거나(이때는 당연히 별 다
섯 개다) 자동차 관련 업종에 투자할 경우 특히 중요하다. 이 업종에는
타이어와 유리, 알루미늄, 자동차용 철강이 포함된다.

이 지표의 중요성은 경기 침체가 시작될 때 주택 착공과 함께 가장
먼저 감소한다는 사실에 있다. 소비자들은 경제 상황이 나빠질 경우
가장 먼저 자동차나 주택 같은 고가 품목의 구입을 미루거나 취소하
기 때문이다. 그러므로 자동차·트럭 판매는 매크로 투자자가 대표적
으로 꼽는 선행지표 중 하나다.

주택 보고서: 탄광의 카나리아

주택 산업은 경제의 나머지 업종들에 대한 선행지표다. 주택 매매가 둔화되면 사람들은 그만큼 가구와 가전제품, 실내 장식품 등을 구매하지 않는다. 그 결과 소매 활동이 감소하고 그 업종의 고용이 둔화된다.

〈리치먼드 타임스 디스패치(The Richmond Times Dispatch)〉

주택 산업은 미국 경제의 거대한 부분으로 전체 투자비용의 4분의 1 이상을 차지한다. 주택 산업을 조사할 때 참고할 중요한 보고서는 네 가지로서 주택 착공과 건축 허가, 신규 주택 판매, 기존 주택 판매, 건설비 지출이다. 이 보고서들 가운데 가장 중요한 것은 주택 착공과 건축 허가다. 자동차·트럭 판매처럼 경기 침체의 가장 빠른 선행지표이기 때문이다.

주택 착공과 건축 허가: 경기 변동의 선두 주자

최신 자료들이 경제의 진정 국면을 가리키고 인플레이션에 대한 두려움을 완화하자, 화요일에 거래가 활발해져 주식시장이 새로운 상한가에 도달했다. 주택 착공이 현저히 줄었다는 뉴스에 채권시장이 급등했고 이어서 주가가 개장부터 급등했다. 주택지수는 경기 침체 우려를 불러왔지만, 주식 애널리스트들은 그것이 인플레이션 완화로 인도할 수 있는 경기 둔화를 가리키기 때문에 시장이 호재로 받아들였다고 말했다.

AP통신

상무부는 매월 16~20일에 주택 착공과 건축 허가 보고서를 발표한다. 이 별 네 개짜리 보고서는 지역에 따라 중서부와 북동부, 남부, 서부로 나뉜다. 그러나 지역 자료는 날씨 변화와 자연재해 때문에 크게 달라질 수 있음을 유의하라.

주택 착공과 건축 허가는 아주 중요한 선행지표이고, 건축 허가는 콘퍼런스보드가 선정한 선행지표에 포함된다. 자동차·트럭 판매와 함께 주택 착공은 경기가 침체기에 진입하면 가장 먼저 감소하고 경기가 회복기에 이르면 가장 먼저 증가한다. 실제로 지난 50년 동안 모든 경기 변동은 그런 부문들의 변화로 촉발되었다.

모든 보고서와 마찬가지로 주택 건축 허가의 변화에 대한 주식시장의 반응은 우리가 경기 변동의 어느 시기에 있는가에 따라 달라진다. AP통신의 뉴스가 보여주듯 인플레이션이 경기 팽창의 중기나 말기의 걱정거리라면, 주식시장은 높은 주택 착공률을 악재로 간주한다. 반면 경기 팽창의 전기나 경기 침체 밑바닥의 걱정거리라면, 주택 착공 증가는 단연 호재가 된다.

신규 및 기존 주택 판매: 시기에 따라 활용하라

세계적인 경제 혼란이 내년이면 미국으로 퍼질 것이라는 우려가 커지는 가운데, 주가가 이틀 연속 200포인트 이상 급락했다. 이번 주의 주가 하락은 세계 도처에서 전해진 일련의 부정적인 보고서에 의한 것으로, 경제학자들의 이런 주장은 분위기를 더 우울하게 만들고 있다. 미국 제조업체의 활동은 4개월 연속 하락했고 주요 원인은 수출 둔화다. 그리고 신규 및 기존 주택 판매도 2개월 연속 감소했다. "이 조각들 전체로 모자이크를 만드는 것과 같으며, 조각이 모여 드러나고 있는 그림은 별로 아름답지 않다"라고 보스턴의 이턴밴스매니지먼트 부사장이자 포트폴리오 매니저인 로버트 매킨토시는 말했다.

〈오스틴 아메리칸-스테이츠먼(Austin American-Statesman)〉

전국부동산업협회는 매월 25일경에 이전 1개월간의 기존 주택 판매 보고서를 발표한다. 기존 주택 판매는 주택담보대출의 금리 변동에 매우 민감하고, 겨우 몇 개월 지연되어 빠르게 반응할 것이다. 이 보고서는 판매 외에 재고와 중간 가격 자료도 제공한다. 재고 자료는 신규 주택의 착공 가능성을 가늠하는 데 중요하고, 중간 가격은 주택시장의 인플레이션에 대한 우수한 지표다.

상무부에서는 매월 마지막 근무일 즈음에 신규 주택 판매 자료를 발표한다. 주택 착공이 주택시장의 공급 면을 측정하는 데 반해 이 지표는 수요 면을 측정하는 유용한 기준이다. 실제로 신규 주택 판매는 경제가 침체기에서 벗어날 때 급증하는 경향이 있다. 경기가 좋지 않을 때 신중한 소비자들이 고가품 구매를 미뤄 억제되었던 수요 때문이다.

이 별 두 개짜리 보고서는 상당한 수정이 필요하다는 점을 유의하라. 또한 신규 및 기존 주택 판매 지표가 영향을 미칠 즈음이면 주식시장과 채권시장에서는 이미 흘러간 뉴스라는 점을 유념하라. 이 지표들은 주택 착공 지표 다음에 보고되며 주택 판매 자료는 주택 착공 자료와 밀접한 관련이 있기 때문이다.

그러나 마지막으로 유의할 점은 〈오스틴 아메리칸-스테이츠먼〉의 뉴스에서 설명했듯이, 상대적으로 하찮은 보고서들도 결정적인 시기에는 애널리스트들에게 더 광범위한 거시경제적 그림을 보여주는 모자이크의 중요한 부분이 될 수도 있다는 사실이다.

건설비 지출: 장기적인 경제 동향의 가늠자

> 주택과 상업용 건물의 건설 감소 때문에, 4개월 연속 증가한 건설비 지출이 6월 들어 1.1% 하락했다. 월스트리트는 이 보고서에 거의 반응하지 않았다.
>
> 〈콜럼버스 디스패치(The Columbus Dispatch)〉

상무부는 최근 2개월의 건설비 지출 보고서를 매월 첫 근무일에 발표하는데, 월스트리트는 그것에 대해 늘어지게 하품만 한다. 문제는 그 자료가 지나치게 변화가 심한 데다가 상당한 수정이 필요하다는 점이다. 그래서 이 월별 보고서는 거의 별 하나의 평가도 받지 못한다.

그럼에도 최소한 애널리스트 몇몇은 이 보고서를 보다 장기간에 걸쳐 드러나는 경제 동향으로 본다. 게다가 그 자료의 주택 관련 요소를 살펴보는 것이 유용할 수도 있다. 주택 건설이 전체 경제보다 조금 더 먼저 회복되기 때문이다.

실업수당 청구 실적: 생산업계의 경고

실업수당 청구 실적이 4월 8일부터 13일까지 4만 7,000건에서 49만 8,000

건으로 상승했다는, 경기 침체 우려를 전혀 잠재우지 못한 뉴스가 나오자 주식시장이 개장 초에 크게 동요했다.

〈워싱턴포스트〉

노동부는 매주 목요일 오전 8시 30분에 실업수당 청구에 대한 최신 자료를 발표한다. 별 세 개로 평가되는 이 보고서는 매우 시의적절하지만 변동이 심하다. 그래서 애널리스트 대부분은 4주 이동평균으로 살피기를 좋아한다. 그러면 수치 변동 폭이 진정되고 방향을 더 잘 분간하게 되는 이점이 있다.

실업수당 청구 실적이 선행지표 지수 중 하나를 구성하는 이유는 명백하다. 새로운 사람들이 실업자 대열에 들어섰다는 사실은 생산 업계의 모든 업종이 만족스럽지 않음을 일찌감치 경고하는 것이기 때문이다. 같은 이유로 실업수당 청구는 경기 회복에 앞서 감소하기 시작한다.

고용보고서: 위대한 마법사

"월스트리트에서 아무도 건드리려고 하지 않는 큰 문제가 바로 고용보고서입니다"라고 아버 트레이딩의 조사부장 짐 비앤코가 말했다. 고용보고서 발표 당일에는 주식과 채권 가격이 모두 개장과 동시에 급락할 수 있기 때문에, 투자자 대부분은 이 지표가 발표되기 전에 각자의 포지션을 청산한다. 비앤코는 "포지션을 가지고 들어가는 것은 자기 경력을 거는 일입니다. 단 5분 만에 몽땅 날려버릴 수 있으니까요"라고 말했다.

　고용보고서는 실업률, 비농업 분야 취업인구, 평균 노동시간, 시간당 평균 임금에 관한 주요 자료들을 제공한다. 노동부는 매월 첫째 주 금요일에 최근 1개월에 대한 고용보고서를 발표한다. 다른 많은 자료처럼 이것도 주식시장 개장 이전인 오전 8시 30분에 발표되지만, 다른 보고서 대부분과 다르게 정말 위대한 마법사다. 이유는 두 가지다.

　첫째, 고용보고서는 월스트리트가 그달의 거시경제적 경향을 수립하도록 돕고 이는 주식시장의 추세로 이어진다. 실업률과 평균 노동시간이 이 보고서의 핵심 요소이기 때문이다. 게다가 이 보고서에서 이후 발표되는 다른 많은 거시경제적 지표를 추정할 수 있다. 가령 실제 노동자의 수와 노동시간, 초과 노동시간을 알면 노동자들의 생산량을 예측할 수 있다. 이 정보는 2주일 후 산업생산지수로 발표될 것이다. 이와 비슷하게 노동자의 급여 수준을 안다면 개인 소득을 합리적으로 추측할 수 있다. 한편 업종으로 살펴보면 건설업은 주택 착공을 예측할 수 있게 해준다.

　고용보고서가 월스트리트에서 슈퍼스타 대접을 받는 두 번째 이유도 중요하다. 인플레이션율과 더불어 이 보고서가 산출한 실업률은 정치적인 다이너마이트가 될 수 있다. 실제로 실업률이 급등하면, 특히 선거가 있는 해에는 실업률에 대응하는 재정·통화 정책이 매우 빠르게 만들어지는 경향이 있다.

실업률: 정치의 제3의 난간

선거의 해에 정치적으로 가장 민감한 경제 지표인 실업률이 6월 급격히 상승했다. 오늘 보고서가 발표되고 몇 분 후, 연준은 침체된 경제를 부양하기 위한 시도로 기준금리 인하를 실시했다. 애널리스트들은 실업 통계가 너무 암울해서, 중앙은행이 정치적 고려에 굴복하는 것처럼 보이리라는 우려에도 불구하고 행동할 수밖에 없었다고 말했다. 경기 침체 우려로 오늘 뉴욕 증권거래소 주가가 하락했다. 다만 채권은 금리 인하에 따라 장기 금리가 하락하면서 상승했다.

〈뉴욕타임스〉

월가에서는 일반적으로 실업률을 선행지표로 여기지 않는다. 그럼에도 실업률 변화는 〈뉴욕타임스〉의 위 뉴스에서 발췌한 바와 같이 정치적 영향과 신속한 재정 또는 통화 정책 대응 가능성 때문에 시장에 매우 중요할 수 있다.

실업률의 또 한 가지 흥미로운 점은 정계와 재계 모두 항상 낮은 실업률을 반가워하지만, 월스트리트는 이 수치가 소위 자연실업률에 가까워지면 매우 긴장한다는 점이다. 2장에서 살펴보았듯이, 실업률이 자연실업률 밑으로 떨어지면 인플레이션 압력이 생겨나기 시작한다. 왜냐하면 노동력이 부족해 각 기업이 다른 기업의 노동자를 빼내야 해서 노동시장이 경직되고 임금이 상승하기 때문이다. 따라서 실업률이 자연실업률에 다가갈 때 월스트리트는 경기 침체보다 인플레이션 신호로서 실업률 변화를 주시하기 시작한다.

마지막으로 10대들이 공부를 마치고 구직에 나서는 여름에 실업률이 크게 변할 수 있다는 사실을 알아야 한다. 가령 노동시장에 들어오는 10대들의 숫자가 기대 이하일 때 전체 노동력은 계절적으로 조정되어 감소할 것이고 따라서 실업률은 하락하게 된다. 반대로 가을에 학생들이 일터에서 학교로 돌아가면 실업률이 다시 증가할 수도 있다. 이처럼 실업률에 대한 자료는 매우 변동적일 수 있다.

실업률의 허점

> 미국 경제가 호전되고 있다고 여겨졌는데 6월 들어 뜻밖에 일자리 10만 개 이상이 사라지면서 실업률이 8년 만에 최고치로 높아졌다. 깜짝 놀란 연준은 새로운 경기 침체나 실질적인 경제 위축을 피하고 싶은 마음에 재빨리 금리를 인하했다. 이에 따라 상업은행들도 최우수 고객에게 부여했던 우대 금리를 인하했다. 월스트리트에서는 다우존스지수가 하락세로 마감되었다.
> 〈보스턴 글로브〉

실업 수준을 판단하는 또 하나의 주요 기준인 고용보고서에는 비농업 분야 취업인구에 대한 통계치도 포함되어 있다.

이 자료의 큰 문제는 계산이 이중으로 될 수 있다는 점이다. 예를 들어 당신이 직장에서 풀타임으로 일하고 있다고 가정하자. 그리고 주식 거래를 할 여분의 돈을 벌기 위해 파트타임 일도 하고 있다. 그러다가 주식 거래로 수입이 생기면 파트타임 일을 그만둔다. 고용보고서에는 이것이 고용 감소처럼 나타나지만, 이런 종류의 실직은 걱정거리가 되지 않을 것이다.

비농업 분야 취업인구의 두 번째 문제는 노동자 파업이다. 노동자들이 파업에 나서면 비농업 분야 취업인구가 급격히 감소할 수 있다. 여기서 아이러니한 점은 노동시장이 튼튼하고 노조 교섭력이 절정에 이른 경제 호황기에 이런 파업이 자주 일어난다는 것이다. 따라서 대규모 파업으로 인한 고용 감소를 보고 경제가 흔들린다고 착각해서는 안 된다.

세 번째 문제는 정부의 임시직 고용 급증이 이 자료를 왜곡할 수 있다는 것이다. 이 점은 연방정부가 정기적으로 고용하는 인구조사 직원을 생각하면 분명해진다. 정부 임시직 급증은 민간 업종의 일자리가 사실상 감소하고 있을 때조차 급격한 경제 성장의 느낌을 줄 수가 있다. 그러니 그 수치를 액면 그대로 믿는 어리석음은 범하지 말라.

마지막 네 번째 문제는 보다 미묘한 것으로서 우리의 거시적 관점에 아주 중요하다. 비농업 분야 취업인구를 검토할 때 고용 증가나 감소가 각 업종에 걸쳐 고르게 나타나고 있는지, 아니면 어떤 특정 업종에만 집중되어 있는지를 눈여겨보라. 이것이 중요한 이유는? 만약 서비스 업종의 고용은 증가하는 반면 제조 업종의 고용은 정체 또는 하락한다면, 모든 경제 부문이 흥청대고 있을지라도 그리 좋은 경제 성장 신호가 아니라는 뜻이다.

평균 노동시간: 다른 지표를 예측하는 지표

고용보고서가 놀라울 정도로 약하고 정부의 주요 예상치들이 감소하자, 일부 경제학자들은 경기 연착륙이 경기 침체로 돌아서는 것은 아닌가 의아해하고 있다. 시간당 평균 임금과 평균 노동시간도 감소했다. 이는 각 기업이 생산을 감축하고 있다는 뚜렷한 신호이자, 임금 압박을 부르는 인플레이션이 거의 없다는 신호이기도 하다.

나이틀리 비즈니스 리포트(Nightly Business Report)

실업 측정 기준 두 가지에 더해서 고용보고서는 평균 노동시간도 산출한다. 사람들이 일한 시간을 측정한 것으로, 경제활동의 선행지표로 간주되기 때문에 매우 중요하다. 기업들이 직원을 추가 고용하기에 앞서 기존 직원의 노동시간을 늘리는 경향이 있기 때문이다. 또한 경기 침체 시 직원을 해고하기 전에 먼저 노동시간을 단축한다.

경기 회복기에 평균 노동시간이 상승하는 것은 고용주들이 직원을 늘리려 한다는 최초의 신호가 될 수 있어서 매우 낙관적인 신호다. 반대로 노동시간이 감소하는 경기위축기에 노동시간이 증가하는 것은 노동시장 경직과 임금 인플레이션 가능성을 암시할 수 있으며 고약한 약세 신호다.

평균 노동시간은 경기 신호 외에도 산업 생산과 개인 소득 같은 월별 지표들의 방향과 강도를 예측하도록 도와준다. 앞에서 말했듯이 노동자의 수와 노동시간, 초과 노동시간을 알면 노동자들의 생산량을 예측할 수 있다.

채권이 불황기 약세장과 시장 악화를 사랑하는 이유

실제로 그렇다. 자료들이 경기 침체 신호를 보내기 시작하면, 인플레이션 압력이 없을 경우 금리 인하 기대감에 채권 가격이 상승한다. 그러나 똑같은 기대감으로 달러는 하락한다. 금리를 인하하면 외국 투자자들이 미국 금융시장에서 철수할 것이기 때문이다. 그래서 달러 수요가 감소하고 달러 가치가 떨어진다.

주식시장은 경기 침체로 낮은 수익을 예상하고 다우존스지수와 나스닥지수 모두 하락할 것이다. 주가지수가 하락하는 동안 주식시장의 각 업종이 다른 업종들과 어떻게 연관되는가에 대해서는 업종별 순환매의 거시적 개념을 설명할 다음 장에서 살펴볼 것이다. 그 개념을 이해하면 월스트리트의 스마트머니가 경기 침체기뿐만 아니라 경기 순환의 모든 단계에서 증시의 서로 다른 업종에 얼마나 체계적으로 들고나는지 알게 될 것이다.

실제로 이런 업종별 순환매 때문에 주식시장 순환이 경기 순환을 바짝 뒤쫓는 현상이 아주 뚜렷하게 나타난다. 이 쌍둥이 순환의 세세한 부분을 통달하면 엄청난 부자가 될 수도 있다는 사실을 여기서 말할 필요가 있을까?

14장

경기 순환에 맞게
투자하기

캘리포니아대학교 재정학 교수인 랜서 암스트롱은 매년 9월이면 세계 시니어 아마추어 사이클 대회에 참가하기 위해 몇 주간 휴가를 얻어 유럽으로 향한다. 그러나 지난 5년간 그 대회에서 세 번이나 챔피언이 된 그를 친구들이 '사이클의 대가'라고 부르는 이유는 다른 데 있다. 그가 업종별 순환매 전략으로 엄청난 수익을 올렸기 때문이다.

경기가 침체의 바닥을 치고 주식시장이 후반 약세인 지금, 암스트롱 교수는 이미 식품, 제약주와 같은 방어적 업종의 투자 자금을 자동차와 주택을 포함한 경기 순환 업종으로 옮기기 시작했다. 그는 이런 경기 순환 업종의 주식들이 보통 때는 싸구려지만, 주식시장 순환이 후반 약세에서 초반 강세로 전환될 때에는 반드시 상승한다는 것을 알고 있다. 그러고 나면 주식시장은 중반 강세로 이동하고, 그때는 먼저 기술 업종 주식으로 갔다가 이후 자본 설비와 원자재 업종 주식으로 교체할 것이다.

마침내 경기 순환이 정점에 이르고 주식시장이 후반 강세에 돌입하면, 암스트롱 교수는 에너지주에 판돈을 걸 것이다. 경기 순환주처럼 이것도 대부분의 시기에는 싸구려 주식이 될 수 있다. 그렇지만 세계의 모든 주요 경제들이 잘 돌아가면 에너지 업종도 분명 전성기를 맞을 것이다.

암스트롱 교수가 다시 맞게 될 곤경의 첫 신호는 초반 약세다. 그 시점에서 그는 방어 업종 주식으로 돌아갈 것이다. 나쁜 소식은 그의 방어주들이 기껏해야 한 자릿수 수익을 내리라는 것이고, 좋은 소식은 주식시장의 나머지 업종들은 완전히 실패하기 쉬운 반면 그의 주식들은 4 또는 6 또는 8% 수익을 내리라는 것이다. 사이클 대회에서 매년 증명했듯이 암스트롱 교수는 실패하는 것을 지독히 싫어한다.

〰〰〰〰〰〰〰

여기서 유의할 점이 있다. 이 장은 이 책에서 가장 중요한 부분일 뿐 아니라 가장 필요한 부분일 수도 있다. 그러니 중단하지 말고 끝까지 읽어주기 바란다. 왜냐하면 경기 순환 이론과 딱딱한 경제 보고서의 무지개 너머에는 업종별 순환매라는 복잡한 게임을 이해할 수 있는 확실한 분석적 근거가 있기 때문이다.

여기서 매크로 투자 전략의 가장 중요한 두 가지 규칙을 다시 떠올려보자.

- 상승세에는 강한 업종의 강한 주식을 사라.
- 하락세에는 약한 업종의 약한 주식을 공매도하라.

그림 14-1. 쌍둥이 순환과 업종별 순환매

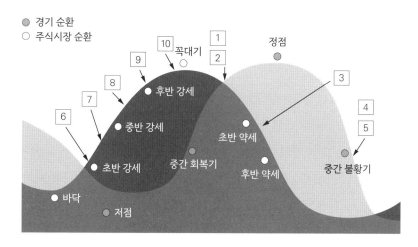

● 경기 순환
○ 주식시장 순환

10 꼭대기
1
2 정점

9
후반 강세

8
중반 강세
3

7
초반 약세

6
초반 강세
중간 회복기
4
5

바닥
후반 약세
중간 불황기

저점

1. 소비 비순환재(식품, 약품, 화장품 등)   6. 운송
2. 의료   7. 기술
3. 공익사업(전기, 가스)   8. 자본재
4. 소비 순환재(자동차, 주택)   9. 기간산업(알루미늄, 화학, 제지, 철강 등)
5. 금융   10. 에너지

이 규칙들을 기억하며 그림 14-1을 살펴보자. 이 그래프는 1장에서 소개했던 것으로, 우리가 항상 살피고자 하는 강하거나 약한 업종을 찾아내는 데 큰 도움을 줄 것이다.

이 그림을 주의 깊게 연구한다는 말은 최소한 세 가지를 관찰한다는 뜻이다. 첫째는 경기 순환과 주식시장 순환이 있고 이 두 가지는 아주 다른 국면으로 구성된다는 것이다. 가령 경기 순환에서는 경기 팽창의 고점에 정점이, 바닥에 저점이 있으며 정점과 저점 사이에 중간 회복기가 있음을 알 수 있다. 이와 똑같이 주식시장 순환에서는 하락세에 초반 약세와 후반 약세가 있고, 마찬가지로 상승세에는 초반 강세와 중반 강세가 있다. 중반 약세가 없는 것은 약세장이 강세장보다 훨씬 빠른 속도로 일어나며 지속 시간도 대개 훨씬 짧기 때문이다.

둘째는 주식시장 순환과 경기 순환은 나란히 움직일 뿐만 아니라, 실제로 주식시장 순환이 경기 순환의 선행지표라는 점이다. 이것을 보려면 후반 약세 국면이 있는 주식시장 순환의 바닥을 보라. 주식시장 순환의 저점은 대체로 경기 순환의 저점보다 상당히 앞서 일어난다. 이와 유사하게 경제가 팽창 정점에 도달하기 훨씬 전에 주식시장 순환이 이미 초반 약세 국면에 들어섰음을 분명히 알 수 있다.

이제 이 그림에서 가장 중요한 것은 주식시장 순환의 서로 다른 지점에서 어느 업종이 가장 강하고 어느 업종이 가장 약한지를 확실히 이해하는 것이다. 실제로 주식시장의 역학을 이해하는 것이 업종별 순환매와 효과적인 매크로 투자의 핵심이다. 바로 거기에 우리가 세 번째로 관찰해야 할 것이 있다.

이 그림에서는 운송과 기술 업종으로 시작하는 초반 강세 국면에서 금융과 소비 순환재 업종으로 끝나는 후반 약세 국면까지 서로 다른 9개 업종의 경과를 분명히 볼 수 있다. 이제 우리의 과제는 거시적 논리의 힘을 이용해, 주식시장이 경기 순환 기간에 대체로 이러한 과정을 따르는 이유를 이해하는 것이다.

스마트머니가 거래되는 곳

그러면 후반 강세에서 초반 약세까지 변하는 주식시장 순환의 고점에서 시작하자. 이 시점에서 경기 순환은 경기 팽창 후반기에 있으며, 아마도 극심한 경기 과열인 꼭대기로 치달을 것이다. 이때쯤이면 연준은 높이 치솟는 경제를 연착륙시키기 위한 노력의 일환으로 서너 번, 심하면 다섯 번 이상 금리를 인상했을 것이다.

그러나 연준의 금리 인상에도 불구하고 실업률은 여전히 낮고, 소매는 계속 크리스마스 시즌의 흥청거림을 유지하며, 소비자 신뢰도는 위험할 만큼 과도하게 증가하고, 공장의 생산과 가동률은 인플레이션 문지방을 넘나들고, 에너지 가격은 상승하는 데다, 최신 경제 보고서마다 인플레이션 압력 증가를 제시한다는 점도 월스트리트를 더욱 긴장시킨다.

월스트리트의 스마트머니가 화장품, 식품, 제약 같은 소비 비순환재 업종과 의료 업종으로 방어적인 교체를 시작하는 것이 바로 이 초반 약세 국면이다. 이런 일이 일어나는 것은 스마트머니가 금융정책을 이용해 경제를 조율하는 일이 얼마나 어려운지 알기 때문이다. 실제로 이 시점에서 전문 투자자들은 연준이 금리를 자주 인상할 것이며 따라서 경제는 연착륙용 완충 장치도 없이 곧장 경기 침체로 뛰어들 것이라고 장담한다.

경제가 꼭대기에 이른 다음 침체 쪽으로 위험하게 미끄러지기 시작하면 생산 감소와 소비자 신뢰도 하락, 실업률 증가, 노동시간 단축, 공장 가동 중단이 일어난다. 이 모든 것은 연준으로 하여금 고통스럽지만 분명한 결론을 내리게 할 것이다. 이자율을 억제하는 브레이크가 터져나가 충돌할 지경이 된 것이다!

아마도 몇 달 동안 이를 악문 끝에 겨우 이것을 깨달은 연준은 마침내 방향을 바꿔, 지금까지 목을 조이던 환자를 소생시키기 위해 금리를 낮추기 시작할 것이다. 그러나 이런 경기 침체 중반에 연준의 딜레마가 있다. 판매가 둔화되고 재고가 증가함에 따라 기업 사장들은 연준의 새로운 조치를 이용할 마음이 없다. 따라서 침체하는 경제를 자극할 공장과 설비에 대한 투자를 자제할 것이다. 또 금리를 인하해도 이제 신중해진 소비자들은 어떤 이웃처럼 실업자 대열에 끼게 될까 봐 마음을 졸이기 때문에 흥청망청 돈을 쓸 가능성이 없다. 기업과 소비자의 망설임 때문에 연준의 잦은 금리 인하는 경제에 거의 또는 전혀 영향을 미치지 못할 것이다. 그 대신 경기는 침체가 너무 깊지 않기만 바라는 속에서도 몇 차례나 바닥으로 추락할 것이다.

주식시장이 후반 약세 국면으로 이동하는 것은 이런 바닥 근처에서다. 이 국면에서 스마트머니는 가장 먼저 공익사업 업종으로, 그다음엔 소비 순환재와 금융 업종으로 이동하기 시작한다. 공익기업은 상당히 자본집약적이어서 수익이 금리 수준에 매우 민감하기 때문에 대단히 매력적인 투자 대상이다. 이와 동시에 후반 약세 국면에서는 세계적으로 석유와 가스, 석탄의 수요가 감소하기 때문에 에너지 비용이 경기 침체기에 감소하는 경향이 있으며, 따라서 이것도 공익사업 업종의 수익을 키워준다.

자동차와 주택 같은 소비 순환재 업종은 계속되는 수요 감소로 최저 수준의 가치에 이르렀다. 그러나 금리가 낮아지면서, 고가품 수요를 억제해온 소비자들이 몰려들면 활발하게 상승할 가능성이 있다. 연이은 금리 인하가 증권회사와 투자회사 같은 다른 업종들을 도와주듯이, 이번에는 은행과 가계금융 같은 주요 업종들을 도와줄 것이다.

지금까지 금리 인하는 다양한 업종에 경기 부양이라는 총체적인 영향을 끼쳐왔다. 경기 부양책이 취해지면 경제는 대부분 금방 살아나기 시작한다. 회생 신호는 철도와 트럭 같은 육상 운송 업종에서 가장 먼저 나타나기 때문에, 스마트머니는 증시의 초반 강세 국면에서 그런 업종으로 이동하기 시작한다. 기업들이 생산을 꾸준히 늘리고 판매가 계속 상승하는 시점에는 실제로 상황이 서서히 좋아진다.

그러나 흥미롭게도 이 시점에는 기업들이 아직 공장과 설비 투자에 나설 필요가 없다. 그렇지만 스마트머니는 경제가 회복 중반 국면을 향해 쉬지 않고 달려감에 따라 생산력 증가 필요성에 대한 요구가 커질 때쯤이면 설비도 닳기 시작한다는 것을 완벽하게 간파한다. 그래서 주식시장이 중반 강세 국면에 들어서고 공장의 수주가 증가하기 시작할 때 월스트리트의 스마트머니는 가장 먼저 기술 업종으로 이동하고 다음에는 자본재 호황으로 이익을 얻을 모든 업종, 예를 들어 농업 설비와 산업 기계에서 공구와 전자제품까지 이동할 것이다.

이제 경제는 모든 면에서 잘 돌아가고 있다. 이 국면에서 소매는 활발하게 이뤄지고, 고용보고서는 평균 노동시간과 초과 노동시간 증가와 함께 경제가 완전고용 상태에 있음을 보여주고, 전국 구매관리자협회지수는 60대로 상승하면서 매우 느린 납품 실적을 보여주며, 공장 수주와 가동률은 새로운 정점에 다가가고 있다. 이에 알루미늄, 화학, 제지, 철강에 대한 수요가 절정에 오르면서 스마트머니는 기간산업과 원자재 업종으로 이동한다.

이즈음에서 잔칫상을 치우려는 사람이 누군지 맞혀보시라. 그렇다. 연준이 또다시 이 과정에 끼어들 가능성이 있고, 물가 상승 조짐을 우려해 금리를 올리기 시작하는 때가 바로 이 시점이다. 또한 에너지에 대한 수요가 매우 큰 폭으로 상승하기 시작하는 때도 이때다. 실제로 공급이 빠듯해지면 OPEC은 유가를 인상하기 시작하고, 연료유와 휘발유가 부족해지기 시작한다. 이때쯤이면 스마트머니는 OPEC의 배럴당 원유가와 함께 엄청나게 상승하게 될, 변동성이 어마어마한 에너지주로 이미 이동한 후다.

마침내 연준이 계속 금리를 인상하고 석유 파동이 기업과 소비자를 강타하면서 경기 순환은 피할 수 없는 정점에 도달할 것이다. 이 변환 시점에서 경제 보고서들은 아주 혼란스러워진다. 소비자물가지수와 생산자물가지수 같은 경제 지표들은 계속 물가 상승 신호를 보내는 반면, 소매 매출과 실업수당 청구 실적 같은 자료들은 경기 위축을 제시한다. 그러는 동안 연준의 금리 인상이 악영향을 나타내 기업들이 하나둘 실적 예상치를 달성하지 못한다. 이 시점에서 화가 난 개인 투자자들은 주식을 내던지기 시작하고, 결국 기술과 통신 같은 업종 전체가 폭락하기 시작한다.

이때 스마트머니는 이런 초반 약세 국면을 미리 눈치채고 하락세에 접어든 주식들을 공매도하거나, 방어적인 조치로 식품, 제약, 의료 업종으로 물러선다. 그리고 경기 침체가 심화되면 우리는 시작했던 곳으로 돌아가고 쌍둥이 순환은 되풀이된다.

휴우! 조금 어지럽지 않은가? 그러나 이 쌍둥이 순환을 타고 가다 보면 도중에 얼마나 많은 거래 기회가 나오는지 분명히 알게 될 것이다. 이제 우리의 과제는 경기 순환과 주식시장 순환, 이 두 가지와 더 잘 어울릴 방법을 아는 것이다. 그것은 일련의 경제 지표들을 다시 소개할 시간이라는 뜻이며 표 14-1에 정리해놓았다.

GDP 보고서: 우리 경제는 얼마나 성장했나?

GDP 보고서의 영향으로 주가가 폭락하며 다우존스 평균이 230.51포인트

표 14-1. 주요 경기 순환 지표

경기 순환 지표	시장 반응	출처	발표 시기
GDP	***	상무부	분기별, 분기 다음 달의 셋째나 넷째 주
소비 지표			
소매 판매	****	상무부	월별, 매월 11~14일
개인 소득과 지출	**	상무부	월별, 최근 2개월에 대해 매월 첫 근무일
소비자 신뢰도	***	콘퍼런스보드, 미시간대학교 연구조사센터	월별, 매월 마지막 화요일 최초, 그달 둘째 주말이 지난 금요일 최종, 그달 마지막 주말이 지난 금요일
소비자 신용	*	연준	월별, 매월 다섯 번째 근무일
투자 지표			
구매관리자 보고서	*****	전국구매관리자협회	월별, 매월 첫째 근무일
내구재 수주	*	상무부	월별, 매월 셋째 또는 넷째 주
공장 수주	**	상무부	월별, 내구재 수주 발표 다음 주
기업 재고와 판매	*	상무부	월별, 매월 15일경
산업 생산과 가동률	***	연준	월별, 매월 15일경

나 하락했다.

〈워싱턴포스트〉

상무부는 각 분기의 다음 달 셋째 주 또는 넷째 주에 해당 분기의 GDP를 발표한다. GDP는 소비와 투자와 정부지출과 순수출액을 더한 금액과 같다. 인플레이션을 감안하기 때문에 실제 GDP는 단기간의 생산과 소비뿐만 아니라 장기간의 경제 성장률을 가장 정확하게 나타내는 척도다.

그렇다면 GDP 보고서는 우리가 경제 성장률을 주시하고 경기 순환의 어느 지점에 와 있는지 파악하는 데 가장 중요한 지표 중 하나라고 생각할지도 모른다. 하지만 그 생각은 완전히 틀렸다. 물론 이 보고서는 중요하고, 분기별 보고서 가운데 가장 필요한 지표이기는 하다. 그렇지만 GDP 보고서는 다음 세 가지 이유로 겨우 별 세 개짜리 대우를 받는다.

첫째, 분기별로만 발표된다. 둘째, 자료의 변동 폭이 매우 크고 자주 수정해야 한다. 셋째, 이 자료가 나올 즈음이면 다른 유용한 정보가 너무 많아서 GDP 수치를 꽤 정확히 예측할 수 있다. 앞에서 살펴본 다른 모든 지표가 GDP 내용을 조금씩 알려주기 때문이다.

그러므로 경제 성장률과 경기 순환 단계들을 차트로 만들 때에는 GDP의 가장 중요한 두 가지 구성 요소인 소비와 투자를 산출한 월별 자료에 초점을 맞추는 편이 훨씬 낫다.

소비: GDP의 킹콩

'소비자 불황'과 '생산자 불황'은 완전히 다르다. 2000년의 불황은 소비자 불황이 아니라 생산자 불황이었다. 제조업이 실제로 몰락한 반면 주택 건설은 여전히 강세를 보였다. 소비자 불황이었다면 주택 건설 업종이 무너졌을 것이다. 이 두 가지 경기 침체를 구별해야 적합한 거래나 투자 전략을 발전시킬 수 있다.

페이먼 하미디

소비자 지출은 GDP의 3분의 2쯤을 차지한다. 따라서 소비자 측에 문제가 생기면 경제 성장이 둔화될 시기가 머지않은 것이다.

소비 유형을 추적할 때 똑똑한 매크로 투자자는 최소한 네 가지 보고서를 살피고자 할 것이다. 소비자 신뢰도, 소비자 신용, 개인 소득과 지출, 소매 판매가 그것이다. 이 중에서 소매 판매 보고서가 가장 중요하고 그다음이 소비자 신뢰도다.

소매 판매 보고서: 증시 태풍의 눈

> 강력한 소매 판매 보고서와 달러 가치 하락으로 인플레이션에 대한 투자자들의 우려가 커지면서 우량주들이 2주일 만에 가장 큰 폭으로 하락했고 채권 가격도 폭락했다. 다우존스지수는 120포인트 떨어진 10,910으로 마감했다.
>
> 〈머니라인〉

소매 판매 보고서는 최소한 별 네 개를 줄 만하다. 그달의 소비 유형에 대한 주요 증거를 가장 먼저 제공할 뿐만 아니라, 광범위한 소비자 지출 유형을 가장 시의적절하게 보여주는 지표이기 때문이다. 따라서 가장 중요한 증시 조정자의 하나로 널리 간주되며, 예기치 않았던 부정적 수치가 나오면 증시를 흔들 수 있다.

상무부는 전국 모든 유형과 규모의 소매점 1만 5,000여 개를 월별로 조사해 소매 판매 자료를 집계한다. 그리고 소매점들이 발행한 영수증 총액을 계산해 매달 11~14일에 이 자료를 발표한다. 판매액의

약 35%는 자동차와 건축 자재, 가구, 가전제품과 같은 내구재가 차지하고 나머지는 의류, 약품, 휘발유, 식품, 주류, 통신 판매, 기타 일반 제품들과 같은 비내구재에서 나온다.

소매 판매를 분석할 때에는 판매액의 약 25%를 차지하는 자동차·트럭 판매를 제외한 나머지 자료들을 평가하는 것이 가장 좋다. 자동차·트럭 판매가 매월 빠르게 변하고, 이렇게 커다란 변동으로 전반적인 추세가 모호해질 수 있기 때문이다. 그리고 휘발유와 식품이 소매 판매에 미치는 영향을 재는 것도 그만큼 중요하다. 이 두 가지가 미치는 영향의 변화는 소비자들의 수요 변화보다는 이 물품들의 가격 변화 때문인 경우가 많다. 따라서 이 점을 고려하지 않으면, 사실은 소비가 감소하고 있는데도 증가하고 있다고 오판할 수도 있다.

자동차, 휘발유, 식품이 미치는 다른 영향을 가려내는 일 외에도, 안목이 있는 매크로 투자자라면 그 자료를 업종별로 면밀히 관찰하고 싶을 것이다. 특히 소비 유형에서 일어난 변화가 광범위한지, 아니면 특정 업종에 관련되는지 항상 살펴야 한다.

소매 판매 데이터를 추적할 때 주의할 점이 몇 가지 있다. 첫째, 월스트리트에서 매우 높은 평가를 받긴 하지만 변동이 심하고 상당한 수정이 필요하므로 주의해야 한다. 둘째, 소매 판매액에는 서비스 비용이 전혀 포함되지 않는다. 서비스가 전체 지출의 절반 이상을 차지할지라도 그렇다. 따라서 소매 판매 보고서는 소비자가 항공 여행, 드라이클리닝, 교육, 미용, 보험, 법무 비용과 기타 서비스에 지출할 수도 있는 비용은 전혀 알려주지 않는다. 실제로 서비스에 대한 자료는 소매 판매 자료들이 발표된 지 2주일 후에야 개인 소득과 지출 보고서의 일부로 입수할 수 있다.

개인 소득과 지출: 서비스에 대한 통찰

개인의 실질적 소비가 작년 가을 3.4% 하락한 데 이어 올해 1분기에도 3%나 가파르게 떨어졌다. 월스트리트의 경제학자인 H. 에리히 하이네만은 "전망이 좋지 않다"라고 말했다.

〈샌디에이고 유니언 트리뷴(San Diego Union-Tribune)〉

상무부는 매월 첫째 근무일에 최근 2개월간의 개인 소득과 지출 자료를 발표한다. 개인 소득의 가장 큰 부분을 차지하는 것은 임금이다. 다른 부분으로는 배당금과 이자 수입, 임대 수입, 퇴직자에 대한 사회보장금 같은 정부이전지출, 생활보호자금 같은 보조금이 있다.

이 보고서는 개인적 지출 자료로 소매에 포함되지 않는 서비스 지출 공백을 메울 수 있다는 점 외에는 큰 도움이 안 되지만 그런대로 유용하다. 그러나 서비스 지출이 꾸준한 비율로 증가하는 경향이 있기 때문에 개인 소득과 지출은 거의 정확히 예측할 수 있으며, 소매보다 중요도가 훨씬 낮다. 이 보고서에 필요한 자료들의 최소한 몇 가지는 소매 판매 보고서에서 나온 것이기 때문에 더 그렇다. 개인 소득과 지출에 대한 자료가 월스트리트에 전해질 즈음이면 이미 많은 부분이 묵은 소식으로 변했기 때문에 사실 이 보고서는 별 두 개도 과분하다.

소비자 신뢰도: 두려움의 대상

오랜 경기 팽창의 추진력이었던 소비자 신뢰도가 증시 호황과 넘쳐나는 일

자리에 힘입어 통계 사상 33년 만에 최고치에 도달했다.

〈채터누가 타임스(Chattanooga Times)〉

소비자 신뢰도의 중요한 두 척도는 민간 기관인 콘퍼런스보드와 미시간대학교 리서치센터가 각각 발표한다. 이 별 세 개짜리 보고서들이 주목받는 가장 큰 이유는 소비자 신뢰도의 미래 예측 부분이 경제의 선행지표로 여겨진다는 점이다. 이는 정말 직관적이어야 한다. 만약 소비자가 수정 구슬을 들여다보다가 폭풍우가 몰려오는 것을 본다면 그들은 당연히 소비를 줄이기 시작할 것이고, 이것은 불황의 물결처럼 경제 전반에 파문을 일으킬 것이다. 그러므로 소비자 신뢰도는 선행지표들 중에서도 매우 중요하게 여겨진다.

콘퍼런스보드와 미시간대학교의 소비자 신뢰도 측정법은 상당히 비슷하다. 콘퍼런스보드는 매월 5,000가구를 조사해 경제 현황에 대한 소비자들의 평가와 미래 예측을 묻는다. 그 안에는 주택, 자동차, 가전제품 등 고가 품목의 구입 예정 등 세부적인 질문들도 있다. 그 결과로 나온 보고서에 소비자신뢰지수가 포함되며 매월 마지막 화요일에 발표된다. 경제 현황 부분이 지수의 40%를, 미래 예측 부분이 나머지 60%를 차지한다.

미시간대학교가 발표하는 지수는 콘퍼런스보드의 지수와 비슷하지만 한 달에 두 번 발표된다는 점이 크게 다르다. 최초의 예비 자료는 매월 둘째 주말이 지난 금요일에, 마지막 자료는 넷째 주말이 지난 금요일에 발표된다.

소비자 신뢰도는 1990년대 연준 의장인 앨런 그린스펀이 호의적으로 언급한 뒤 주식시장에서 중요성이 높아졌다. 이런 점에서 소비 유형의 크고 갑작스러운 변화를 예측할 때에는 이 지표가 아주 유용할 수 있음에 주목하라. 그러나 대개의 경우에는 이 지수의 미미한 변화들은 무시하는 것이 좋다.

소비자 신용: 소비 업종의 동시지표

소비자 신용이 8월 들어 예상을 뒤엎고 큰 폭으로 증가했다. 월별 금액은 134억 달러였는데, 이는 예상치보다 약 30억 달러 높은 수치다. 리볼빙 revolving 이익금이 매년 두 자릿수로 증가하며 특히 강세를 보였다. 소비자 신용은 그 자금으로 행해지는 소비자 지출과 마찬가지로 아직 둔화되지 않았다. 더욱 우려되는 것은 소비자 신용의 증가가 또다시 소득 증가 수준을 능가하면서 채무 상환 부담을 증가시키고 있다는 점이다.

Dismalscience.com

연준은 매월 다섯 번째 근무일에 최근 2개월의 소비자 신용 순변화를 발표한다. 소비자 신용은 자동차, 신용카드와 리볼빙 카드, '기타' 모든 것의 세 범주로 분류된다. 이 자료는 은행과 소비자 금융회사, 신용조합, 저축대부조합에 대한 조사를 기반으로 한다.

소비자 신용 수치는 겨우 별 하나짜리다. 첫째, 변동이 매우 심하고 크고 작은 수정이 필요하다. 둘째, 자동차·트럭 판매, 소비자 신뢰도, 소매 판매, 개인 소비 같은 다른 소비자 지출 지표들 다음에 발표되니 어떤 점에서는 소비자 자료의 찌꺼기다. 셋째, 소비자 지출이 적은 시기에는 소비자 신용이 급격히 증가하고, 소비자 지출이 높은 시기에는 소비자 신용이 상대적으로 천천히 증가한다. 따라서 이 지수는 동시지표나 심지어 지행지표로 격하된다.

이것으로 소비 업종은 모두 설명했다. 그러면 GDP 공식의 두 번째 주요 부문인 투자와 생산을 살펴보자.

투자와 생산: 심한 변화가 시장에 주는 극적 효과

소비지출은 GDP의 거의 70%나 차지하지만 투자지출은 20%에도 미치지 못한다. 그러나 투자지출은 변동성이 극심하고 가끔 경기 순환에 극적인 효과를 미치기 때문에, 투자를 추적하는 일은 매크로 투자자에게 매우 중요하다. 실제로 투자는 경기 팽창기에 GDP보다 훨씬 빨리 증가하고, 경기 침체기에는 더욱 가파르게 하락한다.

투자 지표로는 기업의 재고와 판매, 내구재, 공장 수주, 전국구매관리자협회에서 발표하는 구매관리자 보고서가 있다. 그리고 이 네 가지 중에서 구매관리자 보고서가 가장 중요하다. 사실 나머지 보고서들은 주식 거래를 안내하는 것보다는 그것들이 금융시장에 미치는 매우 제한된 영향을 깨닫게 해준다는 점에서 가치가 있다.

구매관리자 보고서: 별 다섯 개짜리 자료

댈러스에 있는 오릭스 에너지의 랠프 카우프먼은 2월 들어 경기가 약간 둔화되고 있음을 알았다. 그 무렵 강철 파이프 공급업체들이 가격을 인하하고 더 친절한 서비스를 제공하기 시작했다. … 파이프라인 출하 둔화는 아이러니하게도 경기 활황의 신호다. 이는 공급업체들의 수주량이 생산량을 능가한다는 뜻이기 때문이다. 그런 이유로 전국구매관리자협회는 공급업체의 실적 지수를 산정하고 상무부는 매월 그것을 발표한다.

〈U.S 뉴스 & 월드 리포트(U.S News & World Report)〉

전국구매관리자협회는 50개 주, 20개 이상 업종을 대표하는 기업 300곳 이상의 구매관리자들을 조사해 매크로 투자자들에게 유용한, 포괄적이고 시의적절한 지수 중 하나를 산정한다. 이 지수는 완전한 별 다섯 개짜리 자료이며, 최소한 두 가지 이유에서 많은 주목을 받는다. 매월 첫째 근무일에 발표되기 때문에 그달 초에 매우 종합적인 자료를 제시한다. 또한 연준이 중요하다고 인정한 몇 안 되는 지표 중 하나다.

구매관리자지수 자체는 신규 수주, 생산, 출하 실적 둔화, 재고, 고용이라는 다섯 가지를 복합적으로 다룬다. 신규 수주는 생산 증가로 이어지므로 경제 성장의 선행지표이고, 생산과 고용은 제조 업종의 현황을 반영하는 동시지표다. 경기 팽창이 가속되면 재고가 사라지고 경기 침체가 시작된 후에는 재고가 증가하기 때문에 재고지수는 대표적인 지행지표다. 끝으로 출하 실적 둔화는 중요한 경제 선행지표다. 〈U.S. 뉴스 & 월드 리포트〉의 기사가 지적하듯 신속한 출하는 경기가 둔화되는 것을 가리키는 반면, 생산자가 주문을 빨리 처리할 수 없다는 것은 그만큼 바쁘다는 뜻이다.

구매관리자들은 앞의 다섯 가지에서 경기확산지수Diffusion index를 산출한다. 신규 수주 30%, 생산 25%, 고용 20%, 출하 15%, 재고 10%의 비율로 구성되는 이 종합 지수는 월스트리트에서 발표하는 통상적인 수치들과는 아주 다르다. 이것은 상황이 변하지 않았다는 답변 비율의 절반에다 긍정적 답변 비율을 더해 산출한다. 예를 들어 구매관리자의 60%가 상황이 변하지 않았다고 말하고 21%는 긍정적으로 반응했다면 구매관리자지수는 51이 된다. 이 수치가 50 이상이면 제조 업종이 팽창 국면에 있다고 간주되고, 수치가 높을수록 더 큰 팽창을 의미한다. 지수 44.5~50은 제조 업종의 성장이 멈췄다는 뜻이지만 경기는 계속 팽창하고 있을 수도 있다. 그러나 지수가 44.5 미만으로 떨어지는 것은 경기 침체의 강한 신호다.

똑똑한 매크로 투자자라면 종합 지수를 살펴보는 일 외에도 그것을 구성하는 요소들을 면밀히 살피고 싶을 것이다. 앞에서 설명했듯이 다섯 요소 가운데 신규 수주와 출하 실적 둔화만이 선행지표다. 경기 순환과 증시 추세의 변화를 알려면 특히 이 둘을 세밀히 관찰해야 한다.

구매관리자 보고서에 대한 설명을 마치기 전에 몇 가지 다른 요점을 살피는 것도 유용하다. 우선 이 보고서는 물가지수와 신규수출수주지수를 포함하고 있다. 물가지수는 인플레이션 초기 신호들을 점검하는 데 쓸모가 있다. 이는 인플레이션 압력이 소비자물가지수의 하락세를 보여주기 전에 제조 업종의 가격이 상승할지도 모르기 때문이다. 똑같은 이유로 수출에 크게 의존하는 기업들을 추적할 때나 광범위한 경제 동향을 예측하고자 할 때도 신규수출수주지수를 살피는 것이 유용할 수 있다. 이는 GDP 증가에 수출이 점점 중요한 부분이 되고 있기 때문이다. 둘째, 구매관리자 보고서는 내구재 수주와 산업 생산지수, 고용보고서와 아주 잘 들어맞는다. 이 보고서들이 모두 같은 방향을 가리키고 있다면 그것들이 제시하는 경향이 무엇인지 논쟁할 필요가 없다. 마지막으로 구매관리자지수를 추종할 때에는 변동 폭보다 실제 추세가 더 중요할 것이다. 그러니 그 지수가 상승 모멘텀을 보여주는지 하락 모멘텀을 보여주는지 알아내기 위해 잘 살펴보라.

내구재 수주: 불안정한 자료

> 내구재 수주는 투자지출과 산업 생산의 선행지표지만 불안정한 면이 있다. 경제학자들은 오늘 발표된 내구재 수주의 예상외 급증은 경제가 다시 성장하기 시작한 지 겨우 몇 달 만에 경기 침체로 재진입하는 위험한 상황은 약간 벗어났다는 암시로 조심스럽게 환영했다.
>
> 〈뉴욕타임스〉

상무부는 매월 셋째에서 넷째 주에 전월의 내구재 보고서를 발표한다. 여기에는 서비스 기간이 3년 이상인 제품들이 포함된다.

내구재 생산이 GDP의 약 15%를 차지하기 때문에 이 보고서는 매우 중요할 것 같다. 그러나 내구재 자료가 변동이 너무 심하고, 많은 시기에 거의 무가치할 정도로 엄청난 수정이 필요한 경향이 있다는 것이 문제다. 더 근본적인 문제는 내구재 수주의 '육중한' 특성과 관련이 있다. 주범은 민간 항공기와 군수물자 수주다. 가령 보잉사가 중국에 신형 여객기 10대를 판매하는 거래를 성사시켰다면 내구재 자료는 한 달 만에 수십억 달러로 치솟고, 그다음 달에는 추락한다.

그럼에도 매크로 투자자는 금융시장이 거의 반응하지 않는, 겨우 별 하나짜리 이 보고서를 유리하게 사용할 수 있다. 그러려면 방위산업과 수송기 부문을 제외한 내구재 수주 자료를 살펴보고 이동평균을 이용해 이 자료의 변동성을 진정시키는 것이 최선이다.

공장 수주: 재고를 주목하라

어제 다우존스지수는 네 차례에 걸쳐 세 번째로 큰 폭의 하락세를 보이면서, 올해의 수익이 견실하던 종목들 대부분을 전멸시켰다. 어제의 긍정적인 경제 뉴스는 공장 수주가 2월 들어 0.8% 증가했다는 것뿐이었다.

〈클리블랜드 플레인 딜러(The Cleveland Plain Dealer)〉

내구재 보고서를 발표하고 1주일쯤 후, 상무부는 제조업체의 선적, 재고, 수주 보고서의 일부로 일련의 공장 수주 자료를 발표한다. 많은 부분은 내구재 자료를 재탕하는 수준이지만, 제조업체 재고에 대한 다소 유용한 자료와, 비내구재 수주와 선적에 대한 최신 정보도 포함한다.

이 보고서의 비내구재 부분은 월스트리트에서도 약간 관심을 보일 것 같다. 무엇보다 식품과 담배 같은 비내구재가 공장 수주 총액의 거의 절반을 차지하기 때문이다. 그러나 문제는, 그리고 이 자료가 겨우 별 두 개짜리 대접을 받는 이유는 비내구재가 매우 꾸준한 비율로 증가하는 경향이 있다는 것이다. 이 말은 최신 자료가 없더라도 매우 쉽게 예측 가능하다는 뜻이다.

보고서의 재고 부분은 그달의 재고 현황을 가장 먼저 보여주기 때문에 조금 더 관심을 끈다. 더욱 중요한 점은 재고 자료가 경기 순환의 중요한 전환점에서 더 높은 관심을 받을 수 있다는 것이다. 그런 시기에 경제가 성장하고 수요가 증가하는데 재고가 쌓이면 더 많은 성장을 가리킨다. 그러나 경제가 위축되고 수요가 하락하는데 재고가 쌓이면 이는 아주 분명한 약세 신호다.

기업 재고와 판매 보고서: 자동차·트럭 업종에 주목하라

연방정부는 경제 성장 둔화에 대한 더 심각한 신호들을 보고했다. 11월 들어 기업 매출액이 0.2% 떨어진 7,581억 달러로 감소한 반면, 기업의 재고는 0.4% 늘어난 1조 400억 달러에 이르면서 17개월 연속 증가세를 보였다.

〈뉴욕타임스〉

상무부는 매월 15일에 제조업 및 무역 재고와 판매 보고의 일부로 기업의 재고와 판매 보고서를 발표한다. 제조업체와 도매업체, 소매업체의 거래를 조사해 산출되며, 제조 과정의 3단계인 제조, 도매, 소매의 재고와 판매 수치가 모두 포함된다.

이론적으로 보면 기업의 재고 증가나 매출 감소는 경기 순환에 대한 신호이니 월스트리트가 큰 관심을 보여야 한다. 이것은 다음과 같은 경기 침체의 연쇄 반응이기 때문이다. 1단계에서 매출이 떨어지고 재고가 쌓이기 시작하면 각 기업은 재고를 정리하기 위해 생산을 감축하고 노동자들을 해고하기 시작한다. 2단계, 해고된 노동자들은 소비를 줄여야 하고, 따라서 판매가 더욱 감소하고 재고가 조금 더 쌓인다. 이것이 3단계의 더 많은 생산 감축과 더 많은 해고로 이어지며 경기 침체가 심화된다.

그러나 기업의 재고와 판매 보고서는 내구재와 공장 수주 보고서처럼 겨우 별 한두 개짜리 대접을 받으며 월스트리트의 관심 밖으로 밀려나는 것이 현실이다. 왜 그럴까? 대답은 간단하다. 이 자료에는 소매 재고 외에는 최신 정보가 없기 때문이다. 실제로 이 자료가 월스트리트에 닿을 즈음이면 판매 구성 요소 세 가지와 기업 재고 구성 요소 두 가지 모두 내구재 및 공장 수주나 소매 보고서의 일부로 이미 보고된 후다.

이제 똑똑한 매크로 투자자를 위해 이 보고서의 마지막 팁을 알려주겠다. 이 자료의 수치 중에서 '소매 총재고'와 '소매 총재고에서 자동차·트럭 재고를 뺀 값'의 차이는 어느 정도 유용할 수 있다. 대리점 창고에 자동차·트럭 재고가 많이 쌓였다면 이들의 생산이 감소한다는 신호일 수 있고, 우리는 이것이 경기 침체의 선행지표임을 안다.

산업 생산과 가동률: 경기 순환 업종 거래에 유용하다

오늘 정부는 공장 생산이 6월 들어 1.1% 증가해 7개월 연속 상승세를 이어갔다고 발표했다. 경제학자들은 기업 활동의 광범위한 측정 기준인 공장 생산 증가는 경제가 이제 회복기 초반의 활발한 속도를 따라가고 있음을 보여주며, 대부분의 경우처럼 올해 후반기엔 둔화되기 시작할 것이라고 말했다.

연준은 매월 15일경에 산업 생산과 가동률에 대한 보고서를 동시에 발표한다. 이 지표들은 나란히 움직이지만 산업 생산은 경제 성장 신호로 간주되는 반면 가동률은 인플레이션 신호로 여겨진다. 업종 투자 전략에서 보면 경기 순환 업종의 주식은 거래할 때 이 지표들이 상당히 유용할 수 있으니 알아보자. 더욱이 이 자료들은 별 세 개짜리 지표로서 적어도 경기 순환의 주요 전환점에서는 광범위한 시장을 움직일 수도 있다.

그러면 연준의 산업생산지수부터 살펴보자. 이 지수는 경제의 세 가지 주요 범주인 제조업, 광업, 공익사업을 포함하며 물리적 산출량을 측정하도록 되어 있다. GDP의 거의 4분의 1을 차지하는 약 250개의 개별 자료로부터 산출된다. GDP의 비교적 작은 부분처럼 여겨질 수도 있지만 제지, 화학, 기계, 설비를 비롯한 경기 순환 업종을 상당수 포함한다. 따라서 이를 관찰하는 것은 매우 가치 있는 일이며, 여러 업종으로 투자금을 돌리는 데 경기 순환을 이용하는 투자자에겐 특히 중요하다.

산업생산지수는 경기 순환의 변화를 알리는 매우 우수한 동시지표다. 콘퍼런스보드가 경기 순환의 주요 전환점을 규정하는 데 도움을 얻고자 실제로 이용하는 4가지 동시지표 중 하나다. 이런 점에서 지수 하락은 경기 침체 개시를 확인해주며, 지수 상승은 경기 팽창과 그 후반기의 인플레이션 압력을 암시할 수 있다. 그래서 산업생산지수는 '선순환적'이라고 말한다.

연준의 가동률 측정은 무엇인가? 이것은 관련 생산 용량에 대한 산업생산지수의 비율로서, 제조 공장들이 제품을 생산하는 데 얼마만큼 사용되고 있는지 측정한다. 가령 모든 공장이 최대한 가동되고 있다면 가동률은 100%가 될 것이다. 그러나 경기가 가라앉고 있다면 가동률 50%로 하락할 수 있다. 따라서 가동률을 관찰하면 우리가 경기 순환의 어느 시점에 있는지 금방 알 수 있다.

하지만 경제가 경기 팽창 후반 국면으로 이동함에 따라 이 자료는 훨씬 중요한 이유에서 가치가 있다. 그것은 인플레이션에 대한 한계효과threshold effect와 관련된다. 특히 경제학자들은 가동률이 85% 이상으로 상승하면 인플레이션 압력이 빠르게 생겨나기 시작할 거라고 믿는다. 그 시점에서 수요가 더 늘어나면 생산력을 초과하기 때문이다. 가동률이 그보다 높아지면 생산 과정에서 병목현상이 나타날 수도 있고, 이것은 연준의 금리 인상 가능성을 키우기 때문에 뚜렷한 약세 신호가 될 것이다.

업종별 순환매는 가장 중요한 투자 결정이다

성공적인 투자 타이밍은 순환의 각기 다른 단계에서 경기 순환이 다른 형태의 자산에 미치는 영향을 이해하는 데 달려 있다. 업종별 순환매는 투자자가 내리는 가장 중요한 결정 중 하나다. 적시의 업종별 순환매는 주식 선별보다 훨씬 많은 수익을 안겨줄 수 있다.

존 그레고리 테일러(Jon Gregory Taylor)

이 장을 마치기 전에 2장의 주식시장 순환과 경기 순환의 관계에 대한 설명을 잠시 기억해보자. 표 14-2는 2장에서 설명한 업종별 순환매의 진행 과정을 요약한 것이다. 이것을 꼼꼼하게 검토하라. 이 표는 업종별 순환매를 진행하면서 주식 투자를 계획하는 데 아주 큰 도움이 된다.

표 14-2. 업종별 순환매와 주식시장 순환

증시 국면	교체 업종	최고 업종
초반 강세	운송	철도, 해운
초반에서 중반 강세	기술	컴퓨터, 전자, 반도체
중반에서 후반 강세	자본재	전기 설비, 중장비 트럭, 기계와 공구, 제조, 오염 관리
후반 강세	기간산업, 원자재	알루미늄, 화학, 컨테이너, 금속, 제지와 임산품, 철강
후반 강세에서 정점	에너지	석유, 천연가스, 석탄
초반 약세	필수소비재, 의료	음료수, 화장품, 식품, 의료, 제약, 담배
후반 약세에 접근	공익사업	전기, 가스, 통신
후반 약세	금융, 소비 순환재	자동차, 은행, 주택, 부동산, 소매

14장. 경기 순환에 맞게 투자하기

15장

인플레이션이 다가올 때

~~~~~~~~~~

김이 모락모락 나는 카페라테 한 잔을 손에 들고 어니스트 헌터는 TV를 CNBC 채널에 맞춘다. 오전 8시 32분, 컴퓨터를 켜고 곧장 거래 시스템으로 들어가는데 생산자물가지수가 인플레이션 속에서 급상승하고 있다는 보도가 들린다. CNBC 거시경제 자료 분석 전문가인 캐서린 헤이스는 유가 인상이 주범이라고 말한다.

어니는 '이런, 그렇다면 증시가 분명 가라앉겠군' 하고 생각하고 나스닥 종목의 주식을 1,000주 공매도한다. 몇 분 후, 그가 공매도한 주식들이 하락은커녕 큰 폭으로 상승해 어니는 거의 1만 달러를 잃는다.

이틀 후, 캐서린 헤이스는 최근 소비자물가지수를 보도한다. 생산자물가지수처럼 소비자물가지수도 매우 높다. 그러나 캐서린에 따르면 이번에는 유가 인상 때문이 아니라 소비자물가지수의 근원인플레이션율core rate 상승 때문이다.

'그래서 어쩌라고?' 하고 어니는 생각한다. 또다시 속진 않을 것이다. 그래서 1,000주를 매입한다. 그런데 이번에는 인플레이션 보도에 나스닥이 하락하는 것이 문제다. 하락을 거듭하며 폭이 점점 커진다. 이제 어니는 캐서린 헤이스가 싫어지기 시작한다.

~~~~~~~~~~~~~~~~~~

이봐, 어니! 캐서린 헤이스를 욕하지 마. 그녀의 메시지를 이해해야지. 설명하자면 이렇다. 인플레이션이라는 호랑이가 다가오면 매크로 투자자는 먼저 이 위험한 동물에는 적어도 세 종류가 있다는 사실을 알아야 한다.

첫째는 경제 호황과 더불어 돈은 넘치고 상품은 부족한 수요 견인 인플레이션이다. 어떤 인플레이션도 쉽게 다룰 수 없지만, 그래도 이 것이 가장 쉬울 것이다. 두 번째는 유가 상승이나 가뭄으로 인한 식품 가격 상승처럼 공급 충격으로 생겨나는 비용 인상 인플레이션이다. 이것은 매우 빨리 움직이며 엄청난 고통을 가하고 연준의 조처를 요구한다. 세 번째가 임금 인플레이션이다. 이것은 아주 느리긴 하지만 셋 중 가장 위험할 수 있다. 임금 인플레이션은 수요 견인이나 비용 인상 인플레이션의 압력에 의해서 생길 수 있다.

어니처럼 인플레이션의 세 종류를 빠르고 정확하게 구별하지 못한다면 당신도 소비자물가지수와 생산자물가지수 같은 인플레이션 지표들의 진짜 메시지를 오해하기 쉽다. 그 결과 이런 인플레이션 호랑이 중 한 마리가 당신의 거래 자금을 점심으로 꿀꺽 삼키고 요란하게 트림을 한 뒤 고맙다는 말도 없이 가버릴 수 있다. 인플레이션 보도에 연준과 월스트리트는 각자 어떤 종류의 인플레이션을 두려워하는가에 따라 아주 다르게 반응한다. 만약 그런 반응의 잘못된 쪽에 걸려든다면 당신의 운명은 참담해질 것이다. 그래서 우리는 이제 소매를 걷어붙이고 인플레이션 이론을 연구해야 한다.

인플레이션 관성의 법칙

거대 정부와 거대 노동조합, 거대 기업 중 누구도 인플레이션에 자리를 내주어서는 안 된다고 생각한다. 중역이 됐든 수위가 됐든 평균적인 노동자들도 그렇게 생각한다. 그 결과 기본적인 인플레이션율이 모든 임금 인상의 최저 한도로 정해지는 것이 관례가 되었다.

〈내셔널 저널(The National Journal)〉

미국과 같은 현대 산업국가의 경제학자들은 인플레이션에도 어떤 충격이 가해져서 상황을 변화시킬 때까지 같은 비율을 지속하려는 속성, 즉 관성의 비율이 있다고 믿는다. 이런 근원인플레이션core inflation의 중심에는 인플레이션 기대라는 개념이 있다. 이것이 중요한 것은 인플레이션 기대가 실제 인플레이션에 상당 부분 기여할 수 있기 때문이다. 다시 말해서 인플레이션 기대는 기업, 투자자, 노동자, 소비자의 행동에 강한 영향을 미친다.

예를 들어 1990년대에 미국 물가가 매년 3% 정도 꾸준히 상승했기 때문에 사람들 대부분이 인플레이션율을 예상하게 되었다. 이렇게 예상된 인플레이션율은 노동계약 협상과 같은 제도적 합의에 이용되는 인플레이션의 속성률로 자리 잡았다. 예를 들어 S&P 같은 경제 예측 기관이 내년도 인플레이션율을 올해와 똑같은 3%로 예상하고, 자동차 노조의 교섭자들은 노동자들의 생산성이 1% 증가할 것으로 믿는다고 가정하자. 실질임금 증가는 노동생산성과 관련되기 때문에, 이 경우 자동차 산업 노동자들은 인플레이션에 따라 조성된 임금에서 1% 인상한 실질임금을 받을 자격이 있다는 뜻이다. 그러므로 이런 상황이라면 노조 교섭자들은 생산성 증가에 바탕을 둔 1%와 예상 인플레이션율인 3%를 더해 명목임금을 최소 4% 인상하라고 요구할 것이다.

이제 포드, GM, 다임러크라이슬러 등 모두가 이 4% 임금 인상 요구에 동의할 경우, 노조의 인플레이션 기대에 기인한 임금 인상은 자동차 산업의 실질 노동비용 증가로 이어질 것이다. 그러면 이것은 자동차 가격의 인상 압력으로 작용할 것이며, 따라서 인플레이션에 대한 예상은 자기 성취적 예언이 되고 인플레이션의 속성률 혹은 관성률은 계속 유지된다.

여기서 인플레이션 기대가 일단 경제 전반에 자리 잡으면 없애기가 아주 힘들다는 것을 알 수 있다. 왜냐하면 사람들은 '적응적 기대'라고 알려진 현상에 따라 인플레이션이 지금처럼 계속되리라고 가정하는 경향이 있고, 그에 따라 행동할 것이기 때문이다. 이제는 자동차를 파는 소매 수준의 인플레이션과 자동차를 만드는 도매 수준의 인플레이션 사이의 밀접한 관계도 알 수 있을 것이다.

이 설명의 요점은 어떤 시기의 인플레이션 속성률 혹은 관성률은 어떤 충격이 가해져 그것을 상승 또는 하락시킬 때까지 지속되는 경향이 있다는 것이다. 그러면 이런 질문이 나온다. 어떤 충격들이 인플레이션의 속성률을 움직이는가? 정답은 수요 견인 인플레이션 또는 비용 인상 인플레이션이다.

잔치가 한창일 때 잔칫상을 치워라

앨런 그린스펀이 자신의 폭발적인 인기에 감사해야 할 사람이 있다면 그것은 윌리엄 맥체스니 마틴(William McChesney Martin)이 분명하다. 다섯 명의 대통령(트루먼, 아이젠하워, 케네디, 존슨, 닉슨) 밑에서 연준을 이끌었던 마틴은 대통령의 경제적 식견을 대체로 낮게 평가했을 것 같다. 1965년 베트남 전쟁으로 인한 인플레이션을 없애기 위한 노력의 일환으로 마틴이 금리 인상을 결정했을 때, 존슨 대통령은 그를 텍사스에 있는 자신의 목장으로 불러 금리 인상에 따른 정치적 여파에 대해 꾸짖었다. 그러나 마틴은 단호한 태도로 물러서지 않았다. 연준은 인플레이션의 "역풍을 견뎌야만" 했다고 그는 말했다. 그가 비아냥거렸듯이, 그의 직업은 "잔치가 한창일 때 잔칫상을 치우는" 일이었다.

〈이코노미스트〉

1960년대 베트남 전쟁 때까지 계속 상승한 인플레이션은 대부분 수요 과잉 현상으로 간주되었다. 즉, 물가가 전반적으로 상승하는 것은 호황기에 돈은 너무 많고 사려는 상품은 너무 적어서 생긴 수요 과잉 때문이라고 여겼다. 이런 점에서 수요 견인 인플레이션은 초강세 현상인데, 케인스 이론대로 모순된 재정정책이나 통화정책으로 손쉽게 고칠 수 있기 때문에 더욱 그러하다.

실제로 케인스주의의 관점에서 보면 잔치를 김빠지게 하는 연준이 수요 견인 인플레이션 압력과 싸우기 위해서는 잔칫상을 치우는 일 외에 다른 방법이 없다. 잔칫상을 어떻게 치우는가? 그저 금리만 인상하면 된다. 그리고 모든 일이 잘되면 수요 견인 인플레이션 압력이 완화되면서 경제는 아주 원만하게 연착륙할 것이다.

수요 견인 인플레이션과 싸우는 또 다른 방법은 의회와 대통령이 지출 삭감이나 세금 인상 같은 정반대의 재정정책을 시행하는 것이다. 그러나 재정정책의 효과는 오랜 시간이 걸려야 나타나며 결과도 훨씬 불확실하다. 그래서 수요 견인 인플레이션과 싸우는 일은 대개 연준의 몫으로 떨어진다.

연준을 무력하게 하는 것

연준이 금리를 여섯 번째 인상했다. 이는 거의 10년 만에 최고 수준이다. 경제가 계속해서 뛰어난 실적을 내자 정책 입안자들은 인플레이션을 우려하게 되었다. 그러나 에너지 비용 인상은 세금 증가나 이자율 상승 같은 충격을 줄 수도 있다. 이러한 점에서 연준의 추가 금리 인상은 논쟁이 될 것이다. 항공 요금과 천연가스 가격 인상은 경제의 다른 업종 몇몇에서 구매력을 제한할 뿐이다.

〈인베스터스 비즈니스 데일리〉

수요 과잉 상황을 공급 충격이나 비용 인상 인플레이션과 대조해보자. 그리고 이 개념을 설명하기 위해 1970년대 초반의 악명 높은 공급 측 충격들을 예로 들어보자. 그 시기에 경제는 아랍의 석유 금수 조치로 인한 고유가와, 엘니뇨 현상으로 인한 식료품 가격 상승에 얻어맞았다. 동시에 닉슨 행정부는 탄력적인 환율 정책을 실시했고, 달러 가치는 급락했으며, 이것은 사업비용 상승으로 이어졌다. 이 모든 공급 측 충격 또는 비용 상승 충격은 미국 경제의 생산력을 심각하게 저하시켰다.

이제 비용 인상 인플레이션이 스태그플레이션이라는 이중의 치명타로 경제를 난타하는 것을 그래프로 설명하겠다. 그림 15-1은 공급 측 충격 전후의 경제를 보여준다. 위쪽 그래프에서 가로축은 경제의 생산량 또는 GDP를, 세로축은 가격 수준 또는 인플레이션을 나타낸다. 그리고 수요는 위에서 아래로 향하는 AD 곡선이, 공급은 아래에서 위로 향하는 AS 곡선이 나타낸다. 이 수요·공급 곡선 뒤에 감추어진 의미에 주목하라. 생산에 비해 가격이 높으면 기업이 더 많이 생산할 것임을 의미하므로 공급 곡선은 위로 향한다. 그러나 가격이 더 높으면 소비자들의 수요가 더 적어질 것이라는 뜻이므로 수요 곡선은 아래로 향한다.

위쪽 그래프는 공급 측 충격이 있기 전의 경제를 보여준다. 수요와 공급이 교차하는 지점인 Q1에서 균형을 이룬다. 이 지점에서 가격은 적정 수준인 P1에 있고 모든 사람이 완전고용되어 있다. 이제 아래쪽 그래프를 살펴보자. 이것은 유가 인상과 같은 공급 측 충격이 있은 뒤의 경제 상황을 보여준다. 이 충격은 공급 곡선 AS1을 위쪽 AS2로 이동시킨다. 이제 사업비용이 더 올랐기 때문이다. 그리고 이 변화로 인해 두 가지 일이 일어난다는 것에 주목하라. 두 가지 모두 끔찍하다.

첫째, 경제가 침체하기 시작하면서 생산량이 Q2로 떨어진다. 둘째, 그와 동시에 가격이 P2로 상승한다. 달리 말하면 경기 침체와 인플레

그림 15-1. 비용 상승 인플레이션

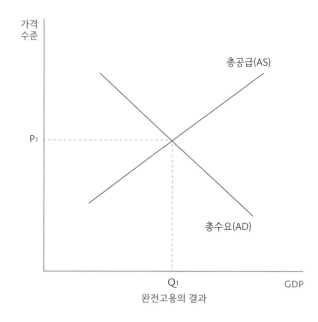

완전고용의 결과

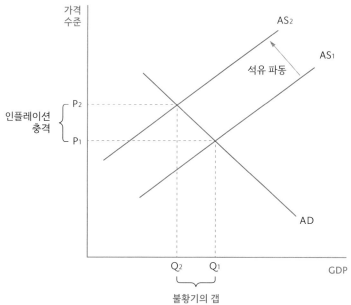

불황기의 갭

이션을 동시에 맞게 된 것이다. 이것이 비용 인상 인플레이션의 전형적인 경우이며, 이런 상황이 지속될 경우 스태그플레이션이라는 경제 불치병으로 이어질 수 있다.

이 점에서 보면 비용 인상 인플레이션은 수요 견인 인플레이션보다 훨씬 더 약세적인 유형의 인플레이션이다. 문제는 비용 인상 인플레이션에 대해서는 간단한 케인스식 정책이 없다는 것이다. 실업을 줄이고 경기 침체를 끝내기 위해 팽창식 재정정책이나 통화정책을 쓰면 인플레이션을 악화시킬 뿐이며, 반면 인플레이션을 억제하기 위해 정반대의 정책을 시행하면 경제는 더욱 극심한 침체에 빠질 것이다. 그래서 비용 인상 인플레이션이 연준에는 정말 골치 아픈 존재다. 실제로 비용 인상 인플레이션 앞에서 연준은 파도에 휩쓸린 아기만큼이나 무력하다. 더욱 중요하게는 연준도 이것이 경제에 가하는 충격이 수요 견인 인플레이션과는 비교할 수도 없다는 사실을 안다.

2000년에 있었던 사건들이 적절한 사례를 제공한다. 그해 어느 날 연준은 갑자기 스스로 비용 인상 인플레이션과 수요 견인 인플레이션의 두 가지와 싸우고 있음을 깨달았다. 수요 견인 인플레이션은 당연히 몇 년간의 경제 호황 결과였다. 그러나 비용 인상 인플레이션은 처음에는 에너지 가격이 상승하는 식으로 표면화되었다. 이 문제의 뿌리에는 OPEC 카르텔이 있었다. 그들은 유가를 단계적으로 인상하기 시작했고, 배럴당 유가가 40달러로 급등하자 휘발유 가격이 갤런당 2달러 수준으로 치솟았다.

그러나 연준 의장이던 앨런 그린스펀은 경제를 주무르는 자신들의 일을 OPEC이 약간 빗나간 방법이긴 하지만 사실상 도와주고 있다는 것을 알 만큼 영리했다. OPEC의 석유 파동은 세금 인상이라는 정반대의 재정정책이 경제에 작용하는 것과 상당히 같은 방식으로 작용했기 때문이다. 이 경우 유가가 상승함에 따라 소비자들은 에너지에 더 많은 돈을 써야 한다. 그 말은 경제의 다른 업종에서 생산된 제품을 사는 데는 돈을 더 적게 쓴다는 뜻이다. 그러면 이것은 소비 부진과 호황에 대한 자극 감소로 이어진다. 따라서 연준은 수요 견인 인플레이션과 싸우기 위한 금리 인상에 다소 소극적일 수 있었다.

여기서 더 포괄적으로 살펴봐야 할 점은 이것이다. 수요 견인 인플레이션이 인플레이션 속성률을 끌어올리고 있다면 연준은 매우 신속하게 금리 인상에 나설 가능성이 있지만, 에너지 가격 인상과 같은 공급 측 충격들이 비용 인상 인플레이션 압력을 생성하고 있다면 연준의 금리 인상 가능성은 훨씬 적어진다. 바로 이 때문에 연준은 행동 방침을 정하기 전에 항상 경제 지표들을 상승시키는 인플레이션이 어떤 종류인지 판단하려고 애쓴다. 그리고 바로 이 때문에 똑똑한 매크로 투자자는 그와 똑같은 사고 과정을 거쳐 연준의 결정을 예상한다.

임금 인상이 불러오는 무서운 인플레이션

이젠 세 번째 종류의 인플레이션을 알아보자. 임금 인플레이션은 경기 회복 후반 국면에 주로 수요 과잉 압력의 결과로 나타나는 경향이 있다. 이런 회복 단계에서 특히 노동조합의 교섭력이 최고로 높아진다. 그 결과 노동협상은 큰 폭의 임금 인상을 낳고, 이 여파는 다른 산업들로 퍼져나간다. 더욱이 비노조 업종의 노동시장에서 인력을 구하기가 점점 어려워짐에 따라 기업들은 노동자를 구하기 위해 경쟁적으로 임금을 올리기 시작한다.

그러나 임금 인플레이션은 비용 인상 압력에 의해서도 생겨날 수 있다. 실제로 스태그플레이션이 극도로 심하고 인플레이션이 두 자릿수로 치솟았던 1970년대에 많은 노동조합은 생계비 조정 항목을 계약서에 포함시킬 수 있었다. 이렇게 해서 비용 인상 인플레이션에 따라 임금이 자동 조정되는 생계비 연동 조항(Cost of Living Allowances, COLAs)이 생기게 되었다. 그러나 아이러니하게도 임금 인상은 소비자물가 상승, 판매 감소, 해고 촉진, 경기 침체 심화, 실업 증가로 이어진다.

요점은 간단하다. 수요 과잉에서 생겼든 비용 상승에서 생겼든, 임금 인플레이션 신호는 연준의 가장 강력한 대응과 주식시장의 극심한 반응에 부딪힐 수 있다. 왜냐하면 연준과 월스트리트 모두 인플레이션 순환이 많이 경과된 단계에서 임금 인플레이션이 나타난다는 것을 알기 때문이다. 또 연준과 월스트리트는 임금 인플레이션을 치유하려면 초강력 처방이 필요하고, 치료 기간도 수요 견인 인플레이션보다 더 오래 걸린다는 점도 알고 있다.

따라서 인플레이션이 머리를 쳐들기 시작하면 임의의 재정정책과 통화정책이 곧 뒤따르게 된다. 그것은 증시에 항상 문제를 안기며, 그 문제의 종류는 연준과 의회와 백악관이 싸워야 하는 특별한 인플레이션의 기능에 따라 달라진다. 그러므로 표 15-1에 정리한 주요 인플레이션 지표들을 살피는 일이 매우 중요하다. 이 지표들에는 소비자물가지수, 생산자물가지수, GDP 디플레이터(GDP deflator, 명목 GDP를 실질 GDP로 나눈 것으로 국가의 총체적인 물가 변동 측정에 사용), 시간당 평균 임금, 고용비용지수가 포함된다. 각 지표에 별 한 개에서 다섯 개까지

표 15-1. 주요 인플레이션 지표들

인플레이션	시장 반응	발행처	발행일
소비자물가지수	*****	노동부	월별, 매월 15~21일
생산자물가지수	****	노동부	월별, 전월에 대해 매월 11일경
GDP 디플레이터	***	상무부	분기별, 분기 다음 달의 셋째나 넷째 주
시간당 평균 임금	***	노동부	월별, 매월 첫째 금요일
고용비용지수	****	노동부	분기별, 전 분기에 대해 그 분기가 끝날 무렵

등급이 매겨진 것을 주목하라. 별 다섯 개는 주식시장과 채권시장이 가장 강하게 반응한다는 뜻인 반면, 별 하나는 최소한으로 반응한다는 뜻이다.

소비자물가지수: 가장 중요한 인플레이션 지표

소비자물가는 휘발유에서 주택에 이르기까지 모든 가격의 상승을 반영하면서 3월 들어 큰 폭으로 올랐다. 예상치 못한 인플레이션 보도가 나오자 월스트리트의 하루 급락 포인트가 역사상 최고치에 이르렀다. 투자자와 경제학자들이 가장 우려하는 것은 변화가 심한 식료품과 에너지 가격을 무시한 근원인플레이션율이 5년 만에 가장 큰 폭으로 뛰었다는 점이다.

〈사우스 벤드 트리뷴(South Bend Tribune)〉

소비자물가지수는 궁극적인 인플레이션의 점괘다. 인플레이션 지표들 가운데 가장 면밀하게 나오고 가장 중요해서 별 다섯 개짜리 대접을 받는다. 소비자물가지수가 예상치 못하게 변화하면 주식시장과 채권시장에 큰 충격을 미칠 수 있다.

노동부는 최신 소비자물가지수를 매월 15~21일에 발표한다. 많은 경제 지표처럼 주식시장이 열리기 전, 동부 표준시로 오전 8시 30분에 발표된다. 소비자물가지수는 소매 수준의 인플레이션을 측정한다. 고정비중지수fixed-weight index로서, 고정된 제품과 서비스의 시간에 따른 평균 가격 변화를 추적한다. 그림 15-2의 파이 차트는 제품과 서비스

그림 15-2. 소비자물가지수 파이 차트

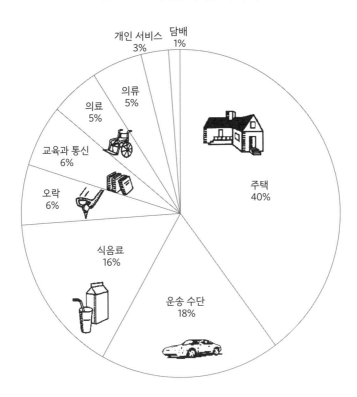

의 주요 범주들을 설명하고, 각 범주의 상대적 중요도를 보여준다. 소비자물가지수 중 가장 큰 조각을 차지하는 범주는 주택으로, 전체의 40%를 차지한다는 점에 주목하라. 이어서 운송, 식음료, 오락, 교육, 의료가 뒤따른다.

소비자물가지수 자료를 분석할 때 월스트리트 애널리스트들은 식품과 에너지를 제외한 소비자물가지수를 아주 주의 깊게 살핀다. 연준의 금리 인상 가능성을 자극하는 수요 견인 인플레이션과, 그 가능성을 감소시키는 비용 인상 인플레이션을 구별하는 것이 중요하기 때문이다. 그래서 월스트리트는 식품과 에너지를 제외한 소비자물가지수가 경제의 인플레이션 속성률을 측정하는 최선의 기준이라고 여긴다. 이 수치가 상승하면 대개 수요 견인 인플레이션 압력이 생겨나고 있다는 뜻이고, 연준이 잔칫상을 치워버릴 가능성이 높아진다. 이 때문에 앞의 사례에서 어니 헌터는 심각한 실수를 저질렀다. 인플레이션 속성률 상승은 증시를 하락시킬 수 있는 악재, 즉 분명한 매도 신호로 해석해야만 했다. 그러나 그는 오히려 주식을 매수했고, 그 결과 거래 자금을 상당 부분 날려버렸다.

식품과 에너지 가격 상승이 소비자물가지수에 가하는 충격을 살펴보자. 이 품목들은 가격 변동이 매우 심할 뿐 아니라 종종 비용 인상 인플레이션의 전조가 된다는 점을 알 필요가 있다. 이미 설명했듯이 비용 인상 인플레이션은 경제를 진정시키기 위해 금리를 올린다고 해서 치유되는 것이 아니다. 사실 비용 인상 인플레이션 자체가 경기 침체다. 연준이 금리 인상으로 치료하고자 한다면 더 극심한 경기 침체가 올 뿐이다.

소비자물가지수는 생산자물가지수와는 달리 수입품까지 포함해 산출된다. 이 점을 알면 달러 가치가 빠르게 변동하는 시기에 특히 유리하다. 왜냐하면 그런 시기에 소비자물가지수가 오해하기 좋은 인플레이션 신호들을 보낼 수 있기 때문이다. 문제는 간단하다. 달러 가치 급락은 수입 가격을 상승시키고 소비자물가지수를 끌어올릴 것이다. 그러나 연준은 이런 종류의 인플레이션이 국산품 가격의 비슷한 상승보다는 훨씬 무난하다고 간주할 것이다.

생산자물가지수: 장기적으로 보라

도매 수준의 인플레이션을 측정하는 생산자물가지수가 6월 들어 0.6% 상승했다. 이는 예상치보다 약간 높으며 전년 대비 4.3% 증가한 수치다. 주범은 6월 한 달 동안 5.1%나 상승한 에너지 가격이다. 그러나 가격 변동이 심한 식품과 에너지 업종을 제외한 순수한 생산자물가지수는 6월 한 달 동안 0.1% 하락해 예상치보다 낮은 수치를 보였다. 이 하락은 인플레이션을 걱정하는 연준을 진정시킬 것 같다.

〈인베스터스 비즈니스 데일리〉

소비자물가지수가 소매 수준의 인플레이션을 측정한다면, 생산자물가지수는 도매 수준의 인플레이션을 측정한다. 이것은 3만 개 이상의 상품과 1만 개 이상의 시가 조사를 기반으로 한다. 노동부는 매월 11일경에 최근 1개월의 생산자물가지수 자료를 발표한다.

월스트리트는 생산자물가지수를 소비자물가지수보다 최소한 별하나는 낮게 평가한다. 그러나 매크로 투자자에게는 생산자물가지수가 여러 면에서 훨씬 흥미로운 지표다. 생산자물가지수 변화가 장기적으로 소비자물가지수 변화를 예시하는 경우가 많기 때문이다.

이것을 이해하려면 생산자물가지수가 하나가 아니라 사실상 세 가지 지수라는 것을 알 필요가 있다. 첫째, 곡물, 가축, 석유, 생면화 같은 원자재 가격을 반영한다. 둘째, 밀가루, 가죽, 자동차 부품, 면실 같은 중간재 가격을 반영한다. 셋째, 도매 수준에서 판매할 수 있는 빵, 신발, 자동차, 의류 같은 완제품을 조사한다.

기술적인 면에서 원자재로 시작되는 각 생산자물가지수는 다음 생산자물가지수의 변화에 대한 선행지표로 볼 수 있다. 가령 곡물과 같은 원자재 가격의 상승은 곧바로 밀가루와 같은 중간재 가격의 상승으로 나타날 것이고, 비싸진 중간재는 즉시 빵과 같은 완제품 가격에 반영될 것이다. 생산자물가지수에 관해 뉴스로 듣거나 CNBC에서 토론하는 것을 볼 때, 기자와 애널리스트들이 주로 완제품 생산자물가지수를 언급하는 것은 바로 이런 이유일 것이다. 월스트리트가 가장 큰 관심과 반응을 보이는 것도 이 완제품 생산자물가지수다.

그림 15-3(284쪽)의 파이 차트는 생산자물가지수 고정비중지수에서 주요 완제품 범주들의 상대적 중요성을 보여준다. 25%를 차지하는 자본 설비에는 기계 설비뿐만 아니라 민간 항공기까지 포함된다. 비내구 소비재 범주에는 의류, 전기, 휘발유 같은 필수품이, 내구 소비재 범주에는 자동차와 트럭 같은 고가 품목이 들어 있다.

이 파이 차트에서 가장 흥미로운 것은 완제품 생산자물가지수가 소비재 쪽으로 상당히 기울어 있다는 사실이다. 이 때문에 월스트리트의 덜 영리한 사람들은 생산자물가지수의 변화에서 소비자물가지수의 변화를 추정하려는 경향을 보인다. 그러나 이것은 적어도 매월 하

그림 15-3. 생산자물가지수 파이 차트

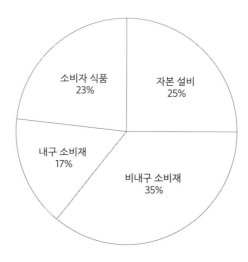

기에는 너무 위험한 일이 될 수 있으니 유의하라. 특히 이달의 생산자물가지수 수치를 이용해 이달의 소비자물가지수 변화를 추정하고 그 예상치를 이용해 주식 거래에 나선다면 당신은 놀라 까무러칠 수도 있다.

왜냐하면 생산자물가지수와 소비자물가지수가 기껏해야 1개월 단위로 산출되므로 서로 특별한 관계가 없기 때문이다. 생산자물가지수가 소비자물가지수보다 심하게 변하는 탓도 있지만, 주된 이유는 소비자물가지수와 생산자물가지수의 비중 구성에 중요한 차이가 두 가지 있다는 점이다. 특히 서비스 비용은 생산자물가지수에는 거의 반영되지 않지만 소비자물가지수에서는 절반 이상의 비중을 차지한다. 게다가 생산자물가지수 산출에 사용되는 여러 제품의 실제 비중이 소비자물가지수 산출에 사용되는 비중과 매우 다르다. 그래서 적어도 단기간에는 생산자물가지수와 소비자물가지수 사이에 상당한 차이가 있을 수 있다.

그래도 몇 달이나 1년 정도로 보다 긴 시간에서는 이 두 가지 지수가 상당히 관련되어 있다. 진정한 의미에서 인플레이션 조짐을 더 일찍 보여주는 것은 생산자물가지수다. 따라서 생산자물가지수는 많은 면에서 소비자물가지수보다 더 우수한 인플레이션 지표이며, 장기적 안목을 가진 매크로 투자자는 이 지표를 주시하는 것이 무척 중요함을 깨달을 것이다.

다음 인플레이션 지표로 넘어가기 전에 생산자물가지수에 관한 몇 가지 매크로 투자 요점을 살펴보자. 첫째, 월스트리트는 식품과 에너지를 제외한 생산자물가지수에 주목하는 경향이 있는데, 이는 소비자물가지수에서와 똑같은 이유다. 생산자물가지수의 식품과 에너지 범주는 변화가 극심해 몇 달 동안 상승할 수도 있고 그런 다음 곧바로 하락할 수도 있다. 따라서 식품과 에너지를 제외한 생산자물가지수는 인플레이션 속성률과 수요 견인 인플레이션에 대한 아주 우수한 측정 기준이며, 월스트리트는 연준이 에너지나 식품 가격의 상승으로 인한 비용 인상 인플레이션보다 수요 견인 인플레이션의 압력에 훨씬 강하게 반응하는 경향이 있음을 안다.

이 요점을 어니 헌터의 사례와 연결해보자. 생산자물가지수 수치가 치솟았다고 보도되자 어니는 공매도에 나섰다. 그러나 그의 판단은 치명적인 실수로 판명되었다. 왜냐하면 그때의 인플레이션은 그저 식품과 에너지 가격의 상승으로 인한 것이었고, 생산자물가지수의 속성률은 비교적 안정적이었기 때문이다. 증시는 연준이 금리를 추가 인상하지 않을 것이고 따라서 주가가 반등할 매우 긍정적인 신호로 받아들였다. 물론 어니는 이 점을 이해하지 못해서 거금을 잃었다.

두 번째 매크로 투자 요점으로, 식품과 에너지를 제외한 뒤에도 생산자물가지수가 가끔 큰 폭으로 상승하는 경향이 있음을 알아야 한다. 가령 자동차 가격은 신차가 소개되는 가을에 치솟는 경향이 있는 반면, 담배 가격은 1년에 몇 번 오를 수 있다. 이런 종류의 가격 상승이 잘못된 인플레이션 신호를 발산해 생산자물가지수를 흔들어놓을 수 있다. 그러니 생산자물가지수를 검토할 때 전체 완제품 숫자를 곧이곧대로 받아들이지 말고, 각 범주들을 살피면서 어디에서 변화가 일어나는지 판단하라. 앨런 그린스펀과 연준은 담배 가격의 일시적 변동으로 인한 생산자물가지수 상승에는 긴장하지 않을 것이 확실하다.

GDP 디플레이터: 가장 광범위한 인플레이션 지표

채권과 달러가 급락하자 어제 주식시장은 거래량이 증가하면서 더욱 하락했고, 이것은 프로그램 매도를 부추겼다. 세인트루이스 소재 A.G. 에드워즈의 증시 애널리스트인 앨프리드 골드먼은 "GDP 디플레이터 증가가 예상치를 능가하며 채권과 주식을 차례로 전멸시켰다"라고 말했다.

〈인베스터스 비즈니스 데일리〉

GDP 디플레이터는 인플레이션을 가장 광범위하게 측정한다. 이것은 소비재와 자본재부터 수입품과 정부 부문까지 모든 경제 부문 5,000개 항목 이상의 가격 변화를 다룬다.

GDP 디플레이터에는 연쇄물가지수chain-price index, 고정비중 디플레이터fixed-weight deflator, 함축적 디플레이터implicit deflator의 세 가지가 있다.

이것들은 GDP에 대한 더 광범위한 보고서의 일부로서, 각 분기가 끝난 다음 달의 셋째나 넷째 주에 상무부가 발표한다.

월스트리트에서는 GDP 디플레이터에 약간의 관심을 주며 겨우 별 두 개나 잘해야 세 개로 대접하는데, 월별이 아니라 분기별로 발표되는 것이 한 가지 이유다. 이는 선행지표가 아니라 지행지표로 간주된다. GDP 디플레이터가 통화시장에 미치는 영향을 평가할 때에는 GDP 디플레이터가 대체로 소비자물가지수보다 대체로 낮은 인플레이션율을 반영한다는 것을 알아두어야 한다. 소비자물가지수에는 제외되고 GDP 디플레이터에는 포함되는 자본재 가격이 소비재보다 다소 낮은 경향이 있기 때문이다. 이런 점에서 주요 인플레이션 지표 세 가지(소비자물가지수, 생산자물가지수, GDP 디플레이터) 모두가 점차 같은 방향으로 움직이는 경향이 있다.

이제 매크로 투자의 두 번째 요점으로 넘어가 보자. GDP 디플레이터는 수입 석유 같은 수입품들의 가격 상승에 너무 엉뚱하고 반직관적으로 반응할 수 있다. 수입 석유처럼 미국에서 생산하지 않은 모든 제품과 서비스가 GDP에서 제외되기 때문이다. GDP의 'D'는 '국내Domestic'를 의미한다는 것을 기억하라. 여기에 문제가 있다. 수입 가격이 상승하면 GDP에서 제외되는 수입품의 달러 액수가 더 커지고 디플레이터가 감소한다. 그러나 소비자와 기업 모두 수입품에 더 많은 돈을 치르기 때문에 그것은 정말 당치도 않은 소리다. 인플레이션 지표가 제값을 하려면 어떤 것이든 수입품을 반영해야 한다고 생각한다. 그러나 GDP 디플레이터는 반영하지 않으니 이 지표를 평가할 때 이 문제를 조심하라.

임금 인플레이션의 함정

> 중요한 인플레이션 경고 신호인 노동비용이 예기치 않게 상승하자 어제 통화시장에 두려움이 감돌았다. … 1분기에서 2분기까지, 8년 만에 가장 큰 폭인 1.1% 상승했다고 노동부가 발표한 후 주식시장과 채권시장이 모두 하락했다.
>
> 〈뉴욕타임스〉

인플레이션의 종류가 수요 견인인가 비용 인상인가를 포착하는 지표로는 소비자물가지수와 생산자물가지수가 적절하겠지만, 임금 인플레이션의 존재를 밝히는 결정적인 경제 지표는 고용비용지수와 시간당 평균 임금이다. 매크로 투자자는 이 두 가지 지표를 면밀히 살피면서 미리 조심해야 한다. 이 지표들에는 경솔한 판단과 부적절한 거래 시점이라는 함정이 있기 때문이다.

노동부는 한 달이 끝나고 1주일 후에 더 광범위한 고용보고서의 일부로 시간당 평균 임금을 발표한다. 대체로 그달 최초의 인플레이션 자료이기 때문에 월스트리트는 그 소식을 간절히 기다린다. 그러나 이 자료에는 최소한 세 가지 문제가 있으며, 그것을 알아채지 못하면 매크로 투자자의 거래 자금은 깊은 수렁에 빠질 수 있다.

첫 번째 문제, 초과 노동시간 급증은 언제나 임금이 오르고 있다는 잘못된 신호를 보낼 수 있다. 이것은 시간당 평균 임금을 계산하는 방법 때문이다. 시간당 평균 임금은 단지 총급여를 총노동시간으로 나눈 것이다. 만약 어떤 노동자가 평균 40시간 일하고 5시간 초과근무에 평균 임금의 1.5배를 받았다면, 기본 급여는 오르지 않았지만 시간당 평균 임금은 증가할 것이다.

잘못된 인플레이션 신호를 발산할 수 있는 두 번째 문제는 시간당 평균 임금이 노동자 구성 변화를 반영하지 못하다는 것이다. 따라서 제조업체가 급여가 낮은 자리에 급여가 높은 숙련공을 대신 배치한다면, 실제 달라진 것은 노동력 배치일 뿐인데도 임금은 오르고 있는 것으로 나타날 것이다.

초과 노동과 노동력 배치로 설명되는 이 두 가지 문제 때문에 시간당 평균 임금 수치가 매우 큰 폭으로 변할 수 있으므로, 똑똑한 매크로 투자자는 결코 액면 그대로 받아들이지 않고 중요한 거래를 할 때에는 비중을 차감할 것이다. 그러나 시간당 평균 임금과 관련해서 가장 심각한 문제는 바로 세 번째다.

시간당 평균 임금은 급여의 변화만 측정하고 복지 후생의 변화는 무시한다. 그러나 현대 노동시장에서는 휴가비와 질병수당에서 보험과 퇴직금에 이르는 수입들이 총소득액에서 점점 큰 비중을 차지한다. 이것은 실질적인 문제로, 임금이 아주 천천히 오르더라도 각종 수입의 급증이 상당한 임금 인플레이션을 신호할 수 있다는 뜻이다.

그렇기 때문에 월스트리트와 연준은 고용비용지수를 임금 인플레이션의 두 번째 중요한 지표로 평가한다. 고용비용지수는 임금과 수입을 모두 계산에 넣는다. 고용비용지수는 분기별로 발표되지만, 1995년 연준 의장이 처음으로 그 장점을 격찬한 이래 각종 경제 지표들의 맨 앞자리에 놓이게 되었다.

마지막으로 고용비용지수는 시간당 평균 임금보다 변동 폭이 적지만, 그럼에도 이따금 엉뚱하게 상승하는 수가 있다. 그러므로 항상 광범위한 경제와 그 동향에 따라 이 수치들을 검토하는 것이 중요하다. 이런 점에서 경기 과열 시기의 임금 상승은 냉각기의 비슷한 상승보다 진정한 임금 인플레이션 신호가 될 가능성이 많다는 점에 유의하라.

그 밖의 인플레이션 지표들

지난주 주식시장에 던져진 경제 뉴스의 최종 스코어는 강세 대 약세가 9 대 4인 것 같았다. 뉴스 9건은 경제가 둔화되고 있고 인플레이션은 문제가 아니라고 주장했다. 그러나 뉴스 4건은 경제 둔화와 인플레이션 가능성에 대해 약간의 의심을 남겼다. 그 보도들과 앞으로 발표될 뉴스들은 5월 20일과 21일에 있을 연준의 모임에서 결정할 추가 금리 인상 여부에 큰 영향을 줄 것이다.

〈애틀랜타 저널 앤드 컨스티튜션〉

앞에서 살펴본 지표들은 인플레이션율을 직접 측정하지만, 그 외에도 인플레이션 조짐을 읽는 데 유용한 간접적 경제 지표가 많다. 실제로 인플레이션 압력이 서서히 커지는 경기 과열 국면에서 월스트리트는 소매와 산업 생산에서 주택 건설과 내구재 수주, 가동률에 이르는 그 밖의 경제 지표들을 주의 깊게 관찰할 것이다. 전면적인 경기 침체 신호가 없는 상황에 이런 지표들에서 둔화의 조짐이 나오면, 재계는 당황하겠지만 월스트리트는 좋은 안티인플레이션 뉴스로 간주할 것이다. 그래서 신중한 매크로 투자자는 서로 다른 경제 지표들을 빼놓지 않고 추적한다.

인플레이션 뉴스에 대한 시장의 반응

이제 인플레이션 뉴스에 대해 주식, 채권, 통화 시장이 어떻게 반응하는지 살펴보자.

먼저 주식시장은 간단하다. 연준의 금리 인상이나 현금 공급 축소 가능성을 증가시키는 인플레이션 뉴스는 무엇이든 주가와 다우존스지수, 나스닥지수를 하락시킬 것이다. 더 높은 금리는 더 낮은 수익을 암시하기 때문이다.

채권시장은 조금 더 복잡하다. 연준의 금리 인상이라는 망령이 채권 가격에 금리 효과와 지분 효과equity effect를 미칠 수 있기 때문이다. 게다가 이 효과들은 각각 채권 가격을 상반된 방향으로 밀어붙이기 때문에 인플레이션이 채권시장에 미치는 영향을 항상 예측할 수는 없다. 이런 점에서 금리 효과는 대부분 직접적이다. 인상된 금리에 맞추려면 기존 채권 수익률이 올라야 하므로, 연준의 금리 인상 전망은 채권 가격을 하락시킬 것이기 때문이다. 한편 연준의 금리 인상을 예상한 투자자들이 당황해서 주식시장에서 비교적 안전한 채권시장으로 몰려갈 수도 있다. 그러면 채권 수요 증가로 인한 지분 효과가 채권 가격을 상승시킬 것이다.

실제로 2000년 4월 14일의 나스닥 주가 폭락이 이 현상의 대표적 사례다. 오전에 소비자물가지수가 매우 높게 나타나자 연준이 금리를 인상할지도 모른다는 두려움에 채권 가격이 즉시 폭락했다. 금리 효과가 작용한 것이다. 그러나 당황한 투자자들이 주식에서 빠져나와 채권으로 몰려가면서 채권 가격은 기분 좋게 회복하고 마감했다. 이것은 지분 효과다. 매크로 투자자라면 상충하는 이 두 가지 힘을 아주 잘 이해할 것이다.

이제 통화시장을 살펴보자. 연준이 금리를 인상하리라는 기대는 달러 가치를 단기적으로나마 상승시키는 경향이 있을 것이다. 미국의 더 높은 금리가 외국 투자자들을 미국 채권시장으로 조금 더 유인할 것이기 때문이다. 그러나 외국 투자자는 먼저 자신의 엔화나 유로화 또는 페소화를 달러로 환전한 뒤에야 미국 채권을 살 수 있다. 이것은 달러에 대한 수요를 증가시키고 따라서 달러에 대한 압력이 상승한다.

우리는 앞의 설명으로 주식, 채권, 통화 시장에 대한 모든 사실을 잘 안다. 그러나 다음과 같은 질문에 대한 중요한 대답은 아직 알지 못한다. 주식시장에서 인플레이션 뉴스에 가장 민감하게 반응할 것 같은 업종과 가장 적게 반응할 것 같은 업종은 무엇인가? 이 질문에 대한 적어도 한 가지 대답은 표 15-2에 있을 수 있다. 이 표는 나와 캘리포니아대학교의 동료가 공동 수행한 연구 결과를 바탕으로 만든 것이다. 이 연구에서 우리는 과거에 인플레이션 속성률의 예기치 않은 변화가 보도되었을 때 주식시장이 어떻게 반응했는지 조사했다. 표본에는 인플레이션 관련 뉴스가 뜻밖에 좋았던 경우와 나빴던 경우가 모두 포함되었다. 연구 결과 다양한 업종들이 그런 뉴스에 매우 체계적이고 예측할 수 있게 반응한다는 것을 발견했다.

내 말을 이해하려면 표 15-2를 살펴보라. 그러면 그 표에 정리된 결과들이 상당히 직관적이라는 것을 알게 될 것이다. 한 예로 가장 민감한 업종인 은행, 증권·투자 회사, 금융 서비스, 신용조합들은 한결같이 가격이 본래의 금리 수준으로 정해지는 상품들을 판다. 금리가 더 높아질 것 같으면 그 업종의 상품, 즉 은행의 대출 상품, 증권사의 주식 신용 거래, 금융 서비스 업종의 신용카드 할부 수수료 등의 예상

표 15-2. 인플레이션에 대한 업종들의 반응

가장 민감한 업종	가장 방어적인 업종
은행	에너지
증권·투자 회사	금
금융 서비스	산업 자재
신용조합	제지와 임산물

가격도 올라간다. 이 상품들의 가격이 상승하면 대출 건수와 주식 거래와 신용카드 구매가 감소하고 이런 업종들의 수익이 하락한다. 예상 수익이 감소함에 따라 당연히 주가도 하락한다.

가장 방어적인 업종은 무엇인가? 이 업종들을 일일이 조사해보면 역시 직관적으로 파악할 수 있다. 가령 금과 석유는 대개 우수한 인플레이션 장벽으로 간주된다. 그 말은 인플레이션이 급증하는 시기에, 가치가 떨어지는 현금보다 가치를 더 잘 유지할 수 있다는 뜻이다. 산업 자재와 같은 상품들도 정도는 덜하지만 똑같다.

자, 표 15-2를 살펴봤으면 이런 정보를 매크로 투자 전략에 이용할 방법을 알아야 한다. 이런 정보로 무장하면 실제로 인플레이션 뉴스를 이용해 더 성공적으로 거래하게 될 것이다. 가령 곧 소비자물가지수가 곧 발표될 예정이라고 하자. 당신은 소비자물가지수가 예상 밖으로 높게 나올까 봐 걱정스럽다. 높게 나올 경우 은행이나 증권 업종의 부진한 주식들을 매도하고자 할지도 모른다. 또는 가장 민감한 업종들의 주식을 보유하고 있다면 그저 자중하거나 가장 방어적인 업종으로 옮겨 가고 싶을 수도 있다. 중요한 것은 그런 정보 덕분에 꾀돌이처럼 민첩하고 영리하게 행동할 수 있다는 사실이다.

16장

생산성 증대가
중요한 이유

~~~~~~~~~~

가브리엘라 미카엘은 CNBC에서 노동부가 생산성 대폭 하락과 급격한 인건비 상승을 발표하는 것을 듣자마자 즉시 은행과 증권 업종의 주식 수천 주를 공매도했다. 왜 그랬을까? 생산성이 떨어지고 인건비가 상승하고 있다면 분명 임금 인플레이션의 증거다. 그리고 연준은 임금 인플레이션의 조짐이 나타날 때마다 금리를 올리는 경향이 강하다. 은행과 증권업 모두 금리에 아주 민감하기 때문에 이 업종의 주식들이 나쁜 생산성 뉴스에 하락할 것이 분명하다. 따라서 그런 주식들을 공매도한 가브리엘라는 큰돈을 벌어야 마땅했다.

사실 가브리엘라는 1년 전 이와 비슷한 발표에 정확히 이런 식의 논리를 적용해 떼돈을 벌었다. 하지만 그때는 경제가 호황을 누리고 있었지만, 지금은 그때와 아주 다르게 경기 침체로 접어들고 있었다. 상황이 달랐기 때문에, 가브리엘라가 공매도한 주식은 그 뉴스에 떨어지기는커녕 오히려 치솟았다. 뭐가 잘못된 것일까?

~~~~~~~~~~~~~~~

15장이 이 책에서 가장 길었다면, 16장은 가장 짧은 장이 될 것이다. 사실 생산성에 관한 이 짧은 토론은 인플레이션에 대한 마지막 장에 간단히 끼워 넣을 수도 있었다. 생산성을 올리는 것이 인플레이션에 대한 가장 좋은 해독제이기 때문이다. 그러나 생산성에 대한 이 의견을 마지막 장에서 다룬다면 미국뿐 아니라 세계 모든 나라의 번영을 결정하는 가장 중요한 요인을 너무 하찮게 다루는 것이 될 것이다. 따라서 이 적절한 시점에서 생산성이라는 대천사에 대해 논의하고, 생산성을 높이는 것이 주식시장에 왜 그렇게 중요한지 관찰해보자.

첫째, 생산성을 높이면 인플레이션에 대한 두려움 없이 GDP를 훨씬 더 빠른 비율로 증가시킬 수 있다. 실제로 미국 경제 성장률을 2~3%가 아니라 4~5%로 유지할 수 있다는 뜻이다. 매년 2~3% 높이는 것이 대단해 보이지는 않지만, 이렇게 되면 30년이 아니라 20년 내에 경제 규모를 두 배로 만들 수 있다. 물론 빠른 성장을 위해 지원을 아끼지 않는 기업에는 더 높은 생산성이 더 높은 수입을 의미하므로 결국 더 높은 주가로 이어진다.

둘째, 생산성 증대는 노동자가 인플레이션을 반영한 실질임금의 증가를 누릴 수 있는 유일한 방법이다. 생산성 공식은 정직해서, 노동자가 더 많은 임금을 원한다면 주어진 시간 동안 더 많이 생산해야만 한다. 높아진 생산성은 노동자의 손에 더 많은 임금을 쥐여주며, 주식시장에도 깊은 의미가 있다. 노동자가 더 많은 돈을 가지게 되면 더 많이 소비하게 되고, 이러한 소비는 더 많은 생산과 더 많은 판매, 더 많은 이윤과 더 높은 주가로 이어진다.

결정적 성장 호르몬, 기술 변화

이런 점들을 제대로 이해하기 위해, 경제학에서 지금껏 연구된 것 중에서 가장 유명한 결과를 보여주겠다. 브루킹스 연구소Brookings Institution의 에드워드 데니슨Edward Denison 교수는 50년 이상의 기간을 대상으로 미국 경제가 성장한 근원을 연구했다. 그 결과를 표 16-1에 정리했는데 GDP 성장에 기여한 노동자의 수와 기계, 교육 수준 같은 다양한 요소를 %로 나타낸다.

표 16-1. 경제 성장의 핵심 요소인 생산성

더 많은 노동자와 설비	
▪ 더 많은 노동자	34%
▪ 더 많은 기계와 **설비**	17%
	51%
생산성 증대	
▪ 더 잘 교육된 노동력	13%
▪ 경제 규모	8%
▪ 자원 분배 개선	8%
▪ 기술 변화	26%
	55%
잡무	-6%
	총 100%

이 표에서 생산성 증대가 미국 경제 성장의 기초를 이루는 중요한 추진력임을 명백히 알 수 있다. 사실 GDP에서 모든 이익의 절반 이상이 생산성을 높인 결과다. 또한 어떤 요소가 노동생산성을 높이는 가장 큰 도구인지 정확히 알 수 있다. 분명 더 좋은 교육을 받은 노동력, 경제 규모, 자원 분배 개선도 모두 중요하다. 그러나 가장 중요한 요소는 GDP 성장의 26%를 차지한 기술 변화다.

실제로 증기기관과 전구와 자동차의 산업혁명부터 컴퓨터와 섬유 광학과 반도체의 디지털 혁명에 이르기까지, 번영으로 가는 길은 항상 기술 변화가 바탕을 이루었다. 물론 인플레이션을 유발하지 않는, 높고 견실한 성장률을 촉진하는 기술의 역할을 연준 의장이 간과했던 것은 아니다. 생산성에 관해 그린스펀이 지닌 수많은 지혜의 진주 가운데 한 알을 보여주겠다.

지난 몇 년간 이런 경기 순환은 제2차 세계대전 후 미국을 특징지은 다른 많은 순환과는 대단히 다르다는 것이 차츰 분명해졌다. 이런 경제 팽창은 기간이 기록적일 뿐만 아니라, 기대했던 것보다 훨씬 강력한 경제 성장을 이뤄냈다. 특히 인플레이션은 우리가 한 세대 동안 처음 겪는 심한 노동력 부족 상태에서도 대체로 잘 억제되고 있다.

이렇게 지극히 유리한 실적의 이면에 있는 주요 요인은 생산성 증대가 부활한 것이다. 1995년 이래 비회계법인 업종에서 시간당 생산량은 연평균 3.5% 증가했고, 이는 이전 25년간 평균 증가율의 두 배에 가깝다. 실제로 성장률은 그 기간 내내 증가한 것으로 보인다.

연준의 시급한 목표는 구조적 생산성을 더욱 높일 기술 혁신과 투자를 최대한 촉진할 경제적, 재정적 여건을 조성하는 일이었다. 다시 강조하면, 생활

16장. 생산성 증대가 중요한 이유

수준이 얼마나 빨리 올라가는가를 결정하는 것은 경기 순환의 여러 단계와 관련된 시간당 생산량의 일시적 상승이나 하락이 아니라 구조적 생산성의 증가다.

실제로 연준 의장의 마음을 달래주는 것이 무엇이든 월스트리트의 마음도 달래줄 것만 같다. 이런 점에서 주식시장에 미치는 생산성 통계의 영향에 대해 내가 말할 수 있는 가장 중요한 것은 이것이다. 생산성 증대는 자본 투자, 더 좋은 교육, 개선된 경영, 데니슨 교수의 유명한 연구에서 확인된 기술 변화 등의 장기적 요인에 의해 추진될 뿐만 아니라, 위의 인용문에서 그린스펀이 암시하듯 경기 순환의 단기적 움직임에 강한 영향을 받는다.

똑똑한 매크로 투자자들은 반드시 이를 관찰해야 한다. 경제가 경기 순환의 어느 지점에 있는가에 따라 생산성 성장률의 등락에 대해 연준이 매우 다르게 반응할 것이기 때문이다. 앞에서 예로 든 가브리엘라는 그것을 이해하지 못했기 때문에 혹독한 대가를 치르게 되었다. 문제는 이것이다.

경제가 위축되기 시작해 불황에 접어들면 생산성이 하락하는 경향이 있다. 경제가 주춤거리기 시작하면 기업들이 노동자들을 해고하는 속도보다 더 빠르게 생산성을 감소시키는 경향이 있기 때문이다. 이와 동시에 공장과 기업은 가동률이 점점 떨어져서 생산량이 줄어도 고정비를 부담해야 한다. 이 두 가지 요소는 생산이 줄어들어도 비용을 끌어올리고 이렇게 되면 단위노동비용도 올라가게 된다.

하지만 이런 경우 연준은 이 단위노동비용 증가를 인플레이션 압력의 징후로 해석하지 않는다는 것을 유념하라. 연준은 이 분명한 임금 인플레이션 상승을, 단지 경제가 경기 순환의 인위적 불황 국면으로 들어선 것으로 이해한다. 따라서 이런 국면에서 '저조한' 생산성 보고서가 나와봤자 연준이 금리 인상을 단행할 것 같지는 않다. 실제로 경제가 침체하고 있을 때 통화 긴축 정책을 쓰는 것은 물에 빠진 사람에게 물을 퍼붓는 격임을 연준 의장이 가장 잘 안다.

하지만 반대로 경제가 경기 순환의 팽창 국면에 있는 경우를 생각해보자. 경제가 이 국면에 들면 단위노동비용이 떨어지기 시작해도 생산성이 높아지는 경향이 생길 것이다. 이때 공장이 가동률을 높임에 따라, 같은 수의 노동자가 더 많이 생산해도 공장은 더욱 효율적으로 돌아갈 것이다.

이 경우 생산성이 단위노동비용 상승을 막을 만큼 빠른 속도로 계속 증가하는 한, 연준은 아주 행복한 캠핑 장소가 될 것이고, 금리도 그대로 내버려 둘 것이다. 그러나 경기 순환 후반부에 노동시장이 힘들어지고 에너지 비용과 원자재 가격도 오르면, 인플레이션 위협을 느낀 연준은 생산성과 단위노동비용에 대한 부정적인 뉴스를 더 자세히 살펴보게 될 것이다. 실제로 경기 순환의 이 단계에서 단위노동비용이 생산성 증가를 능가한다면, 연준은 이를 임금 인플레이션의 강력한 증거로 간주하고 금리 인상을 단행할 것이다.

따라서 이 장 처음에 나온 이야기에서 가브리엘라가 이해하지 못했던 요점을 정리하면, 생산성 하락과 단위노동비용 상승은 때로는 금리를 인상할 필요가 없는 불황기 경제에 유리한 부산물로 볼 수도 있다는 것이다. 하지만 다른 때에는 연준이 명백한 위험 신호로 간주해 즉각적인 긴축 정책을 실시하게 만들 수도 있다.

16장. 생산성 증대가 중요한 이유

생산성 보고서: 단위노동비용에 주목하라

봄철 공장의 생산성 상승과 노동비용 감소는 기록적으로 긴 미국의 경제 팽창이 여전히 이윤과 임금을 올리기에 충분한 힘이 있다는 강력한 신호였다. 이것은 또한 인플레이션을 일으키지 않고 경제가 성장할 여력이 있다는, 보다 확실한 증거를 보여주었다. 이러한 자료는 월스트리트가 기대했던 것보다 훨씬 좋았다. 인플레이션과 연준 정책에 특히 민감한 재무부 채권 수익률은 하락했는데, 이 뉴스를 연준이 이자율을 그해 8월 22일 정책회의에서 정했던 대로 내버려 둘 것이라는 또 다른 암시로 받아들였기 때문이다. 다우존스평균지수는 109.88포인트나 급등해 10,976.89로 마감했다.

〈로스앤젤레스타임스〉

노동부는 다음 분기의 두 번째 달 7일을 전후해 전 분기의 생산성과 단위노동비용을 담은 보고서를 발표한다. 이 보고서에서 발표하는 생산성 산출법은 간단해서 노동시간에 대한 생산량의 비율이다. 하지만 단위노동비용 계산은 약간 더 복잡하다.

첫째, 시간당 노동자 보수를 정해야 한다. 이 보수에는 임금과 급료뿐만 아니라 수수료, 물건으로 지급되는 것, 기업이 대납한 세금, 노동자 편익 프로그램 등이 모두 포함된다. 그러고 나서 시간당 보수를 시간당 생산량으로 나누면 단위노동비용이 나온다. 이 관계를 유의해서 보면, 시간당 생산량 보충 없이 보수가 오르면 단위노동비용이 늘어날 것임을 알 수 있다. 그러나 생산성이 오르면 단위노동비용 방정식의 분모가 커져서 단위노동비용을 줄이거나, 적어도 증가하지 않도록 돕는다.

이제 여러분을 놀래주겠다. 생산성이 장기적 성장을 이끄는 데 그렇게 중요한 것이라면, 그리고 실제로 그것이 연준 의장을 사로잡고 있다면, 생산성 보고서야말로 별 다섯 개짜리 대접을 받을 가치가 있는 것이 아닌가 하고 생각할 것이다. 천만의 말씀. 그 이유는 세 가지인데, 앞에서 다른 경제 지표에 대해 충분히 토론했으니 들으면 금방 이해할 것이다. 첫째, 데이터가 매우 변하기 쉽다. 둘째, 데이터가 분기별로만 나온다. 셋째, 가장 중요한 이유는 먼저 발표된 GDP 보고서가 생산성에 대한 정보를 상당히 세밀하게 제공하기 때문에, 생산성 보고서가 그다지 새롭지 않다는 것이다.

이 모든 설명에도 불구하고, 생산성 보고서의 단위노동비용 부분은 시장에 심각한 영향을 미칠 수 있다. 경제가 경기 순환상 팽창하는 단계인 인플레이션 상황에서 단위노동비용을 올리는 것은 악마의 뿔처럼 보일 수도 있고, 연준을 자극해 임금 인플레이션과 싸우는 수단으로 즉각적인 금리 인상을 초래할 수도 있다. 또한 앞에서 인용한 〈로스앤젤레스타임스〉 기사가 밝히고 있듯이, 경기 순환의 핵심 시점에 나온 매우 강력한 생산성 보고서는 실제로 시장을 움직일 수 있다.

17장

재정적자,
어떻게 볼 것인가

지난달 재무부는 연방정부가 작년 예산에서 흑자를 냈다고 발표해서 모든 국민을 놀라게 했다. 흑자라고 해야 겨우 25억 달러였지만, 그래도 거의 30년 만에 처음으로 낸 흑자다. 그리고 올해는 흑자가 300~400억 달러로 더욱 커질 것 같다.

〈로스앤젤레스타임스〉

1998년에 쓰인 이 기사에서 가장 흥미로운 점은, 불과 몇 년 전에 세계의 거의 모든 경제학자가 실제로 두 가지 사실에 동의한 것 같았다는 것이다. 첫째는 미국의 재정적자가 전 세계 경제에 가장 큰 위협이라는 것, 둘째는 아무 고통 없이 재정적자라는 용을 죽이는 방법은 없다는 것이다.

물론 우리는 이제 놀라운 생산성 향상과 기술 지향적인 새로운 경제의 성장이 국가의 재정을 구출할 수 있다는 것을 안다. 적어도 예견할 수 있는 미래에는 계속 상당한 재정흑자를 누릴 것이다. 그러나 머지않은 장래에 세금 삭감과 불경기의 힘이 잉여금을 갉아먹음으로써 재정적자 문제가 다시 불거질 수 있다. 따라서 이 장에서 우리는 주식, 채권, 통화 시장이 연방 예산 뉴스에 어떻게 반응하는지 훨씬 잘 이해하게 될 것이다. 그러기 위해서는 아래 질문들에 대답할 필요가 있다.

- 재정적자 문제의 범위는 어디까지이고, 국가 채무를 측정하는 적절한 기준은 무엇인가?
- 구조적 재정적자와 순환적 재정적자의 차이는 무엇이며, 왜 구조적 재정적자가 주식, 채권, 통화 시장에 훨씬 더 위험한가?
- 정부는 어떤 옵션으로 부족분에 자금을 공급하고 잉여금을 배분해야 하는가? 그리고 각 옵션은 시장에 어떤 영향을 미치는가?

국가 채무를 어떻게 볼 것인가

우선 그림 17-1(304쪽)을 보자. 이 그래프는 행정부의 매년 예산 부족액과 잉여금을 나타낸 것으로, 닉슨 정부부터 1999년 클린턴 정부까지 담았다. 특히 1980년대 레이건과 부시 행정부에서 재정적자가 어떻게 불어났는지 주목하라. 중요한 이유는 1980년대 초 레이건의 공급 측 세금 삭감이 의회에서 통과되었을 때, 이를 상쇄할 만한 정부

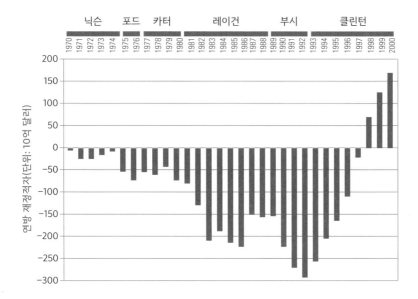

그림 17-1. 재정적자의 역사

지출 축소가 없었다는 것이다. 때문에 재정적자가 폭발적으로 늘어났다.

이번에는 그림 17-2를 보자. 수십 년간 만성적으로 누적된 미국 정부의 재정적자를 그려놓은 그래프다. 여기에서 부채가 5조 달러에 달할 정도로 가속적으로 늘어난 과정을 볼 수 있다. 그러나 사실 이 부채가 얼마나 큰 것인가? 그리고 또 한 가지 자문할 것이 있다. 이런 부채가 금융시장에 얼마나 위험한가?

이 질문에 대답하려면 비교 기준이 필요하다. 경제학자들은 이런 식으로 생각하는 것을 좋아한다. 즉, 국가의 부채를 GDP 규모와 관련하는 것을 좋아한다. 이유는 간단하다. 추상적으로 국가 부채 5조 달러는 아주 엄청난 액수다. 하지만 그런 부채는 미국에 비해 작은 국

그림 17-2. 만성적 재정적자는 엄청난 국가 채무를 야기한다

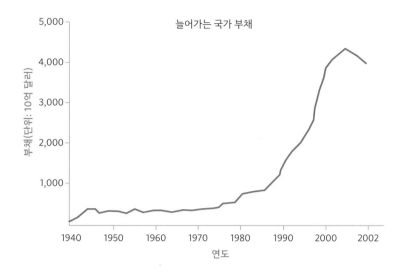

가, 예를 들어 태국 같은 국가에는 훨씬 더 엄청난 부담이 된다.

따라서 국가 채무와 GDP를 비교하면 그 국가의 생산 능력을 측정할 수 있고 그 부채를 갚을 능력도 알게 된다. 우리는 그런 비교를 통해 미국이 지닌 부채가 그림 17-3(306쪽)에서 보여주듯 그렇게 크지는 않다는 것을 알 수 있다. 비록 절대적 액수와 상대적 규모로는 가장 큰 채무를 지고 있지만, GDP를 기초로 한 채무 순위에서는 아래쪽 자리를 차지하고 있다. 실제로 미국 아래에는 영국, 핀란드, 호주만 있는 반면, 그 위로는 GDP의 100% 이상을 빚진 벨기에, 이탈리아, 캐나다 같은 나라들도 있다.

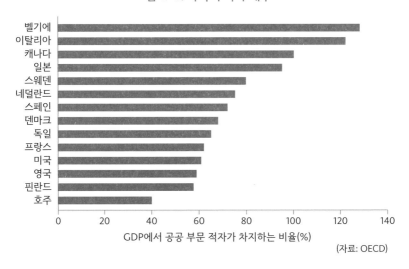

그림 17-3. 각국의 국가 채무

벨기에
이탈리아
캐나다
일본
스웨덴
네덜란드
스페인
덴마크
독일
프랑스
미국
영국
핀란드
호주

0   20   40   60   80   100   120   140

GDP에서 공공 부문 적자가 차지하는 비율(%)

(자료: OECD)

구조적 재정적자와 순환적 재정적자의 차이

첫 번째 질문인 재정적자의 규모에 대해서는 대답했으니 두 번째 질문으로 옮겨보자. 구조적 재정적자와 순환적 재정적자는 어떤 점이 다르고 어느 쪽이 더 위험한가?

이 난해한 듯한 질문의 가장 흥미로운 점은 이런 것이다. 만약 당신이 월스트리트에 있는 전문가 1,000명에게 구조적 재정적자와 순환적 재정적자의 차이가 무엇이냐고 묻는다면, 아마도 멍한 눈동자 2,000개에 에워싸이게 될 것이다. 이 정도로 알려져 있지 않다면 그 차이점을 가리는 일이 그다지 의미 없는 일인지도 모른다. 그러나 그렇지 않다. 왜냐하면 구조적 재정적자가 순환적 재정적자보다 월스트리트의 건강에는 훨씬 위협적이기 때문이다. 그 이유를 설명하겠다.

구조적 재정적자는 경제가 완전고용 상태일 때에도 존재할 실제적 예산 부족분이다. 이는 현존하는 세금과 지출 프로그램의 구조 때문이다. 따라서 예산의 구조적인 부분은 효과가 즉각적인 것으로 간주된다. 그것은 대통령과 의회가 세금 감축, 국방비 증액, 새로운 의료 혜택 같은 정부 재량의 재정정책을 통해 결정한다.

반대로 순환적 혹은 수동적 재정적자는 불경기에 영향을 미칠 수 있는 실제 예산 부족분이다. 적어도 부분적으로는 정부의 소위 자동 안정 장치에서 생긴 결과다. 자동 안정 장치란 실업수당이나 식권, 각종 복지수당 등과 같이 경기 침체 기간에 늘어나는 정부 이전 지출을 말한다. 그러나 순환적 재정적자는 경기 순환의 하향 부분에서처럼 경제 자원들을 충분히 이용하지 못할 때 일어나는 세입 부족에서 생긴다. '순환적' 재정적자라고 부르는 이유가 그것이다.

순환적 재정적자와 구조적 재정적자를 구별해야 하는 중요한 이유는, 연준과 의회가 정부 재량의 재정정책이 빚은 예산의 장기적 변화와 경기 순환이 부른 단기적 변화를 구분하는 데 도움을 준다는 점이다. 대통령과 의회와 연준 의장이 재정적자 문제 해결을 위한 정책을 입안하는 데 도움을 준다.

예를 들어 의회나 연준이 구조적 재정적자 상태에서 팽창적 재정정책이나 통화정책을 쓰면 인플레이션 불길에 기름을 붓는 일이 될 것이다. 인플레이션의 불길이 타오르면 월스트리트는 언제나 연기가 치솟는다. 반대로 완전고용에 도달함으로써 순환적 재정적자에서 벗어나 성장할 수 있다면, 팽창적 재정정책이나 통화정책이 침체한 경제에 적합할 수도 있다. 그러나 그런 팽창적 정책이 실패하면 경기 침체가 길어지고 이는 월스트리트에도 결코 좋은 소식이 아니다.

이 점을 제대로 이해하기 위해 다른 두 정부에서 대통령들이 재정 적자 문제를 어떻게 극복했는지 알아보자. 먼저 1957년으로 돌아가 아이젠하워 때부터 살펴보자.

아이젠하워의 독단이 닉슨의 운명을 갈랐다

경기 침체가 한창이던 시절, 아이젠하워 행정부의 순환적 재정적자 폭은 100억 달러에 이르고 있었다. 닉슨 부통령은 침체한 경제와 내려앉는 주식시장이 다가오는 1960년 대통령 선거에서 자신에게 불리하게 작용하지 않을까 심각하게 걱정했다. 그래서 그는 경기를 자극하고 금융시장을 부양하기 위해 적극적인 감세를 지지했다. 그러나 권좌에서 물러나기 전에 예산 균형을 맞추고 싶었던 아이젠하워는 감세가 재정적자를 초래할까 봐 거부했다. 경기 부양책이 전혀 나오지 않자 월스트리트와 경기는 대통령 선거 기간까지 활기를 잃었고, 존 F. 케네디가 "나라 경제를 살리자"라는 슬로건을 내걸고 역사상 가장 팽팽했던 선거전에서 닉슨을 가까스로 이겼다.

만약 아이젠하워가 닉슨의 말에 귀를 기울여 세금을 감축했다면 높은 경제 성장과 증시 활성화를 가져왔을 뿐만 아니라, 닉슨이 감축한 세금을 보충하고도 남을 50억 달러를 남기고 영광스럽게 권좌에서 물러났을 것이다. 부가적인 경제 성장이 추가 세입 수십억 달러를 불러들였을 것이기 때문이다.

조지 부시를 망친 경제 고문들

제때에 순환적 재정적자를 감수하지 않은 탓에 공화당의 대통령 후보가 민주당 후보에게 패배한 또 하나의 예를 살펴보자. 공화당의 조지 부시가 대통령이던 1990년에 불경기가 시작되었고 순환적 재정적자가 수천억 달러로 늘어나기 시작했다.

원기 왕성한 케인스학파 경제학자들은 이런 불황의 시작과 순환적 재정적자의 증가가 팽창적 재정정책을 실시할 명백한 신호라고 여겼을 것이다. 그러나 부시 행정부의 온건한 경제 고문들은 불경기가 심해지는 것을 막고 순환적 재정적자를 줄이기 위한 케인스식 응급 처방을 단호히 거부했다. 조지 부시는 눈덩이처럼 불어나는 재정적자에 너무 놀랐거나 순환적 재정적자의 구성을 완전히 알지 못한 탓에 고문들의 충고에 따랐다. 그 결과 경제는 대통령 선거가 실시된 1992년까지 활기를 찾지 못했고, 조지 부시도 1960년 닉슨이 그랬던 것처럼 경제 회생을 내건 민주당 대통령 후보에게 패배하고 말았다.

여기서 매크로 투자자들이 명심해야 할 것은 재정적자 자체가 중요한 것이 아니라는 점이다. 그것이 순환적인 것인가 구조적인 것인가, 그리고 대통령과 의회와 연준이 그것을 어떻게 다루는가가 더욱 중요하다.

재정적자를 메우는 수단

이제 이 장에서 가장 큰 비중을 차지하는 세 번째 질문으로 돌아가

자. 정부는 어떤 수단으로 재정적자를 메우거나 잉여금을 배분해야 하는가? 그리고 그런 수단들은 주식, 채권, 통화 시장에 어떤 영향을 미치는가?

이론적으로 정부는 세금을 올리거나 채권을 팔거나 돈을 발행해 재정적자를 메울 수 있다. 그러나 실제로 세금 인상은 세계의 모든 정치가가 싫어하기 때문에 거의 사용되지 않는다. 그렇다면 채권을 팔거나 돈을 찍어내야 한다는 뜻인데, 실제로 둘 중 어떤 수단을 사용하든 주식시장과 채권시장에 커다란 영향을 미친다. 그런 수단들은 자본시장에서 자금을 조달하는 민간 기업들의 업무 능력에 영향을 미칠 뿐만 아니라 인플레이션에도 중대한 영향을 미친다. 그 내용을 살펴보자.

'돈을 빌리는' 방법으로 미국 재무부는 자본시장에 직접 채권이나 재무부 채권의 형태로 채무증서IOU를 팔아서 그 돈으로 재정적자를 메운다. 이 경우에는 연준이 끼어들지 않는 것에 유의하라. 또한 자본시장에서 새 공장과 설비에 투자할 자본을 구하기 위해 채권과 주식을 팔려는 민간 기업들과 재무부가 직접 경쟁하게 된다는 점도 유의하라. 이처럼 부족한 투자금을 얻기 위한 경쟁에서 충분한 자본을 끌어들이려면 재무부는 이자율을 올려야만 한다. 그래서 재정적자를 메우기 위해 '돈을 빌리는' 방법은 대체로 제로섬zero-sum 게임에 가깝다. 그 돈은 재무부가 빌리지 않았다면 민간 기업들이 빌려서 투자금으로 사용했을 것이다. 이 경우 정부의 적자 지출은 개인 투자금을 '밀어낸' 것이라고 말할 수 있다. 이를 '구축 효과'라고도 하는데, 결국 팽창적 재정정책을 위해 정부가 채권을 판매함으로써 생긴 개인 지출의 상쇄 효과라고 말할 수 있다.

여기서 더 중요한 점은, 주식시장과 채권시장 모두 어떤 분명한 이유로 인해 그런 '밀어내기'를 싫어한다는 사실이다. 주식에서는 자본비용이 올라가 기업의 수익이 감소하고, 채권에서는 자본시장의 높은 이자율이 채권 가격 하락을 불러온다.

화폐 발행

적어도 이론상으로는 화폐를 발행하면 구축 효과를 피할 수 있다. 이 방법은 연준이 재무부의 팽창적 재정정책을 받아들인다는 의미다. 특히 연준은 재무부 증권을 공개된 자본시장에서 판매하도록 두지 않고 모두 사들인다. 그리고 재정적자를 메우려고 발행한 이 재무부 증권의 값을 지불하기 위해, 은행 시스템의 지불준비금 형태로 새 돈을 발행한다.

물론 이 방법이 지닌 문제점은 화폐 공급 증가로 인플레이션이라는 바람직하지 못한 결과를 가져올 수 있다는 것이다. 더욱이 인플레이션이 이자율을 올리고 개인 투자를 감소시킨다면, 화폐 발행은 결국 구축 효과를 가져오는 결과를 낳기 쉽다. 이제 월스트리트가 왜 재정적자를 그렇게 싫어하는지 알겠는가?

예산은 남아도 걱정

반대로 재정흑자인 경우, 잉여금을 어떻게 배분할 것인가? 어쩌면 행복한 고민일 수도 있지만, 이것 역시 월스트리트에서는 곤란한 문제를 일으킨다. 실제로 잉여금을 처리하는 데에는 세 가지 기본 방법이 있다. 감세, 지출 증대, 정부 부채다.

잉여금을 감세에 사용하는 첫 번째 방법을 월스트리트가 가장 좋아할 것이라고 생각할 것이다. 감세는 경기를 팽창시킬 것이고, 경기가 팽창하면 시장은 항상 상승세가 된다. 천만에! 경제가 이미 완전고용 상태라면, 더 이상의 자극은 경기 팽창만 부르는 것이 아니라 인플레이션도 불러온다. 우리는 월스트리트가 인플레이션 기대 증가에 어떻게 반응하는지 이미 알고 있다. 추락이다.

잉여금으로 정부지출을 늘리는 두 번째 방법은 어떤가? 재미있게도 첫 번째 방법과 똑같은 문제에 직면하게 된다. 즉, 잉여금으로 정부지출을 늘리는 방법은 세금을 감축하는 방법보다 팽창성이 훨씬 강하다. 따라서 경기가 이미 활성화된 상태에서 그런 조치가 취해진다면 또다시 인플레이션을 부를 위험이 있다.

그렇다면 이제 남은 것은 잉여금으로 국채를 사들이는 세 번째 방법뿐이다. 재정적으로 가장 보수적인 방법처럼 보이지만, 이것 역시 문제가 없는 것은 아니다. 2000년에 그린스펀 연준 의장이 과열된 경기를 냉각시키려고 시도했던 일들을 떠올려보면 이 문제를 제일 잘 알 수 있다. 그는 어떻게 했던가? 이자율을 엄청나게 올렸다. 그런데 모순이 있었다. 이 시기에 연방정부의 재무부는 계속 늘어나는 예산 잉여금으로 시장에서 채권을 꾸준히 사들이고 있었다. 정부는 채권을 순전히 사들이기만 했기 때문에 이자율을 끌어내리는 역효과가 있었고, 따라서 연준의 정책과 상반된 작용을 했다.

결론은 월스트리트가 분명 재정적자보다 재정흑자를 더 좋아하긴

하지만 양쪽 모두가 주식, 채권, 통화 시장에 중요한 영향을 미칠 수 있는 문제점을 안고 있다는 것이다. 그래서 현명한 매크로 투자자는 적자나 흑자의 규모에 주의를 기울일 뿐만 아니라, 부족액을 어떻게 관리하고 잉여금을 어떻게 배분하는지도 주의해서 관찰한다.

이제 예산액을 어떻게 따라잡을 수 있는지 대충 살펴보고 이 장을 끝내기로 하자.

재무부 예산보고서

튼튼한 경제가 넉넉한 세입을 만들면서 미국의 재정적자가 2월에 줄어들어, 30년 만에 처음으로 흑자재정을 이루었다. 2월의 적자는 지난해 2월의 440억 달러보다 줄어든 417억 달러라고 재무부 보고서는 발표했다. 2월은 4월처럼 세금이 많이 걷히는 달이 아니기 때문에 재정적자가 예상되었다. 오늘 오후 뉴욕거래소에서 채권은 1.5포인트 상승하고 수익률은 0.02% 내려 5.88%가 되었다. 주가는 기록적으로 올라 다우존스산업평균이 103포인트 올랐다.

〈블룸버그 비즈니스 뉴스〉

미국 재무부는 매월 셋째 주에 전월에 대한 재무부 예산보고서를 발표한다. 이 보고서는 여러 정부 기관의 수입과 지출을 모두 요약한 것이다. 이것은 그림 17-4(314쪽)에 있는 파이 두 개에 나타나 있다.

왼쪽 그림에서 지출이 가장 큰 세 부문은 국방, 사회보장, 흥미롭게 도 채권 이자 지급이다. 게다가 의료비가 예산의 10%가량을 차지한

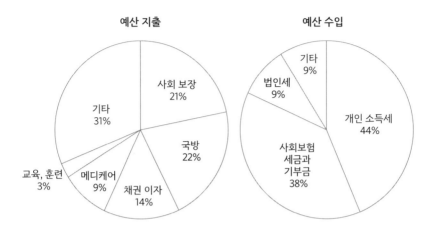

그림 17-4. 재무부 예산 파이

다. 기타 부문에는 에너지, 환경, 건강, 교육, 법 강화 프로그램이 포함된다.

오른쪽 그림에서 미국 세입의 가장 큰 원천은 개인 소득세이며 전체 세입의 44%에 달한다. 38%를 차지한 사회보장과 보험 시스템은 자체의 복잡한 세금과 기부금 체계를 감안하면 그렇게 적은 편이 아니다. 법인세는 정부 재원의 9%를 담당하고 기타 수입은 소비세, 부동산세, 관세 등에서 나온다.

재정 적자나 흑자가 클 경우 재무부 보고서가 주식, 통화 시장에 엄청난 영향을 미칠 수 있지만, 언제나 월스트리트의 관심을 거의 끌지 못할 뿐만 아니라 별 한 개짜리 대접도 받지 못한다. 문제는 정부의 지출 유형이 너무 계절적이라는 데 있다. 예를 들어 세입은 1월, 6월, 9월, 12월에 증가하는 경향이 있다. 그때가 매 분기 세금 납부 기한이기 때문이다. 마찬가지로 모두가 세금을 정산하는 4월에는 세입이 크게 줄어든다. 재무부는 이런 데이터를 분기별로 조정하거나 연례화하지 못하기 때문에 달마다 크게 오르내리기 쉽다.

그러나 매크로 투자자의 안목으로 보면 예산 자료의 타고난 변동성에 적응하는 유용한 기술이 적어도 한 가지 있다. 그것은 이달의 수입과 지출을 작년 같은 달과 비교하는 일이다. 그래서 재정적자 액수가 작년 같은 달보다 적다면 줄어들고 있다는 신호다.

18장

무역적자의 덫

리처드 흄을 항상 괴롭히는 경제 보고서가 있다면 바로 국제 무역에 대한 월간 보고서다. 지난 여러 해 동안 리처드는 무역적자가 예상외로 증가했다는 뉴스에 달러 가격이 갑자기 치솟는 것을 보았을 뿐만 아니라, 비슷한 뉴스에 달러 가격이 갑자기 추락하는 것도 보았다. 또 그는 주식, 채권 시장이 어떻게 반응할 것인지 전혀 알지 못한다. 아는 것이라곤 무역적자가 줄어들면 가끔 주식과 채권 가격이 상승한다는 정도다. 하지만 그것도 확실히 믿을 순 없었는데, 가끔 반대 상황이 벌어질 때도 있기 때문이다. 그래서 리처드는 무역 수치가 발표되기 전날에는 종종 관망하거나 주식을 팔아버린다. 하지만 그의 조심성이 정말 타당한가?

물론 타당하다. 무역 수치가 주식, 채권, 통화 시장에 끼치는 영향은 예측하기가 가장 어렵기 때문이다. 무역 수치가 발표될 때 시장에는 서로 밀고 당기는 영향력이 여럿 존재한다. 그중 어떤 영향력은 월스트리트에 유리하게 작용하면서 어떤 위협도 일으키지 않는다. 반면 또 다른 영향력은 가장 강세에 있는 종목들조차 꼬리를 내리고 증시를 빠져나가게 해서 시장을 가라앉힐 수 있다.

이 장의 목적은 무역수지 적자의 복잡한 특성과 그것이 시장에 미치는 영향을 더 잘 이해하도록 돕는 것이다. 궁극적인 목적은 세계 경제와 국제 통화 체계를 압박하는 여러 영향력을 가려내게 하는 것이며, 그 지식을 이용해 주식시장에서 이익을 얻을 수 있도록 돕는 일이다. 하지만 과정이 다소 복잡하기 때문에 나는 이 장에 필요한 간단한 안내도를 제공하고자 한다.

우리가 첫 번째 할 일은 기본적인 국제수지 회계라는 맥락에서 무역적자 문제의 범위를 검토하는 것이다. 적자 문제와 무역 보고서를 이해하려면 경상계정과 자본계정 간의 차이점과, 이 두 계정이 균형을 이뤄야 하는 이유를 반드시 알아야 한다.

두 번째 할 일은 환율이 무엇인지 설명하는 일이고, 그보다 중요한 것은 달러나 엔, 유로 같은 통화의 가치가 상대적으로 움직이는 이유를 설명하는 것이다. 여기서 각기 다른 나라의 경제 성장, 인플레이션율, 금리 수준 같은 요인들이 작용해서 통화 가치를 어떻게 결정하는지 살펴볼 것이다.

세 번째로 상무부가 매월 발표하는 무역 보고서를 살펴볼 것이다. 여기서 알아야 할 가장 중요한 것은 다음과 같다. 무역적자 규모 자체는 금융시장이 소화해야 할 가장 중요한 정보는 아니다. 월스트리트 애널리스트들은 무역적자의 변동이 수출에서 기인한 것인지 수입에서 기인한 것인지를 확인하기 위해 그 수치를 주의 깊게 살펴본다.

수출과 수입에 관한 그런 정보가 왜 그렇게 중요한가? 네 번째와 다섯 번째 일을 마치는 과정에서 그 질문에 대답할 것이다. 그러려면 무역적자가 매번 다른 이유로 예기치 않게 상승하는 여러 시나리오를 통해 체계적으로 나아가야 한다. 예를 들어 첫 번째 시나리오에서는 유럽의 불경기와 그에 따른 수출량 감소로 무역적자가 늘어날 것이다. 두 번째 시나리오에서는 석유 가격 상승으로 무역적자가 치솟을 것이다. 세 번째 시나리오에서는 유럽과 일본이 미국에 비해 약간 느리지만 급성장해도 미국의 성장이 우월해서 무역적자가 껑충 뛸 것이다.

이처럼 서로 다른 시나리오에서 주식, 채권 시장은 똑같은 무역적자 뉴스에도 불구하고 전혀 다르게 반응할 것이다. 물론 우리가 이 훈련에서 취해야 할 중요한 점은 거래 자료에 대한 시장의 반응이 시나리오에 무척 의존한다는 사실이다. 이 점은 유능한 매크로 투자자에게 매우 중요하며, 이 장을 끌고 가는 가상의 트레이더인 리처드 흄도 충분히 이해해야 할 점이다.

세계 최대의 채무국

우선 그림 18-1을 살펴보자. 1929년부터 2000년까지 수입과 수출이 GDP에서 차지하는 몫을 추적한 것이다.

그림은 미국이 무역에 점점 더 의존하면서 시간이 갈수록 수입과

그림 18-1. 폭증하는 무역적자

수출이 꾸준히 증가해왔다는 것을 보여준다. 또한 1930년대 무역 분쟁 기간에 무역이 하락했고, 제2차 세계대전 이후 유럽 재건 기간에는 수출이 대폭 상승했으며, 1970년대에는 OPEC의 석유 파동으로 수입이 대폭 늘어난 것을 눈여겨보라. 그리고 1980년대에 수입과 수출 간의 가파른 격차를 주목하라. 이것은 브라질이나 멕시코, 다른 제3세계 국가의 얘기가 아니라, 바로 친애하는 아메리카 합중국을 세계 최대의 채무국으로 만든 무역 결손을 나타내는 것이다. 실제로 미국은 2001년 현재 결산에서 세계 여러 국가에 2조 달러 가까운 빚을 진 것으로 드러났다. 그 빚과 그 빚을 부채질하는 무역적자를 이해하는 것이 월스트리트의 관심사다. 다음으로 국제수지 회계를 알아야만 한다.

불안정한 국제수지

표 18-1은 미국의 평년 국제수지를 간단히 나타낸 것이다. 이 표를 살펴볼 때 세 가지 사항에 유의하라.

첫째, 상품과 서비스와 순투자이익으로 이루어진 경상계정이 있다. 둘째, 미국으로 들어오고 나가는 자본의 흐름을 추적하는 자본계정이 있다. 셋째이자 가장 중요한 것으로, 경상계정과 자본계정의 균형이 있다. 즉, 한 나라가 경상계정에서 무역적자를 내고 있다면 자본계정을 유입해 균형을 잡아야 한다. 이것이 기본적인 무역 항등식이다. 이 무역 항등식은 유능한 매크로 투자자가 이해해야 할 매우 중요한 개념이다. 무역의 흐름이 통화 가치와 세계의 금리 수준에 미칠 영향에 대해서 이 항등식이 많은 설명을 해주고 있기 때문이다.

경상계정

표를 좀더 자세히 살펴보면 상품 무역수지가 경상계정에서 가장 중요한 항목임을 알 수 있다. 상품 무역수지는 식품, 연료, 제조품 같은 상품들의 거래를 나타내며 표에서는 1,910억 달러 적자로 나타난다. 신문에서 미국이 무역적자를 내고 있다는 기사를 읽을 때, 그 적자가 바로 이 상품 무역수지를 가리키는 것임을 주목하라. 하지만 이것은 전체 그림의 일부에 해당할 뿐이다.

경상계정에서 두 번째 항목은 서비스 요금이다. 여기에는 해운업, 금융 서비스, 해외여행 등이 속한다. 이 부분은 상품 무역수지보다 훨

표 18-1. 미국의 평년 국제수지 (단위: 10억 달러)

	대변	차변	순익
경상계정			
상품 무역수지			-191
▪ 미국 상품 수출	612		
▪ 미국 상품 수입		-803	
서비스 요금			+80
▪ 미국 서비스 수출	237		
▪ 미국 서비스 수입		-157	
순투자이익			-19
▪ 외국 자산을 소유한 미국 투자자들이 벌어들인 이익	206		
▪ 미국 자산을 소유한 외국인이 벌어들인 이익		-225	
경상계정 수지			-130
자본계정			
▪ 외국의 미국 내 자산 구입	+517		
▪ 미국의 해외 자산 구입		-387	
자본계정 수지			+130

씬 작지만, 미국이 제조 경제에서 서비스 경제로 전환하는 몇 년 사이에 늘어났다. 표에서도 알 수 있듯이 그렇게 늘어나서 상품 무역적자를 어느 정도 벌충하는 데 도움을 주었다. 특히 미국이 수출한 서비스 요금은 2,370억 달러이고 수입한 서비스 요금은 1,570억 달러에 그쳐 800억 달러라는 순이익을 낳았다.

경상계정의 세 번째 항목은 순투자이익이다. 대변의 2,060억 달러는 외국 자산을 소유한 미국 투자자들이 벌어들인 금액이고, 차변의

2,250억 달러는 미국 자산을 소유한 외국인들이 벌어들인 금액이다. 과거에는 이 부분에서 약간의 흑자를 내왔다. 그러나 외국인들이 계속해서 더 많은 미국 자산을 축적하면서 적자로 돌아섰고 나아가 무역수지를 악화시켰다.

이제 표에 있는 여러 항목을 더하면 경상계정의 적자는 1,300억 달러다. 기본 무역 항등식에 따르면 이 적자는 자본계정의 순이익으로 벌충해야 한다. 다시 말해 충분한 자본이 미국으로 흘러들어 경상계정에서 초래한 비용을 벌충해야 한다. 그러나 이런 일이 실현되기 위해서는 외국 투자를 충분히 끌어들일 만큼 미국의 금리가 높아야 한다. 이것이 중요한 사항인데, 금리가 움직이면 주가와 채권 가격도 따라서 움직이기 때문이다.

자본계정

자본계정에 대해서는 호텔이나 공장 같은 부동산과, 주식이나 채권 같은 금융자산의 매입을 추적한다. 미국 자산을 외국인이 사들인 것은 자본 유입을 의미한다. 예를 들어 독일 연기금이 구매한 미국 정부의 채권, 네덜란드 뮤추얼펀드가 사들인 미국의 주식, 일본 투자자들이 인수한 펜실베이니아 소재 공장이 여기에 포함될 것이다. 표를 보면 알 수 있듯이 대변 금액이 5,170억 달러다.

마찬가지로 미국 투자자들이 외국의 호텔이나 주식 같은 자산을 구입하는 것은 결과적으로 자본 유출을 의미하며 표의 차변에 3,870억 달러로 나와 있다. 미국과 외국의 자산 구매를 더하면 자본계정에서

1,300억 달러 흑자가 발생한다. 경상계정의 적자를 벌충하기에 딱 맞는 금액이다.

환율의 수수께끼

유로가 1999년 1월 탄생한 이후 달러에 대해 26% 하락했다. 그로 인해 유럽에서 사업을 해서 유로 수입을 더 비싼 가격의 달러로 환산해야 하는 미국 기업들이 타격을 받았다. 맥도날드와 콜게이트-팜올리브, 질레트 같은 미국 우량 기업들의 수익 또한 유로 약세로 손해를 보았다.

〈USA 투데이〉

앞에서 본 것처럼 한 나라가 상품과 서비스를 판매한 것보다 구입한 것이 더 많을 때 경상계정에서 적자가 난다. 그런 나라들은 경상계정의 적자를 벌충하기 위해 외국 자본을 끌어들이기에 충분할 만큼 금리를 높여야 한다. 문제는 금리 인상이 그 나라의 통화 가치에 어떤 영향을 미치는가다. 이 질문의 대답은 달러와 유로 같은 통화의 환율이 국제 시장에서 어떻게 결정되는지를 광범위하게 이해하는 데 있다.

환율이란 간단하게 한 국가의 화폐를 다른 나라의 화폐와 교환할 수 있는 비율을 의미한다. 예를 들어 1999년 유로가 국제 통화 체계에 처음 소개되었을 때 1유로는 대략 1달러 20센트로 환전되었다. 그러나 2000년경 유로가 폭락하면서 겨우 80센트 정도로 환전되었다. 환율은 매우 큰 폭으로 매우 빠르게 변동할 수 있다. 예를 들어

1997~1998년의 아시아 금융위기 기간에 한국의 원, 태국의 밧, 필리핀의 페소는 모두 몇 개월 사이 달러에 대한 가치가 40% 이상 떨어졌다.

그런데 환율은 왜 변동할까? 해답은 세 가지 기본적인 원인에 있다. 첫 번째 원인은 국가들의 경제 성장률이 서로 다른 것과 관련된다. 예를 들어 미국의 GDP가 일본의 GDP보다 빠른 속도로 성장하고 있다면, 미국의 달러는 일본의 엔에 비해 가치가 떨어질 것이다. 미국이 급성장하면서 상대적으로 일본에서 수입하는 것이 더 많아지기 때문이다. 그러면 엔에 비해 달러 과잉을 불러와 달러 가치가 떨어지도록 내리누를 것이다.

환율이 변동하는 두 번째 원인은 상대적 금리 변화에 기인할 수도 있다. 연준이 이를테면 영국의 금리에 비해 미국의 금리를 높일 경우, 달러는 영국의 파운드에 비해 가치가 오를 것이다. 더 높은 미국 금리가 영국의 투자를 끌어들일 것이기 때문이다. 그러나 영국이 미국에 투자하려면 먼저 파운드로 달러를 사야만 한다. 그것이 파운드에 비해 달러 가치가 올라가게 만드는 힘이다.

환율이 변동하는 세 번째 원인은 서로 다른 인플레이션율과 관련이 있다. 예를 들어 멕시코의 인플레이션율이 미국의 인플레이션율보다 더 높다면, 멕시코의 페소는 미국 달러에 비해 가치가 떨어질 것이다. 통화시장의 환율은 상품시장의 실질적 인플레이션을 감안한 가격을 나타내기 때문이다. 그러므로 만일 인플레이션 때문에 멕시코산 자동차 가격이 동일한 미국산 자동차 가격에 비해 오른다면, 인플레이션을 조정한 두 자동차의 가격이 같도록 환율도 조정해야만 한다. 경제학자들은 그것을 '동일 가격의 법칙(law of one price)'이라고 부른다.

복잡한 개념들을 따져보는 일은 이제 마쳤고, 시나리오를 작성해 실제적인 이익 창출 기회를 만들어낼 채비가 거의 다 되었다. 하지만 그 전에 무역 보고서의 짜임새부터 살펴보자.

국제 무역 보고서

화요일 월스트리트의 다우공업지수는 10월 폭락 이후 최고 수준으로 급등했다. 상무부 보고서에 따르면 계절성을 조정한 무역적자가 4월 들어 98억 9,000만 달러로 떨어졌는데 이는 3년 만의 최저 수준으로, 시장 전문가들이 내다본 120억 달러보다 훨씬 낮은 수치다.

〈로스앤젤레스타임스〉

상무부는 매월 20일경 무역 보고서를 발표한다. 별 네 개짜리인 이 보고서는 자료를 풍부하게 담고 있다. 구체적으로 말하면 수입과 수출, 무역적자에 대한 자세한 정보뿐만 아니라 업종별, 국가별 무역 흐름까지 담겨 있다.

이 자료들은 계절성을 조정할 뿐 아니라 환율과 인플레이션을 조정한 달러로 보고된다. 그러나 대개는 인플레이션을 조정한 데이터로 보는 것이 좋다. 왜냐하면 달러 가치와 제품 및 서비스의 가격이 매월 바뀌어서 무역 흐름의 변화 추세를 혼란시킬 수 있기 때문이다. 보고서 발표와 동시에 뉴스 매체들은 무역적자가 늘어나고 있는지 줄어들고 있는지에 주로 초점을 맞춘다. 그러나 다음 시나리오에서 보겠지만, 개개의 수출과 수입 자료들을 주의 깊게 살펴보는 일이 훨씬 더 중요할 수도 있다.

예를 들어 수출 자료를 보면 미국 기업들이 국제 무대에서 경쟁우위를 얻고 있는지 상실하고 있는지 평가할 수 있다. 또한 이러한 수출 자료는 미국의 무역 협력 업체들의 경제가 강화되고 있는지 약화되고 있는지 확인하는 데 도움을 주기도 한다. 두 경우 모두 기업의 수입과 주가에 대해 중요한 암시를 준다. 마찬가지로 수입 자료들은 국내 경제의 저력을 가리키는 중요한 자료가 될 수 있다.

수출과 수입 자료를 살펴보는 일 외에, 광범위한 업종의 동향을 주시하는 것도 유익할 수 있다. 그 범위는 석유와 농업에서 산업용 자재, 자본재, 소비재, 자동차에 이른다. 여기서 중요한 것은 수출과 수입의 동향이 광범위한지, 아니면 어떤 업종에 한정되는지 판단하는 일이다.

무역 보고서에 대한 마지막 설명으로, 상품 무역수지를 살펴볼 때 가장 중요한 것은 석유 수입을 제외한 수지를 살펴보는 일이다. 실제로 석유 수입이 제품 무역수지 적자 중 약 3분의 1을 차지한다. 그것은 유가의 아주 미세한 변화가 경상계정 비석유 업종의 중요한 동향을 흐리게 할 수 있다는 의미다.

4개의 시나리오

이제 통화, 주식, 채권 가격이 무역 보고서에 어떻게 반응할 것인지 살펴보면서 맨 먼저 통화 가격을 보자. 가장 단순한 단계에서 말하자면, 무역적자 증가는 달러를 약화하고 무역적자 감소는 달러를 강화하는 경향이 있다. 적자가 늘어날수록 더 많은 달러가 외국인의 손에 축적되기 때문이다. 외국인들이 그 달러를 유로나 엔 또는 페소로 환전하고자 하면 달러 가치가 내려간다.

그러나 주식시장과 채권시장의 반응은 도무지 종잡을 수 없다는 점에 유의하라. 그 이유를 알기 위해서는 다음 시나리오들을 살펴볼 필요가 있다.

시나리오 1: 미국의 무역적자 증대는 힘찬 경제 성장 때문이다

이 시나리오에서 유럽과 일본은 적정한 속도로 성장하고 있다. 그러나 미국 경제는 훨씬 빠르게 발전하며 수입 의존도가 높아지고 있다. 이 경우 주식시장은 무역적자가 증대된다는 뉴스에 반응할 가능성이 없고 오히려 상승할 수 있다. 세계 경제가 활발한 것은 기업의 수익이 좋아질 징조이기 때문에, 적자가 커지고 있다는 뉴스는 당연히 강세장을 불러올 수 있다.

채권시장의 경우, 무역적자 증가로 달러 약세를 예상하거나 미국 경제의 과열 조짐으로 해석한다면 시장은 인플레이션을 우려할 것이고 채권 가격이 떨어질 것이다. 그런 예상이나 해석을 하지 않는다면 반응이 거의 없을 것이다.

시나리오 2: 미국의 무역적자 증대는 유럽이나 일본의 불경기 때문이다

이 경우 문제는 수입 증가가 아니라, 유럽이나 아시아 경제가 주춤거림에 따라 미국의 수출이 감소할 것이라는 점이다. 이것은 주식시장, 특히 수출에 의존하는 업종에는 약세장의 시나리오가 된다. 따라서 항공우주, 농업, 자동차, 산업 장비, 통신처럼 수출에 의존하는 업종들에서 이런 뉴스에 하락할 주식을 찾아보라.

채권시장은 일반적으로 수입 증가로 인한 무역적자보다는 수출 약화로 인한 무역적자를 더 선호한다. 미국의 수출 산업 약화가 그 산업들의 신용대부 수요를 줄일 뿐만 아니라 미국 경제를 지체시킴으로써 금리 인하 압력을 가할 것이기 때문이다.

시나리오 3: 미국의 무역적자 증대는 OPEC의 석유 파동 때문이다

이 시나리오에서 적자를 구성하는 수입이나 수출의 실제 양은 전혀 변하지 않았을 수도 있다. 그보다는 탄탄한 시장 덕분에 OPEC이 유가를 성공적으로 올려서 미국의 기업과 소비자를 착취할 수 있다. 그러므로 주식시장 전체에는 그런 일이 도저히 만족스러울 수 없다. 그러나 업종별로 보면 에너지 주식들이 수익 증가 기대감으로 상승할 수 있는 반면 식품과 제약 등 방어적 업종의 주식들은 업종별 순환매에서 이익을 볼 수도 있다.

채권시장 관계자들은 석유 파동이 일시적인지 영구적인지 판단하려고 노력할 것이다. 일시적이라면 그 뉴스는 실제로 채권시장에 활력을 주는 원인이 될 수도 있다. OPEC의 석유 파동이 연준의 금리 인상을 단념시킬 것으로 보기 때문이다. 게다가 석유 파동으로 인해 경기가 침체하는 것처럼 보일 테니 그런 불경기 압력은 금리를 끌어내릴 것이 분명하다.

반대로 석유 파동을 보다 영구적인 것으로 생각한다면, 채권시장 관계자들은 연준이 높은 유가로 인한 인플레이션 속성률 상승을 막기 위해 금리를 인상할지 모른다고 걱정할 것이다. 그리고 이런 걱정은 채권 가격을 떨어뜨릴 것이다.

시나리오 4: 미국의 무역적자 증대는 연준의 금리 인상 때문이다

연준이 금리를 인상하면 달러 가치가 다른 통화에 비해 오른다. 이로 인해 비싼 값으로 수출하고 싼값으로 수입하게 되고 이로써 무역수지 적자가 늘어난다. 그뿐만 아니라 항공우주와 제약 등 미국의 수출 산업과, 외국에서 막대한 판매와 이윤을 얻는 IBM, 질레트, 맥도날드 같은 다국적기업들 모두에 큰 골칫거리가 된다. 달러 강세가 발생하면 그런 다국적기업들의 이윤이 즉시 줄어든다. 적어도 약세인 유로 같은 통화로 벌어들인 이윤이 줄어들 수밖에 없는 것은, 이를 수익으로 확정하기 위해 먼저 강세인 달러로 환전해야 하기 때문이다. 따라서 금리 인상과 달러 강세로 촉진된 무역적자 증가는 주식시장과 채권시장의 약세를 초래할 것이다.

그러나 이야기는 여기서 끝나지 않는다. 실제로 이 시나리오에 대한 금융시장의 궁극적인 반응은 연준의 금리 인상으로 인한 전이 효과spillover effect에 대해 외국 정부들이 어떻게 반응할지 월스트리트가 예측하는 방법에 달려 있다. 연준이 달러를 강화하기 위해 금리를 인상할 경우, 더 높은 수익을 추구하는 투자 자본이 유럽에서 미국으로 건너올 것이다. 부정적인 면을 보면, 연준의 이런 조치는 유로를 약화하고 이로 인해 유럽은 인플레이션이 악화될 것이다. 그러나 긍정적인 면을 보면, 유로 약세는 화학제품과 의류에서 휴대전화와 와인에 이르기까지 수출을 지향하는 유럽 산업에 도움을 줄 것이고 그에 힘입어 유럽 경제가 팽창할 것이다.

이 시나리오가 월스트리트에 던지는 마지막 질문이 남아 있다. 즉, 연준의 금리 인상에 대처해 유럽 국가들도 금리를 인상할 것인가, 아니면 그대로 둘 것인가? 이 질문의 대답은 일반적으로 그 시기 유럽

경제 상황에 달려 있을 것이다. 유럽 경제가 약하다면, 유럽 국가들은 금리를 인상함으로써 연준의 금리 인상에 반격하기가 매우 어려울 것이다. 반대로 경제가 매우 활기차게 성장하고 있어서 인플레이션이 문제가 될 기미가 보인다면, 유럽 국가들은 필시 연준의 금리 인상에 적합한 대응책을 찾아낼 것이다.

대체로 월스트리트는 유럽 국가들이 연준의 조처에 대한 방안으로 금리를 인상하지 않는 것을 더 좋아한다. 유럽의 금리 인상은 연준의 금리 인상이 가져올 수축 효과를 강화할 뿐이기 때문이다. 실제로 그렇게 반발하면 전 세계의 불황 우려가 높아질 것이다. 그래서 연준 의장이 재채기하면 유럽은 불황이라는 감기에 걸린다는 말이 나오는 이유를 알 수 있다.

블룸버그 발췌문

앞에서 제시한 네 가지 시나리오는 완벽하지 않다. 하지만 그와 같은 시나리오를 세움으로써 당신의 매크로 투자 능력을 연마하는 데 막대한 도움이 된다는 것은 의심할 여지가 없다. 따라서 나는 이런 다국적 거시적 사고를 구체화해서 세계 시장의 추세와 다양한 업종의 추세를 평가하라고 강조한다. 그 목표를 달성하기 위해, 블룸버그 뉴스 서비스에서 발췌한 인용문으로 이 장을 마무리하겠다. 이 인용문들은 지난 10년간 무역 보고서에 대한 블룸버그 보도에서 퍼온 것이며, 시장 주위에서 소용돌이치는 복잡성과 상반성에는 더 자세한 해설이 따라야만 한다.

■ 정부가 3월 들어 수입과 수출이 급증했다고 발표한 후 미국 채권

은 2주 만에 최악의 손실을 기록했고, 이것은 연준이 인플레이션을 피하기 위해 곧 금리를 인상할 것이라는 걱정을 부채질했다. 주가는 떨어졌다.

■ 경제가 느린 속도지만 계속 성장할 것이라는 통계 자료 때문에 무역 보고서는 미 재무부 채권에 별 영향을 끼치지 못할 것이다. GDP의 주축인 수출은 12월에 내리막으로 들어섰다. 소비자와 기업의 소비 척도인 수입은 유가가 6년 만에 최고치에 이르면서 매월 기록적으로 늘어났다. 수출과 수입의 그런 결합은 미국 경제의 성장 속도가 더욱 느려질 것임을 의미한다.

■ 무역적자가 1월에 6% 늘어났다. 최고 기록을 달성했던 수출이 외국의 경기 침체로 5개월 연속 주저앉았기 때문이다. 최근 달러가 통화 대부분에 대해 폭락했고, 엔화에 대해서는 최저 기준을 경신했다. 무역업자들은 미국의 경제 회복력에 우려를 표시했다.

■ 달러는 무역적자 뉴스에 처음엔 폭락했지만, 아침에 투자자들이 겨울철 폭풍과 보잉사 파업 같은 예외적 사건으로 수출 판매가 제한되었다는 결론을 내리자 활기를 되찾았다.

■ 제품과 서비스 부문의 무역적자가 3분의 1로 줄었다. 수출은 최고 기록을 세웠고, 캐나다에서 미국으로 선적된 신형 차가 점점 줄면서 수입이 797억 달러로 감소했다. 주식, 채권, 달러는 그 뉴스에 모두 급등했다.

■ 무역적자는 4월에 145억 달러로 증가했고 수출과 수입은 감소했다. 외국 수요가 시들해지는 것은 미국 경제가 주저앉고 있다는 신호다. 미국 채권은 가격이 올랐지만 이틀 만에 하락세로 돌아섰다.

- 수입과 수출이 최고를 기록했다는 보고서로 연준이 소비자의 수요를 늦추고 가파른 인플레이션을 억제하기 위해 다음 달 한 차례 이상의 금리 인상을 단행할 것이라는 예상이 나오자, 미 재무부 채권 가격이 하락했다.

19장

사회적 대변동은
절호의 기회

거시적 트레이더들이 그러듯이 론 배러는 자신만의 메이저리그를 진행하고 있다. 실제로 이 '재앙의 사탄'은 아주 나쁜 상황에서 최상의 것을 창조해 거대한 부를 이뤘다.

1986년으로 거슬러 올라간다. 당시 론은 하버드대학교 경제학과 박사 과정에서 공익 법규에 관한 논문을 쓰고 있었다. 그는 연구를 통해, 원자력은 미국에서 장래성이 없고 원자력에 크게 의존하는 공익기업 모두 매우 심각한 재정붕괴를 겪고 있다는 확고한 결론에 도달했다. 그런 관점을 기반으로 론은 수업료 일부를 이용해 주식 2종을 공매도했다. 하나는 원자력 프로그램의 부담감으로 발버둥 치고 있는 롱아일랜드 라이팅이고, 다른 하나는 원자력발전소 장비의 주요 제조사인 웨스팅하우스였다.

론이 거래하고 이틀 후 체르노빌 원자로에 불이 났고, 소련의 가장 비옥한 밭

이 1,000제곱마일 이상이나 불에 탔다. 다음 며칠 동안 웨스팅하우스와 롱아일랜드 라이팅은 원자력에 의존하는 미국의 다른 공익기업 주식들과 함께 추락했고, 그 바람에 론은 떼돈을 벌었다. 그러나 그가 가장 흥미롭게 생각한 것은 체르노빌 사건으로 공익기업 주가가 떨어졌다는 사실이 아니었다. 그것은 아주 뻔한 결과였다. 론의 관심을 끈 것은 체르노빌 참사의 보다 미묘한 거시적 거래 측면이었다.

론은 제너럴 밀즈, 퀘이커 오츠, 필스베리 같은 식품 가공 기업 주식들이 그 뉴스에 일제히 상승했다는 사실에 주목했다. 곰곰이 생각해본 결과 이유는 간단했다. 소련 곡창 지대의 재해로 인한 곡물 부족을 우려해 전 세계 곡물 선물 시장의 가격이 오르기 시작했다. 하지만 얼마 지나지 않아, 그러나 경험 있고 박식한 트레이더가 시장성을 개발하기에는 충분히 긴 시간이 지나, 제너럴 밀즈와 퀘이커 오츠 같은 곡물 가공 기업들의 주가는 곡물 가격 상승으로 인한 이윤 감소 전망으로 하락하기 시작했다.

이런 사실은 론에게 소중한 통찰이었을 뿐만 아니라 거시적인 직관의 기회를 제공했다. 론은 그 이후 묵시록의 네 기수 중 누구든 전속력으로 달릴 때마다, 그리고 전속력으로 달리는 곳마다 가파르게 올라가거나 내려갈 가망성이 있는 주식을 찾는 일에 전념했다.

───〜〜〜〜〜〜〜───

내가 이 장에서 이야기할 위험은 많고도 다양하다. 지진, 가뭄, 홍수 같은 자연재해뿐 아니라 잔인한 전쟁, 아프리카의 쿠데타, 인터넷의 예술문화 파괴 행위, 수십 년간 횡포를 부린 석유 파동 같은 인공적 대변동이 포함된다. 지속적인 위험으로는 각종 질병과 전염병이 있다. 에이즈의 유행, 밀에 피는 곰팡이의 악성 신종, 새 영역으로 침투하는 대만 흰개미 같은 것도 있다.

이런 위험들이 본래 지닌 기회를 파악하려면 매우 특별한 거시적 사고가 필요하며, 그것은 철저한 연구에 기반한 선견지명이어야 한다. 그 특별한 거시적 사고를 이해하는 가장 좋은 방법은 론이 떼돈을 번 거시적 거래를 분석하는 일일 것이다. 그 일을 하는 동안, 거시적 파동 논리라는 공통된 실이 사탄의 각 거래들을 통과하고 있음을 유의하라.

첫째, 각각의 거시적 거래는 예기치 않았던 어떤 재난에서 시작한다. 그런 다음 종종 사실과 가정의 복잡한 길을 따라 이동한다. 마지막으로 목적지에서 결말이 난다. 즉, 어떤 주식이나 주식군, 또는 가파른 상승이나 하락을 앞둔 어떤 업종에서 끝난다.

대만에 지진이 나면 삼성 주식을 사라

리히터 지진계로 7.6을 기록한 대지진이 대만을 강타해 2,000명 이상이 목숨을 잃고 많은 공장이 생산을 중단하는 사태가 벌어졌다.

지진 뉴스를 듣자마자 론의 머릿속에서 다음과 같은 시나리오들이 소용돌이치기 시작했다. 대만은 세계 DRAM 칩 공급량의 15%를 차지하니, 이번 지진으로 세계의 DRAM 공급량이 달릴 것은 불을 보듯 뻔했다. 그런 가정에서 론은 삼성과 현대 같은 DRAM 칩 생산의 선두 주자들이 이익을 볼 거라고 추측했다. 이제 두 기업이 충분히 가격을 올릴 수 있을 것이기 때문이다.

동시에 대만의 여러 컴퓨터 제조 공장이 생산을 중단해 애플과 델

같은 컴퓨터 제조사들이 큰 타격을 받을 것이라는 점도 생각했다. 델은 비용 절감 수단으로 항상 소량의 재고만 보유했으므로 특히 취약할 것이고, 애플은 대만에서 계약 생산하는 신형 G4 파워맥 컴퓨터를 한창 소개하는 중이었다.

론은 이런 가정에 입각해 즉시 삼성과 현대 주식을 5,000주씩 매입했고, 그다음 날 각각 10%의 이익을 남기고 매도했다. 게다가 애플과 델의 주식을 5,000주씩 공매도했고 이 두 기업의 주가가 한 달 사이에 20% 가까이 하락하는 것을 보며 흐뭇해했다.

후세인이 가져다준 선물

이라크가 쿠웨이트를 침공하자, 세계 최대의 석유 생산국 중 하나인 쿠웨이트는 과대망상증에 걸린 독재자의 손아귀에 들어갔다. 이 독재자는 이스라엘을 파멸시키고 지구상의 거대한 사탄인 미국에 굴욕감을 안겨주려고 생각하고 있었다.

당시 아주 젊었던 론 대위는 전쟁이 터지는 것을 보고 자신의 예비 부대가 소집되는 건 아닌가 생각하면서 시나리오 여러 개를 구상했다. 론에게 가장 분명해 보이는 거시적 거래 종목은 국제 유가가 급상승할 것이 확실한 에너지 주식이었다. 그뿐만 아니라 전쟁으로 인해 중동의 민간 여객기들이 운행을 중단할 것이고, 그러면 에어프랑스와 트랜스월드 같은 운송회사들도 타격을 입을 것이다. 그러나 론은 에너지회사나 항공회사의 주식에는 흥미를 느끼지 못했다. 그는 이라크가 세균 탄두를 장착한 치명적인 스커드 미사일을 이스라엘로 날리고 있다는 CNN의 첫 보도를 들은 후에야 진짜 영감을 얻었다. 레이시언Raytheon 주식을 5,000주 매입하면 간단하지만 가장 멋지고 수지맞는 거시적 거래가 될 것이다. 레이시언은 패트리어트 미사일의 주 제조사로, 패트리어트 미사일은 이라크의 스커드에 대한 제1 방어선이기 때문이었다.

패트리어트 미사일이 연이어 스커드 미사일을 격추했다는 CNN 보도가 나온 후, 론은 이번 거래에서 얼마간 돈을 벌 수 있다고 확신했다. 첫 번째 패트리어트 미사일이 1월 18일에 발사된 후, 레이시언 주가는 사흘 동안 7% 상승했다. 그리고 두 달 사이에 론은 총 18%의 이익을 얻었다. 그때 론은 주식을 현금화했고, 몇 개월 후인 6월에 전쟁이 끝날 때까지 레이시언 주식에 손대지 않았다. 론은 육감에 따라 첫 거래로 벌어들인 이익금 전액을 레이시언 주식 공매도에 투자했다. 정말 흥미롭게도 불과 2~3주 만에 공매도에서 10포인트를 더 벌어들였다.

허리케인과 보험회사

허리케인 앤드루가 플로리다 남부를 강타했을 때 바람은 시속 230킬로미터에 달했다. 평생 그렇게 끔찍한 허리케인을 경험한 사람은 거의 없었다. 가끔 바보같이 구는 론은 마이애미를 떠나는 긴 자동차 대열에 끼기를 거부하고 대신 자신의 하우스보트에 웅크리고 앉았다. 보트의 이름은 이를 구입할 수 있게 해준 거래를 기념해 '패트리어트'라고 지었다. 하지만 그 보트 안에 웅크리고 앉은 것은 치명적인 실수였다.

날아가는 코코넛이 대포알처럼 하우스보트 옆구리를 강타하자, 그의 스위트홈에 엄청난 양의 물이 차기 시작했다. 보트가 가라앉거나 자신이 죽을지도 모른다고 두려워하며 배수 펌프를 미친 듯이 돌리던 론은 오직 두 가지 사실에서 위안을 얻었다.

첫째, 자신이 아끼는 배에 무슨 일이 발생하더라도 보호할 수 있는 탁월한 보험증서를 가지고 있었다. 둘째, 몇 주일 전 그는 허리케인 시즌을 맞아 애트나, 시그나, 가이코, 가장 큰 이익을 안겨줄 컨티넨털을 포함한 몇몇 보험회사의 주식 1만 주 이상을 공매도했다. 이 보험사들은 허리케인 앤드루의 피해 정도와 배상 요구 규모가 밝혀질수록 주가 하락을 보게 될 것이기 때문이다. 컨티넨털의 주가가 가장 빠르게 하락해, 한 달도 되기 전에 30% 이상 추락할 것이다.

다국적기업의 급소

팔레스타인 시위자들이 이스라엘 군인 4명을 붙잡아 그중 2명을 살해했다는 보도를 들었을 때, 모든 미국인과 마찬가지로 론도 충격과 놀라움을 금치 못했다. 그는 격분한 나머지 컴퓨터를 켜고 체크포인트 소프트웨어 주식 5,000주를 공매도했다. 그는 그런 행동이 적어도 두 가지 이유에서 안전하다는 것을 알았다.

첫째, 아랍과 이스라엘 간의 새로운 전쟁 발발과 유가 급등에 대한 두려움으로 시장이 하루나 이틀쯤 폭락할 가능성이 있다. 그래서 체크포인트 주식도 다른 주식 대부분과 더불어 똑같이 하락할 것이다.

둘째, 거시적 거래에 더욱 유리하게도, 론은 체크포인트의 여러 사업체가 이스라엘에 기반을 두고 있다는 사실을 알았다. 분쟁이 확대될 경우, 체크포인트의 많은 기술자와 경영 간부가 의무적으로 이스라엘 군대에 소집된다는 것을 의미했다. 그와 같은 사실이 기업 경영을 더디게 하거나 심지어 마비시킬지도 모르기 때문에, 체크포인트 공매도가 최상의 선택이 될 것이라고 론은 추측했다. 그의 예상은 적중했다. 주식은 하루 만에 10% 이상 하락했다.

멕시코와 씨티은행

1994년 12월 멕시코가 페소를 평가절하한 것은 다른 여러 나라들에는 언짢은 크리스마스 선물이었다. 론은 금융 업종 전체가 그것을 반기지 않을 것임을 알았다. 문제는 멕시코의 평가절하로 인해 라틴 아메리카 주변국인 콜롬비아, 페루에서 칠레, 아르헨티나에 이르기까지 평가절하가 이어질 수 있다는 점이었다. 이들 나라가 글로벌 시장에서 멕시코에 대한 경쟁력을 유지하길 원해서 평가절하를 단행할 가능성이 있었기 때문이다. 그러나 이런 평가절하와 통화 체계의 불안정은 라틴 아메리카에 주요 대출을 보유한 은행의 신용 리스크를 상당히 증가시킬 것이다.

그런 가정에 의거해 론은 즉시 씨티은행과 보스턴은행의 주식 1만 주를 공매도했다. 두 은행은 라틴 아메리카에 막대한 금액을 투자하고 있었기 때문이다. 그 거래로 론은 떼돈을 벌진 못했지만 그래도 며칠 사이에 3만 달러를 벌어들였다.

존경하는 컴퓨터 바이러스 귀하

론은 실제로 '러브 버그love bug'라는 컴퓨터 바이러스를 수신했다. 러브 버그의 근원지인 필리핀 바깥에서 그것에 희생된 첫 번째 사람들 중 하나였다. 그 못된 바이러스가 그의 이메일 시스템 밖으로 빠져나와 컴퓨터 내장 속으로 침투하는 동안에도 론은 브로커에게 전화를 걸어, 안티바이러스 소프트웨어를 선도하는 세 기업인 미국의 시맨텍과 네트워크 어소시에이츠, 일본계 회사인 트렌드 마이크로의 주식을 매입하게 했다. 론에게는 하드 드라이브를 그토록 철저히 파괴할 수 있는 것이라면 존경받아 마땅할 뿐만 아니라 투자할 만한 가치도 충분히 있었다.

러브 버그 바이러스는 정보 고속도로에 치명적인 타격을 가하는 바이러스로 밝혀졌다. 이 바이러스가 전 세계 컴퓨터 시스템과 컴퓨터 회사에 입힌 피해액은 80억 달러가 넘었다. 그로 인해 트렌드 마이크로 주가가 50% 이상 올랐고, 시맨텍과 네트워크 어소시에이츠의 제품 판매도 급증했다.

OPEC 악마가 뜨는 해를 만나다

하버드대학교에서 공부한 에너지 경제학 지식을 이용해 론은 석유 파동에 증시가 어떻게 반응할 것인가에 대해 매우 솔직한 이론을 전개했다. 석유 파동은 적어도 서로 다르고 가끔 상반되는 네 가지 방식으로 시장에 영향을 미친다고 그는 말했다.

첫째, 높은 유가는 달러 가치를 끌어내리고 인플레이션 망령을 불러온다. 그로 인해 금과 다른 귀금속 관련 주식들이 오르는데, 시장이 이들을 인플레이션 헤지로 여기기 때문이다.

둘째, 유가가 오르면 석유에 의존하는 업종인 항공기, 자동차, 엔터테인먼트 등은 비용 증가와 이익 감소 전망으로 주가가 하락하기 쉽다. 동시에 에너지 업종인 시추 장비와 석유 서비스 기업부터 대체 에너지 공급사까지 가격 상승과 유리한 수익 전망으로 주가가 오를 가능성이 있다.

셋째, 유가 상승은 가끔 경기 순환의 팽창 국면이 끝나고 주식시장 순환이 초반 약세 국면으로 접어드는 전조가 되기도 한다. 이는 투자자금을 의료나 제약 같은 안정적인 업종으로 돌리라는 공개적인 권유이기도 하다.

넷째, 석유 파동으로 인한 비상사태가 연준의 행동을 심각하게 변화시킬지도 모른다. 한두 차례의 쇼크로 연준은 금리 인상을 포기할지 모르며, 그런 조처는 증권과 금융처럼 인플레이션에 민감한 업종에는 효과적이다. 그러나 높은 유가가 지속되어 인플레이션 속성률 상승으로 이어지면 연준은 인플레이션 억제 수단으로 재빨리 금리를 인상할 것이고, 이것은 금융 업종 주식들에 나쁜 영향을 미친다.

이런 이론에 입각해 론은 2000년 여름과 가을에 발생한 에너지위기 기간 동안 몇 차례 거시적 거래에 관여했다. 제약주를 매입하고 증권주와 금융주를 공매도해 얼마간의 돈을 버는 동안 가장 재미를 본 거래는 애스트로파워Astropower라는 작은 기업의 주식을 2만 5,000주 매입한 것이었다. 애스트로파워는 규모는 작지만, 미국이 소유한 태양발전 제품의 최대 제조사다. 석유위기가 한창일 때 애스트로파워

주가에 불이 붙었다. 단 2개월 만에 주당 20달러에서 60달러로 뛰었는데, 론이 20달러에 매입해 60달러에 매도했다. 40포인트 상승으로 100만 달러를 벌어들인 멋진 거래였다.

20장

정치로 들어가서
경제로 나와라

벤 그레이엄은 고등학교 2학년 때 〈워싱턴포스트〉지를 배달하기 시작했다. 새벽에 배달을 마치고 나면 〈워싱턴포스트〉를 읽었는데, 배달원 가운데 신문을 읽는 사람은 드물었다. 벤은 아침 식사 시간에 형에게 스포츠 섹션을 주고 여동생에게는 만화를 주었다. 그런 다음 자신이 가장 좋아하는 정치와 경제 분야의 소식을 읽는 데 전념하곤 했다.

오래지 않아 벤은 정치와 경제가 불가피하게 얽혀 있음을 알게 되었다. 실제로 클린턴 대통령이 의료 부문을 국유화하려는 불행한 시도를 하던 기간에 주요 제약사 주식들이 심하게 변동하기 시작할 때, 벤은 처음으로 그 얽힌 지점을 알아차렸다. 그 경험 이후 그는 의회의 새로운 법안이 어떤 식으로 주식이나 산업을 오르내리게 하는지 더욱 광범위하게 알아차리게 되었다. 특히 식품의약국이나 연방거래위원회 같은 규제 기관에서 나온 나쁜 뉴스가 어떤 식으로 주가를 짓누르는지 알게 되었다.

이런 관찰을 통해 벤은 곧 정치적 사건이 시장을 실질적으로 움직인다는 사실을 간파했고, 모든 것이 자신의 대체적인 계획과 맞아떨어진다는 사실을 깨달았다. 계획은 35세 이전에 증시에서 100만 달러를 벌어들이고 그 돈으로 의회에 진출하는 것이었다. 30세 생일에 벤은 이미 목표의 절반을 달성했다. 더 좋은 것은 정치와 경제에 대한 두 가지 열정을 결합해 하나의 거래 형태로 바꾸는 방법을 발견한 것이었다. 벤은 정치적 뉴스의 거시적 영향에만 초점을 맞췄다.

〰〰〰〰〰〰〰

캘리포니아대학교 교수로 재직하는 동안 나는 MBA 학위의 성배만을 찾는 기업 경영자들과 많은 시간을 보냈다. 그들 대다수는 회계, 금융, 마케팅 같은 복잡한 과목들만 정복하면 더 나은 경영자가 될 거라고 생각한다. 물론 옳은 생각이다.

그러나 최상의 경영자는 바로 기업 운영의 환경이 되는 광범위한 정치적, 제도적 환경을 명확하게 이해하는 사람이라는 것도 사실이다. 실제로 내가 학생들에게 가르치는 첫 번째 사항은 "정치로 들어가서 경제로 나오라"이다.

이유는 간단하다. 정부는 보조금, 세금, 규제, 동의 명령 등을 관장한다. 그리고 정부의 활동과 비활동은 경쟁사 10곳보다도 훨씬 더 크고 철저하게 영향을 미칠 수 있다. 그 정도 통찰력을 지녔다면 MBA 졸업생 누구나 더 나은 경영자가 될 수 있을 뿐만 아니라, MBA를 졸업하지 않은 당신도 훨씬 더 나은 트레이더나 투자자가 될 수 있다고 생각한다. 정부라는 거대한 괴물이 움직일 때 주식이나 업종에 일어날 수 있는 좋은 일과 나쁜 일들을 재검토하며 그 방법과 이유를 설명하겠다.

트러스트 해체 주장자와 합병 방해자

어제 연방 관리들이 소프트웨어 대기업을 세 부분으로 쪼개라고 제안한 후 마이크로소프트 주가가 15% 하락했고 그로 인해 나스닥지수가 떨어졌다.
〈워싱턴타임스〉

거시적 안목으로 볼 때 시장을 움직이는 반트러스트 활동에는 적어도 두 종류가 있다. 첫째는 위의 인용문에 나타난 것처럼, 정부가 독점적인 영업을 한다고 생각하는 마이크로소프트 같은 기업을 해체하려는 시도다. 이런 정부의 간섭을 이용해 돈을 벌 수 있는 방법, 예를 들어 선 마이크로시스템즈나 오라클같이 이익을 얻을 수 있는 경쟁사를 매입하는 것은 이미 이야기했지만, 이처럼 트러스트를 해체하는 거시적 거래 기회는 비교적 드문 것이 사실이다.

그러나 반트러스트 활동의 두 번째 형태는 그렇지 않다. 매년 인수합병은 5,000건 이상 발생하고 각각의 거래는 연방정부의 정밀 조사에 달려 있다. 정부가 조사 내용이 마음에 들지 않으면 개입해서 방해할 수 있고, 그것이 주가에 막대한 영향을 끼칠 수도 있다.

그러므로 기업 합병에 관한 뉴스를 심사숙고하는 것은 위험하면서도 수지맞는 일이 될 수 있다. 그 이유를 알기 위해 우리는 인수합병 제안이 적어도 두 가지 중요한 가격 변동에 부딪힌다는 사실을 이해해야 한다. 그 가격 변동은 아래의 두 가지 뉴스에 나타나 있다. 두 뉴스는 몇 개월 간격으로 나왔다.

> 스테이플스가 오피스디포를 인수하기로 동의한 후, 오피스디포는 4³⁷⁄₆₄달러 급등해 20²⁹⁄₆₄달러가 되었다. 스테이플스는 ¾달러 하락해 18¾달러가 되었다.
>
> 〈로스앤젤레스타임스〉

> 연방거래위원회가 오피스디포와 스테이플스의 합병을 막겠다고 발표한 후, 오피스디포는 5½달러 하락해 17⅛달러로 마감했다. 스테이플스는 1⁵⁄₁₆달러 손해를 보아 23¼달러가 되었다.
>
> 〈버펄로 뉴스〉

첫 번째 뉴스에서 볼 수 있듯이 첫 번째 가격 변동은 인수합병 보도가 월스트리트에 도착할 때 일어난다. 인수하는 기업이나 거래의 대형 참가자는 주가가 종종 하락하는 반면, 인수되는 기업의 주가는 발표된 인수 가격이나 거래 가격을 향해 상승한다. 스테이플스가 제안한 오피스디포 인수도 마찬가지다. 가끔 월스트리트가 기업 인수를 멋진 결합으로 보면 두 기업의 주가가 모두 올라간다. 그러나 두 기업의 결합이 실속 없어 보이면 월스트리트가 두 기업을 응징하는 일도 흔하다.

이 경우 그런 가격 변동을 이용하려는 것은 매우 위험할 수 있는데, 첫 번째 가격 변동이 거의 즉시 발생하기 때문이다. 내부인은 언제나 다른 사람들보다 더 나은 정보를 가지고 훨씬 빨리 조치를 취할 수 있다. 따라서 당신이 실행에 옮기려고 할 때에는 이미 늦어서, 잇단 합병 소식으로 지나치게 높아진 가격에 구매하게 된다. 이런 이유로 첫 번째 가격 변동에 매입하는 것은 매우 위험한 부화뇌동이며 보통 피해야 할 일이라고 생각한다.

그러나 두 번째 가격 변동에서는 방법이 훨씬 많고 잠재적인 이익도 훨씬 많다. 이 두 번째 가격 변동이 일어나는 것은 월스트리트 애널리스트들이 제안된 인수합병이 승인될지 의심하기 시작하는 때이며, 불확실성이 커지면서 한쪽 방향이나 다른 방향으로 서서히 움직이기 시작할 때다.

그렇지 않을 경우, 위의 두 번째 뉴스에서 보듯 이 두 번째 가격 변동은 연방거래위원회 같은 규제 기관이 실제로 행동에 나서야만 비로소 충분한 힘을 발휘할 것이다. 따라서 경험 있고 박식한 매크로 투자자는 연방거래위원회의 반트러스트 조정자 입장이 되어 다음과 같은 질문을 던진다. "제안된 거래가 경제에 나쁜 영향을 미치는가? 만일 그렇다면 꼭 해야만 하는가?" 다음은 이 같은 질문에 대해 경제학자들이 즐겨 생각하는 방식이다.

한편에서 보면 합병은 대기업화로 인한 여러 가지 비용 절감과 효율성을 가져올 수 있어서 경제에 유익하다. 예를 들어 웰스파고Wells Fargo가 경쟁사인 퍼스트 인터스테이트 뱅코프First Interstate Bancorp를 인수했을 때, 웰스파고는 무려 300개 지점을 폐쇄함으로써 비용을 절감할 수 있었다. 마찬가지로 최대 슈퍼마켓 체인인 크로거Kroger가 경쟁사인 프레드 메이어Fred Meyer를 인수했을 때 두 기업 모두 막대한 광고비를 절감할 수 있었다. 합병된 기업이 더 큰 고객층을 기반으로 우대권과 특매품을 뿌리면 똑같은 광고를 할 수 있었기 때문이다. 시스코가 피렐리Pirelli나 지오텔Geotel을 인수하면, 시스코는 자사의 전문 기술을 늘리고 광학 신호와 콜센터 루팅 분산 같은 분야에 다다를 수 있다.

다른 면으로 보면 합병은 경쟁에 대한 우려를 낳아 결과적으로 가격이 더욱 높아질 수 있다. 몇몇 대기업만이 살아남아 시장 경쟁을 벌이면 그런 현상이 나타난다. 그런 상황에서 기업 합병은 경쟁사들이 맹렬하게 경쟁하기보다는 가격 담합에 들어갈 가능성을 훨씬 더 높인다. 이는 정부가 개입해서 그런 결합을 단절해야 한다는 명백한 신호이며, 바로 이때 두 번째 가격 변동을 이용할 수 있다.

이 모든 것이 어떻게 이루어졌는지 알기 위해서는 토막 뉴스에서 다룬 스테이플스와 오피스디포의 합병 조건을 살펴봐야 한다. 실제로 첫 번째 뉴스가 가리키듯, 월스트리트는 즉시 그 거래를 반기며 오피스디포의 주가를 급등시켰다. 그것이 첫 번째 가격 변동이었다.

그러나 경험 있고 유능한 매크로 투자자라면 조금만 생각해도 기업 합병이 그 분야에서 거대한 집단을 형성해 반경쟁적인 상황을 만들 것이라는 사실을 알 수 있다. 판단이 여기에 이르렀다면, 매크로 투자자는 오피스디포 주식을 공매도하고 두 번째 가격 변동이 일어날 때까지 기다리고 싶어질 것이다. 신통하게도 연방거래위원회는 정말 그 거래에 제동을 걸었고, 예상한 대로 오피스디포의 주가는 그 뉴스에 폭락했다.

이처럼 기업 합병 뉴스에 대한 거시적 거래의 진짜 매력은 하락 위험을 수반하는 일이 거의 없다는 점이다. 이 경우 기업 합병 뉴스가 나오자마자 오피스디포의 주가가 갑자기 뛰어올랐지만, 연방거래위원회가 합병 내용을 속속들이 조사하는 동안에는 가격이 더 높아질 가능성이 없다는 것이 더욱 중요하다. 그것은 주가가 나아갈 방향은 아래쪽이 유일하다는 의미다.

특허권 보호자

특허권은 경제의 성장과 번영에 가장 큰 추진력이 되는 기술 혁신을 장려하는 것이 목적이다. 이 공식 목적은 특허권 발명자가 개인이든 기업이든 기술이나 공정에 대한 독점적 권리를 일정 기간 부여함으로써 달성된다. 특허권 기간이 길수록 기업이 그 이점을 이용할 시간도 많아지고, 반대로 기간이 짧거나 아예 부결되면 기업은 이점과 이익을 상실한다.

이런 점에서 특허권에 대한 법원 결정이 주가에 중대한 영향을 미칠 수 있는 이유를 즉시 알게 된다. 다음 세 가지 사례가 거시적 거래 가능성의 범위를 설명한다.

> 오늘 블록버스터 항암제인 탁솔에 대한 특허권을 일시적으로 보호할 것처럼 보이는 법적 조치가 취해지자 브리스톨-마이어스 스큅의 주가는 1⅞달러 상승해 52.5달러가 되었다. 더 저렴한 탁솔 복제약 생산을 준비하던 복제약 제조사 아이백스는 13달러 빠져 29⅜달러까지 추락했다.
> 〈워싱턴 포스트〉

> 오늘 오후 미국 항소법원은 일라이 릴리의 블록버스터 항우울제인 프로작의 특허권 보호 기간을 예상보다 일찍 해제하라고 판결했다. 이 판결로 인해 프로작의 복제약 제조가 가능해져 시장 판로를 개척할 수 있게 되었다.

20장. 정치로 들어가서 경제로 나와라

일라이 릴리는 이 판결이 향후 2년 동안 재정에 영향을 미쳐 주당 수익률이 한 자릿수가 될 것으로 내다보고 있다. 릴리의 주가는 32달러 하락해서 76.5달러가 되었다.

CNN

법원이 항우울제 프로작에 대한 일라이 릴리의 특허권 보호를 위협하는 판결을 내리자, 세프라코 주가는 11⅝달러 빠져 94.5달러로 폭락했다. 세프라코와 일라이 릴리는 개량 신약을 개발하고 판매하는 협정을 맺고 있다.

〈뉴욕타임스〉

첫 번째 사례에서 우리는 아주 단순한 매크로 투자 기회가 온 것을 알 수 있다. 승리한 기업은 브리스톨-마이어스 스큅이고 참패한 기업은 아이백스다. 그렇지만 가격 변동이 너무 빨랐기 때문에 이 매크로 투자에서 돈을 벌기는 매우 힘들었을 것이다.

두 번째 사례에서 약간 더 미묘한 매크로 투자 기회를 잡았다. 중요한 특허권을 상실하게 되었다는 뉴스로 일라이 릴리의 주가가 폭락한 것이다. 그러나 머크와 존슨앤드존슨 같은 다른 제약회사들의 주가도 곧바로 동반 하락했다는 사실은 쓰여 있지 않다. 주가가 너무 빠르게 떨어졌고 업틱룰 때문에 일라이 릴리의 주식을 성공적으로 공매도하기란 거의 불가능했겠지만, 유능한 매크로 투자자라면 머크나 존슨앤드존슨을 멋지게 공매도하거나 PPH ETF를 공매도하는 일은 충분히 가능했을 것이다.

마지막 세 번째 사례에서 한 차원 더 높은 영역으로 나아간다. 여기서 비교적 규모가 작은 제약사인 세프라코Sepracor의 주가는 일라이 릴리의 판결 후 10달러 이상 떨어졌다. 그러나 이것을 알아야 한다. 세프라코의 주가 하락은 법원 판결 이틀 뒤에 발생했다는 점이다. 그 이틀은 월스트리트에서는 평생처럼 긴 기간이며, 경험 있고 유능한 매크로 투자자가 이용할 수 있는 커다란 기회다.

특허권 보호에 대한 뉴스에 따라 매크로 투자를 할 경우 필요한, 더 중요한 질문 한 가지를 살펴보자. 언론에 발표되기 전에 그 특허권에 대한 법원의 판결이 유리할지 불리할지 예상할 수 있을까? 예측이 가능하다면 기회를 더 잘 이용할 수 있고, 어떤 경우에는 불리한 특허권 판결로부터 자신의 포트폴리오를 보호할 수 있을 것이다. 실제로 어떤 특허권 판결은 예측이 가능하지만, 그 진술서에는 몇 가지 중요한 조건이 요구된다.

첫째, 특허권 소송에 관한 정보는 찾기가 몹시 힘들고, 보통 SEC가 매년 만드는 서류철 속에 작은 활자로 묻혀 있다. 둘째, 소송에 대한 참고 자료를 찾은 경우에도 기업은 분쟁 결과에 대한 사전 진술을 거의 할 수 없다. 이 때문에 당신은 특허권이라는 늑대가 정말 문밖에 와 있는지 알기가 매우 어렵다.

그래서 나의 결론은 이렇다. 만일 당신이 특허품에 의존한 기업의 주식을 거래하고 있다면, 그 기업에 대한 신문 기사나 애널리스트 보고서 등을 꾸준히 충분하게 연구해야 한다. 만약 그 기업이 무리한 특허권 문제에 직면한다면, 거래를 결정할 때 그 위험을 감안해야만 한다.

부시와 고어가 증시에 일으킨 전율

투자회사들은 부시나 고어의 승리로 이득을 볼 것으로 생각하는 종목들의 목록까지 작성했다. ISI가 작성한 부시의 목록은 제약, 방위산업, 담배, 마이크로소프트, 뮤추얼펀드로 기울어졌다. 고어의 목록은 환경 컨설턴트, 마이크로소프트의 경쟁사들, 패니메이 같은 정부 후원 단체, 보험 약제 관리 기업(PBM)으로 채워졌다.

〈비즈니스위크〉

세금을 부과하고, 보조금을 지급하며, 규제를 부과하거나 철폐하고, 정부 비용을 늘리거나 줄이는 의회와 대통령의 권력은 막강해서, 의회가 회기 중이거나 대통령이 행정명령에 서명할 때 증시는 말 그대로 전율한다. 2000년 대통령과 의회 선거에 이르기까지 월스트리트에서 발생한 여러 무성한 소문을 요약하는 것보다 좋은 실례는 없을 듯하다. 실제로 그런 소문들은 의회와 대통령의 행보를 시장이 미리 내다보며 대처한 방법의 멋진 사례를 제공한다.

이 경우엔 공화당의 조지 W. 부시가 민주당 현직 의원 앨 고어를 패배시킬 가능성이 더욱 커지면서 어떤 업종의 주가가 상승하기 시작했다.

■ 부시 행정부가 소프트웨어 대기업을 상대로 한 반트러스트 소송을 포기할 것이라는 소문으로 마이크로소프트의 주가가 급등했다. 반면 마이크로소프트의 경쟁사인 리눅스와 레드햇의 주가는 떨어졌다.

- 부시-체니 행정부가 더 호전적이며 방위비를 더 많이 지출할 것이라는 소문으로 제너럴 다이내믹스와 노스롭 그루먼 같은 방위산업 기업의 주가가 상승하기 시작했다.
- 필립 모리스와 R.J. 레이놀즈 같은 담배회사들의 주가는 부시 행정부가 다른 대기업 담배회사들에 대해 소송을 제기하거나 이들을 규제하는 일에 그리 적극적이지 않을 것이라는 소문으로 반등했다.
- 석유 사업으로 돈을 벌었던 대통령과 부통령이 석유 산업에 훨씬 우호적일 것이라는 가정으로 석유주가 상승했다.
- 부시 행정부가 메디케어로 구입하는 약품에는 가격 규제를 실시할 가능성이 거의 없다는 소문이 돌자 존슨앤드존슨과 화이자의 주가가 상당한 상승세를 누렸다.

또한 흥미롭게도, 고어가 사실상 승리한 것으로 보였던 선거가 끝나고 선거 결과로 법정 싸움에 들어가서 몹시 혼란스럽던 기간 동안, 이 업종들 각각도 엄청나게 피를 보았다. 결론적으로 말해서 경험 있고 유능한 매크로 투자자는 연방 입법부와 규제 기관들에 대한 정치적 뉴스를 신중하게 주시하는 것이 매우 유익하다.

지방자치단체의 위력

샌디에이고 카운티의 3대 에너지 공급 기업은 캘리포니아 에너지시장에서 엄청난 돈을 벌어들인 것을 반영해 어제 막대한 이윤을 발표했다. 휴스턴에 있는 릴라이언트 에너지의 수익은 3억 1,900만 달러에 달했다. 오클라호마에 위치한 윌리엄스 컴퍼니는 에너지 마케팅과 거래로 인한 이익이 1999년 3분기의 1,030만 달러에서 지난 분기의 1억 4,350만 달러로 껑충 뛰었다. 산호세에 위치한 캘파인 코퍼레이션은 3분기에 대성공을 거두어 한 주를 두 주로 나누는 주식 분할을 어제 발표했다.

〈샌디에이고 유니언 트리뷴〉

연방정부의 규정과 법률만 주가를 올리거나 내릴 수 있는 것이 아니다. 보험률 단속과 불법행위 개선 명령부터 주요 건설 계획에 대한 채권 발행에 이르기까지, 주 의회의 활동도 기업이나 업종에 중요한 영향을 미칠 수 있다. 경험 있고 유능한 매크로 투자자에게 이는 수지 맞는 거래 기회를 제공한다. 이 점을 입증하기 위해서는 전력 산업 규제 철폐 사태 당시 캘리포니아 납세자들을 강타했던 '완벽한 전력 대란'만큼 좋은 사례가 없다. 이 특별한 거시적 거래에서 가장 흥미로운 점은, 이것도 훌륭한 와인과 마찬가지로 숙성되기까지 며칠이나 몇 주가 아니라 몇 년이 걸린다는 사실이다. 내용을 살펴보자.

1996년, 매우 유력한 로비스트 몇 명이 캘리포니아주 의회 의원들과 함께 전력 산업 규제 철폐에 대한 협상을 차단하기 위해 비밀 회의실로 들어갔다. 심각한 결점투성이의 회의 결과로 도매 발전시장이 가격 조작에 취약해졌을 뿐 아니라, 소규모 소비자를 위한 소매시장도 독점 남용과 도산을 면할 수 없었다. 그렇게 변덕스러운 규제에다 캘리포니아 서부 지역의 발전소 부족과 천연가스 가격의 가파른 상승까지 가세해, 완벽한 전력 대란에 필요한 요소를 모두 갖춘 셈이었다.

전력 대란이 최초로 규제를 철폐한 샌디에이고를 강타했을 때 기세가 너무 맹렬해서 지방세가 처음에는 두 배, 다음에는 세 배로 늘어났다. 소규모 기업들이 급등하는 전기 요금 부담으로 문을 닫았고, 노인들이 사회보장 연금을 아끼기 위해 여름철 무더위에 고생하는 동안 모든 전력 생산 기업들의 이익과 주가가 급등했다. 하지만 이런 상황에서 더욱 흥미로운 점은, 캘파인, 릴라이언트, 윌리엄스 같은 기업들이 위기를 성공적으로 이용하는 동안, 규제 철폐 법안을 위해 로비를 벌였던 캘리포니아주의 3대 공익기업이 최악의 곤경에 빠졌다는 사실이다. 이것은 거래의 일부로 발전소 대부분을 빼앗겨 시장 자체의 속임수에 취약해져버렸기 때문이다.

이런 모든 사실을 주의 깊게 살펴본, 경험 있고 유능한 매크로 투자자들은 캘파인과 릴라이언트의 주식을 매입하거나, 서던 캘리포니아 에디슨과 퍼시픽 가스 전기회사 같은 공익기업 주식을 공매도해 떼돈을 벌 수 있었을 것이다.

끝으로 정부가 주식시장에 끼치는 영향을 무시하면 투자한 돈이 위태로워질 뿐만 아니라 돈을 벌 수 있는 좋은 기회마저 상실하게 된다는 사실을 이 장에서 충분히 깨달았기를 바란다.

주식 투자를 즐겨라!

거시적 전망은 당신의 거래 스타일이나 투자 스타일이 무엇이든 더 나은 트레이더나 투자자가 되는 데 도움을 준다. 그것이 바로 이 책의 기본 전제였고 제대로 전달되었기를 바란다.

아울러 내가 이 책을 즐거운 마음으로 쓴 만큼, 당신도 즐겁게 읽었기를 바란다. 거시적 전망을 바탕으로 주식시장을 따라가는 것만큼 재미있는 게임도 사실 없다. 이러한 노력에 대해 생각해보고 글을 쓰는 작업이 무척이나 만족스러웠다.

그런 관점에서 내가 줄 수 있는 마지막 충고 한마디는, 떼돈을 벌려고 애쓰기보다는 그저 거래에 초점을 잘 맞추라는 것이다. 이 충고는 두 단계에서 효과가 있다.

첫 번째는 당신이 이 게임에 빨리 뛰어들려고 해서 판단이 흐려질 가능성이 있는 단계다. 두려움에 사로잡힌 나머지 적당하지 않은 시기를 잡을 것이고, 탐욕으로 인해 결국 파멸하게 될 것이다.

두 번째는 은행 계좌를 채우기 위한 수단으로서가 아니라 숙달된 기술과 기능과 학문으로 거래와 투자에 접근해서, 시장이 지닌 미스터리와 미묘한 차이를 평가하는 안목이 더욱 높아지는 단계다. 그렇게 되면 저절로 더 나은 결과를 얻게 될 것이다.

지금까지 여러분이 내 말에 귀를 기울였으니 이제는 내가 여러분의 말에 귀를 기울이고 싶다. 이 책에 대한 생각뿐만 아니라, 시간이 흘러 이 책으로 도움을 받은 여러 방식에 대한 생각을 듣고 싶다. 내 웹사이트 www.peternavarro.com에 들어오면 언제든 나를 만날 수 있다. 연락을 기다리며….

매크로 투자에 유용한 정보

경험 있고 유식한 매크로 투자자를 위한 책과 신문, 잡지, 주식 선별 서비스, 웹사이트가 많다. 다음은 단지 샘플에 불과하다.

신문

〈배런스(Barron's)〉: 매주 시장에 대한 최상의 전망을 내놓는다. 읽지 않으면 후회한다.

〈파이낸셜타임스(Financial Times)〉: 세계 지향적 포트폴리오를 가진 매크로 투자자라면 누구나 이 세계적 신문을 빼놓고 싶지 않을 것이다.

〈인베스터스 비즈니스 데일리(Investor's Business Daily)〉: 특집 칼럼과 자세한 업종 요약부터 부상하는 주식들과 탄탄한 펀더멘털 분석에 대한 특집 기사에 이르기까지, 매크로 투자의 장인이 되고 싶다면 누구나 읽어야 한다.

〈월스트리트저널(The Wall Street Journal)〉: 그렇게 유용하진 않더라도 읽을 가치가 충분하다. 글이 너무너무 훌륭하기 때문이다.

〈로스앤젤레스타임스(The Los Angeles Times)〉, 〈뉴욕타임스(New York Times)〉, 〈워싱턴포스트(Washington Post)〉: 주거지와 취향에 따라 다르겠지만, 최근의 정치적 사건들을 알기에 적합한 신문들이다.

책

《시장의 마법사들(Market Wizards)》, 《새로운 시장의 마법사들(The New Market Wizards)》: 잭 슈웨거Jack Schwager가 최고 트레이더들과의 인터뷰를 통해 저술한 최고의 트레이딩 철학서. 이 두 권을 읽지 않는다면 매크로 투자를 위한 배를 놓친 것과 다름없다.

《제시 리버모어의 회상(Reminiscences of a Stock Operator)》: 에드윈 L. 르페브르Edwin Lefèvre가 1920년대에 가장 성공한 주식 투기자이자 전설적인 인물인 제시 리버모어의 일대기를 기록한 책이다. 무엇보다도 투자할 때 더 광범위한 거시경제와 시장 추세를 따르는 일의 중요성을, 감탄사가 절로 나올 만큼 잘 표현하고 있다. 비록 이 책의 주인공이 결국은 파산하고 초라한 호텔 방에서 스스로 목숨을 끊은 것을 알게 되겠지만, 그래도 무척 재미있다.

《The Education of a Speculator(투기자 교육)》: 빅터 니더호퍼는 월스트리트에서 가장 뛰어난 트레이딩 경력을 지녔을 뿐만 아니라 투기 거래에서 극적인 승리를 거두었다. 그는 이 스릴 넘치는 회고록에서 독특한 스타일로 모든 것을 밝힌다.

《월가의 전설 세계를 가다(Investment Biker)》: 전설적인 투자자 짐 로저스Jim Rogers가 무척 재미있는 오토바이 세계 일주를 이용해 성공적인 매크로 투자에 대한 유익한 교훈을 들려준다. 이 책은 글로벌 시장을 상대로 매매하는 사람이면 반드시 읽어야 하고, 읽기 시작하는 것만으로도 분명한 이득이 있다.

《윌리엄 오닐의 성장주 투자기술(24 Essential Lessons for Investment Success)》: 윌리엄 오닐William O'Neil이 쓴 이 책은 그가 발행한 〈인베스터스 비즈니스 데일리〉와 함께 거래 전선에서 가장 유익한 도구가 될 것이다.

《데이 트레이더를 위한 성공전략(How to Get Started in Electronic Day Trading)》: 데이비드 나사르David Nassar가 쓴 이 책은 광범위한 독자에게 거래의 기교를 전해줄 베스트셀러다. 거래 초보자나 중간 단계의 사람에게 매우 유익한 책이다.

《A Beginner's Guide to Day Trading Online(초보자를 위한 온라인 데이 트레이딩)》: 토니 터너Toni Turner는 거래 초보자에게 필요한, 명확하고 간결하며 재미있는 이 책을 쓴 것에 대해 갈채를 받아 마땅하다.

《Tools and Tactics for the Master Day Trader(데이 트레이딩 명인의 도구와 전술)》: 올리버 벨레즈Oliver Velez와 그레그 캐프러Greg Capra는 세계에서 가장 성공한 온라인 거래 고문 경력을 가진 수재들로, 데이 트레이딩의 원조 격이다. 그들은 이 책에서 중간 단계와 상급 트레이더를 위해 다양한 성공 비결을 소개하고 있다.

《실전 온라인 데이 트레이딩(Strategies for the Online Day Trader)》: 온라인 거래의 거칠고 어지러운 분야에 대한 멋진 전문서를 찾고 있다면, 페르난도 곤잘레스Fernando Gonzalez와 윌리엄 리William Rhee가 쓴 이 책보다 더 좋은 책은 없다. 이 작가들의 존경할 만한 점은 시장에 대한 거시적 전망의 중요성을 입증하고 있다는 것이고, 이 책의 가장 좋은 점은 투명하고 알기 쉬운 산문으로 목소리가 당당하다는 것이다.

《ChangeWave Investing(체인지웨이브 투자)》: 토빈 스미스Tobin Smith는 기술 투자 분야의 디팩 초프라Deepak Chopra와 같은 인물이다. 만일 당신이 적당한 시기에 적당한 주식을 찾고자 한다면, 그리고 그렇게 해서 돈을 2배로 벌고 싶다면, 이 책으로 시작할 수 있을 것이다.

《Using Economic Indicators to Improve Investment Analysis(투자 분석을 향상시키기 위해 경제 지표 활용하기)》: 거시경제 지표에 대한 에블리너 테이너Evelina Tainer의 대표작을 읽는 동안은 물을 많이 마셔라. 목이 몹시 타게 만들기 때문이다. 그러나 참고 서적으로 전혀 손색이 없으니 갖춰놓으면 유익하다.

잡지

〈액티브 트레이더(Active Trader)〉: 액티브 트레이더에게 가장 유익하고 가치 있는 잡지다.

〈블룸버그 퍼스널 파이낸스(Bloomberg Personal Finance)〉: 세련된 투자자와 트레이더를 위한 최상의 조언을 제공한다.

〈비즈니스위크(Businessweek)〉: 정치와 경제의 렌즈를 통해 걸러낸 비즈니스 분야에 대한 거시적 전망을 다룬다.

〈이코노미스트(The Economist)〉: 미시경제와 거시경제에 대한 월간 클리닉인 이 잡지 자체가 거시적 사고에 대한 연습이다. 미국적 시각에 의한 관습에서 벗어나게 한다.

〈포브스(Forbes)〉: 미국의 맥박인 이 잡지는 미국의 모든 것을 항상 신선하게 관리한다.

〈포천(Fortune)〉: 말 그대로 가치 있는 잡지다.

〈인크(Inc.)〉: 적자를 피하려면 이 잡지를 읽어라.

〈인디비주얼 인베스터(Individual Investor)〉: 굳건한 독립인은 시장을 주시
한다.

〈머니(Money)〉: 유서 깊은 만큼 중요한 잡지다.

〈레드 헤링(Red Herring)〉: 맨해튼 전화번호부만큼 두꺼운 이 잡지는 유익
한 뉴스와 기술 정보가 가득하다.

〈주식과 상품에 대한 기술적 분석(Technical Analysis of Stocks and Commodities)〉:
핵심 전문가를 위한 잡지이므로 구입할 만한 가치가 있다. 당신의
원칙을 점검하는 것도 반드시 기억하라.

〈타임(Time)〉·〈뉴스위크(Newsweek)〉: 대중의 사고와 문화에 뒤지지 않으
려면 이 두 가지 중 하나를 선택하라.

〈워스(Worth)〉: 우리 시대에 중요한 이 잡지는 사실상 그 제목에 부응
한다.

TV

블룸버그 TV(Bloomberg TV): 파이낸셜타임스가 신문을 위해 입수한 내용
을 보도하며, 시장을 참신하고 자세하게 전망한다. 대부분 하루에
몇 시간만 방영하는 것이 단점이다.

불스 앤 베어스(Bulls and Bears): 이 폭스 뉴스 채널의 엔트리는 더 유망한
트레이더와 투자자를 목표로 삼는다. 그리고 아주 잘하고 있다.

CNBC: 위대한 해설자이며 시장 대부분을 커버한다. 별도의 TV 세

트를 구입해서 이 채널에 맞춰라. 거시적 전망이 한결 가까워질 것이다.

CNN 머니라인(Moneyline): 뛰어난 저녁 시장 뉴스다.

월스트리트 위크(Wall Street Week): 오래되었지만 여전히 유익한 채널이다.

전문가, 기타 주식 선별 서비스

주식을 골라주는 서비스와 정보지는 수없이 많다. 그런 것들을 맹목적으로 따르다 보면 조만간 깡통을 차게 될 것이다. 당신이 거시적 안목과 훈련을 유지한다면, 멋진 아이디어를 제공해줄 몇 가지 서비스를 아래에 소개한다. (모든 서비스가 가입비를 부과한다는 사실에 유의하라.)

마켓 에지(Market Edge, www.marketedge.com): 기다란 매입·공매 목록에 대해 순수하게 기술적 분석을 해놓은 사이트다. 이 정보에 따라 행동하려면 자신이 가진 거시적 지식을 모두 쏟아부어야 한다.

프리스틴(Pristine, www.pristine.com): 단순한 웹사이트라기보다 훨씬 더 복합적인 프리스틴은 데이 트레이더와 단기 트레이더, 포지션 트레이더들에게 매일의 시장 흐름을 제공하고 있다.

웹사이트

유능하고 경험 있는 매크로 투자자를 위한 멋진 웹사이트는 많다. 다음은 포괄적인 리스트는 아니지만 시작하는 데 유익한 도움을 줄 것이다.

빅 차츠(Bigcharts, www.bigcharts.com): 당신의 차트를 위해서라면 어디든 들어가라. 이 사이트는 시작하기에 멋진 곳이다.

CBS 마켓 워치(CBS Market Watch, www.marketwatch.com): 급보를 알려주는 멋진 사이트다.

어닝스 위스퍼(Earnings Whispers, www.earningswhispers.com) · **위스퍼 넘버**(Whisper Number, www.whispernumber.com): 결산기에 위스퍼 넘버를 추적하기 좋은 사이트들이다.

모틀리 풀(The Motley Fool, www.fool.com): 목적은 심각하지만 내용은 코믹하다.

레드칩(Redchip, www.redchip.com): 시가총액이 작은 주식들을 탐구할 수 있는 거대한 소스다.

실리콘 인베스터(Silicon Investor, www.siliconinvestor.com): 시장 통찰력을 지닌 칼럼니스트들의 자질이 우수하다.

더스트리트 닷컴(TheStreet.com, www.thestreet.com): 제임스 크레이머(James J. Cramer), 게리 스미스(Gary B. Smith), 애덤 래신스키(Adam Lashinsky) 같은 명사들이 기고한 칼럼과 뉴스, 비평, 도표를 위해 하루 종일 창을 띄워놓아라.

야후 파이낸스(Yahoo Finance, finance.yahoo.com): 풍부하고 진실된 정보다.

잭스(Zacks, www.zacks.com): 수천 가지 주식과 다른 잡다한 일에 대한 전문가들의 충고를 요약해놓았다.

매크로 투자의 기초부터 실전까지 완벽 가이드

A투자자는 운이 좋은 편이다. 금융위기 직후 우연히 알게 된 '리노공업'으로 주식 투자를 시작해 꽤 큰 부를 이뤘기 때문이다. 주위의 많은 이가 비법을 가르쳐달라고 할 때마다 그는 강조한다. "경제 지표 보지 말고 기업만 보세요."

A투자자가 이런 자신감을 가진 것은 2019년 3분기 이후 주가 도약 구간의 경험 때문이다. 그때까지 리노공업은 연평균 13% 성장했는데 2019년 3분기 매출액이 전년 대비 17.4% 증가하자 주가가 위로 솟구쳤다. 그로부터 1년 이상 고성장하면서 부담이 쌓이고 2020년 4분기 성장률이 둔화되자 주가도 지지부진해졌지만, 그는 주주로서 회사를 믿었기에 기다렸다. 2021년 1분기, 비수기임에도 불구하고 역사적 최대 매출액이 전망되고 영업이익률 40% 이상을 달성하는 등 수익성이 개선되자 다시 상승세가 강화되었고, 이제 명실상부한 우량 기업

자료: 이베스트투자증권 리서치센터

이라는 인식이 확고해졌다. A투자자는 여전히 매도할 이유를 찾지 못했고 지금도 리노공업의 주주다.

반면 B투자자는 A투자자와는 다른 방식으로 리노공업에 접근해 큰 부를 얻었다. 과거에 비해 훨씬 접근하기 수월해진 데이터를 활용해 투자를 시작한 것이다. 전에는 인쇄물에 의존하거나 수기로 입력해야 접근 가능했던 경제, 금융, 특정 산업 정보를 이제는 마우스 클릭한 번으로 얻을 수 있다. B투자자가 주목한 데이터는 지역 수출 데이터로, 과거 인천 연수구의 수출 데이터를 보면서 바이오시밀러 기업 투자에 성공했던 경험이 투자를 가능하게 했다.

생각은 단순했다. 새로운 IT 기기(VR, AR 기기 등)들의 R&D 물량이 확대되면서 리노공업이 수혜를 볼 것이라는 아이디어를 도출하고, 이것의 근거를 거시경제(매크로) 데이터에서 추론했다. 리노공업의 수출 비중은 75~76% 수준으로 전사의 실적이 수출에 달려 있고, 부산 지역의 반도체 기업 중 리노공업의 규모가 절대적이라는 점에 주목

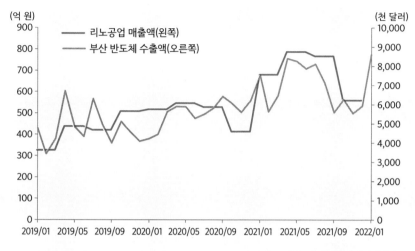

자료: 이베스트투자증권 리서치센터

한 것이다. B투자자는 관세청 수출입무역통계에서 품목별 수출입 실적(품목코드 853690)을 월별로 확인하면서 분기 실적을 가늠해왔고, 이를 근거로 2019년 2분기부터 리노공업에 투자해 여전히 포지션을 유지하고 있다. 매월 15일 정도에 전월 수출 동향을 파악해 리노공업의 수출이 여전히 견조하게 이어지고 있음을 확인하기 때문이다.

A투자자를 바텀업(bottom-up) 투자자, B투자자를 탑다운(top-down) 투자자라고 이른다. 접근 방법은 달랐지만 두 사람의 투자는 성공적이었다. 투자에 '옳고 그름'은 없다. 좋은 수익률을 얻기 위해 가는 길은 다를 수 있다. 국내 증권 투자자는 대개 A투자자를 지향한다. 특히 주린이라 불리는 개인 투자자들이 크게 유입된 시기가 2020년 가을에서 2021년 봄까지였고, 이 시기에 유입된 투자자는 사서 버티면 돈을 번다는 공감대가 형성되어 있다. 주식 투자자에게 거시경제는 소

음일 뿐이라는 조언이 넘쳐나면서, 탑다운 투자 접근은 정파에서 어긋난 사파 취급을 받을 정도였다.

하지만 탑다운 투자의 장점도 매우 많다. 변동성 지표와 서베이 지표를 통해 광기와 시장 심리를 파악했다면 2022년 1분기 급락 장세에서 피해를 줄일 수 있었고, 연준의 정책 변화를 추적해왔다면 섹터 전략에 활용할 수 있었을 것이다. 연준이 돈을 풀 때에는 성장주 비중을 늘리고, 연준이 돈을 회수할 때에는 가치주 비중을 늘리는 방법이 그 사례다.

숲과 나무를 함께 봐야 한다. 주식 투자 경험이 적을 경우 더 그러하다. 특정 종목이나 이슈에만 집중한 나머지 주식시장 전반의 큰 흐름을 놓치는 경우를 종종 목격하곤 한다. 잘 깨지지 않을 좋은 달걀을 고르고(종목 선정) 여러 바구니에 나누어 담는 것(분산 투자)도 중요하지만, 지금이 달걀을 담아야 하는 시점인지, 아니면 바구니를 최대한 비우고 가볍게 들고 가야 하는 시점인지를 파악하는 것도 그에 못지않게 중요하다. 다수의 종목을 다양한 산업에 걸쳐 장기간 투자해본 전문 투자자라면, 기업 실적과 산업 전망뿐 아니라 거시경제와 경기 흐름을 판단할 줄 알아야 투자 성과를 도출하고 성공적으로 리스크 관리를 할 수 있다는 점을 이미 알고 있을 것이다.

이러한 측면에서 이 책《브라질에 비가 내리면 스타벅스 주식을 사라》는 주식시장에 입문하는 투자자에게 큰 지침을 준다. 국내총생산(GDP), 인플레이션, 통화량 등 경제 변수가 주식시장과 어떻게 연계되는지에 대한 거시적 시각을 형성하고, 각종 경제 정책(재정 및 통화 정책)이 작동하는 원리를 이해하고, 금융시장에 미치는 시사점을 파악할 수 있다. 예를 들어 미국 중앙은행(FRB)이 갑자기 기준금리를 올리면 왜 유럽과 아시아의 주식시장이 충격을 받는지, 석유수출국기구(OPEC)가 대규모 감산을 결정하면 중국과 한국의 물가와 에너지 섹터 주가에 어떤 영향을 미치는지 쉽게 이해할 수 있다. 책의 제목 또한 브라질에 비가 내려 커피콩 수확량이 증가하면 커피의 도매 가격이 낮아지고 스타벅스와 같은 커피 소매업자들의 재료비가 낮아져 이익이 늘어날 것이라는 점을 시사한다.

이 책은 꽤 오래전에 출간되었다. 매크로 투자자들 사이에서 널리 알려져 있었지만, 절판된 후 구하기 힘들었다. 서점 판매대에 가득한, 재무제표에 기반한 투자 관련서와 달리 다양한 데이터를 활용한 매크로 투자의 교과서는 그리 많지 않다. 기껏해야 경제 지표 해설 정도가 있을 뿐이다. 저자인 피터 나바로는 미국 트럼프 행정부에서 무역·제조업정책국 국장을 맡아서 대외 경제 정책을 진두지휘했던 분이다. 이 책 말고도 《웅크린 호랑이(Crouching Tiger)》, 《중국이 세상을 지배하는 그날(Death by China)》과 같은 책들을 발간했는데, 제목이 시사하는 것처럼 중국을 세계 경제의 위협 요인으로 보았고 이제 와서 생각해보니 시대를 앞서간 분이었다.

솔직히 거시경제 데이터는 구하기 쉽다. 반면 재무제표를 면밀하게 분석해 투자하는 방법은 공부하더라도 기업 분석 자체가 그리 쉽지 않다. 정보가 넘쳐나는 시대에 적합한 접근법은 오히려 다양한 데이터를 활용한 탑다운 투자다. 효과적이고 직관적이기 때문이다. 하지만 시작이 쉽지 않다. 일단 용어가 낯설고, 적재적소에 필요한 지표가 무엇인지 정리하기가 만만치 않기 때문이다. 이 책의 진가가 여기에 있다. 필요한 지표와 활용법을 기초 단계에서 완벽히 정리했다. 책을 감수하면서, 책을 어떻게 활용하게 하는지를 알리는 게 우선이라고 판단했다.

책은 크게 3부로 나뉜다. 1부에서는 매크로 투자의 의미와 기초를 다루고, 2부는 매크로 투자를 실제로 수행하는 데 기본이 되는 원칙을 소개한다. 마지막으로 3부에서는 실전적인 거시 투자를 실행하는 방법론을 제시한다. 1~3부에 걸쳐 전체 20장의 소주제가 구분되어 있어 독자들이 개별 이슈 및 이벤트와 관련해 핵심이 되는 개념을 단계별로 이해하기 쉽다. 해설 글에서 할 일은 하나였다. 이 책의 내용을 주린이도 쉽게 접근할 수 있도록 요약하는 것이다. 먼저 해설 글을 읽고 20장의 소주제를 상황에 맞춰 읽어나기기 바란다. 책의 처음부터 끝까지 한 번에 읽는 것보다는, 주기적으로 발표되는 경제 지표 기사를 보고 실제 적용 과정을 스스로 깨치는 것이 바람직하다. 투자는 누군가를 믿고 따르는 것이 아니라 스스로 데이터에 기반해 선택하는 과정이다. 그럼 시작해보자.

저자는 1부 서두에서 2000년대 초반 IT 버블의 형성과 붕괴 과정을 설명하면서 저금리와 신기술의 발달, 이후의 인플레이션과 급격한 금리 인상, IT 기업에 대한 정부 규제(마이크로소프트에 대한 반독점 소송 등)를 핵심 배경으로 제시한다. 이렇듯 실업, 인플레이션, 금리와 같은 중요한 거시경제 변수들 간의 상관관계를 파악해 어떠한 경제 구조에도 적용할 수 있는 거시적 파동의 논리를 소개한다. 매크로 투자를 해온 분들도 이 용어가 다소 낯설 것이다. 모든 게 연결되어 있고, 거시적 파동을 파악하면 시장 추세의 방향, 업종들의 동향, 주가의 향방 등을 예측하는 데 활용할 수 있다는 주장이다. 책을 끝까지 읽고 나면 저자가 말하는 거시적 파동이 무엇인지 감이 올 것이다.

특히 공감한 부분이 있다. 주요 거시적 파동과 지표들 가운데 증시의 가장 무서운 적으로 인플레이션을 꼽은 것이다. 인플레이션에는 경제 호황과 함께 부족한 상품을 사기 위한 현금이 넘쳐날 때 발생하는 수요 견인(demand-pull) 인플레이션과, 유가 상승이나 식품 가격 상승처럼 공급 감소 때문에 발생하는 비용 견인(cost-push) 인플레이션이 있다. 최근 주식시장의 주요 화두는 인플레이션이고, 특히 비용 견인 인플레이션은 사람들의 좋은 논쟁거리다. 거시적 파동이 어떤 식으로 진행될지, 과거와는 어떻게 다를지 고민하는 시점이다.

1부의 2장에서는 다양한 의견을 갖고 있는 거시경제 학파들의 이야기가 소개된다. 케인스주의, 통화주의, 공급 측 경제학, 신고전학파 등 학파별 사상의 특징과 시사점을 통해, 어떠한 시기에 어떠한 배경으로 각국 정부나 중앙은행이 경제 금융 정책을 채택하는지 보다 쉽게 이해할 수 있다. 지적으로는 흥미롭지만 실전에 꼭 필요한 내용은 아니다.

1부의 마지막 장인 4장 '연준과 싸우지 말라'는 주식시장에 오래 참가한 투자자라면 매우 익숙한 격언이다. '연준이 재채기하면 유럽은 감기에 걸린다'라는 표현으로 미국 중앙은행 통화정책의 파급력을 이야기하는데, 지금도 제롬 파월 미 연준 의장의 말 한마디가 글로벌 금융시장 참가자들을 움직이고 있다. 금리와 유동성 환경 변화는 주식과 금융자산 투자에 매우 중요한 외부 변수로 작용하며, 글로벌 전체의 유동성 흐름을 좌우하는 미국 연준의 통화정책에 순응하는 투자 방식은 현재까지도 가장 안전한 투자 방식으로 평가받는다. 연준의 역할과 그들의 진화 과정을 이해해야만 사이클의 흐름을 이해할 수 있다.

5장으로 시작하는 2부에서는 매크로 투자의 기본을 다룬다. 1부에서 파악한 매크로 투자의 기초를 바탕으로 실전에서 응용할 수 있는 원리를 설명한다. 6장과 7장에서는 주식시장에 참여할 때 테슬라, 삼성전자, 이마트와 같은 개별 기업뿐 아니라 업종에 대한 이해가 중요하다는 사실을 알려주고 있다. 개인 투자자들은 거시적 경제 금융 환경과 업종의 변화 및 성장 양상보다는 특정 개별 이슈의 기업에 집중해서 투자 판단을 내리는 경우가 흔하다. 개별 기업으로 접근하는 것이 보다 직관적이고 구체적이기 때문인데, 실제로는 해당 기업이 속한 업종과 업황의 변화가 투자 성과에 보다 큰 영향을 미치는 경우가 많다. 앞서 리노공업 사례가 이에 해당한다. 기업 하나하나의 재무제표보다 더 중요한 것은 업종의 흐름이고, 이 책에서는 이를 계속해서 강조한다.

　특히 7장에서 저자는 시장과 개별 업종의 추세를 추적하고 이를 통해 거시적 거래에 효과적으로 참여할 것을 강조한다. 추세에 역행하는 거래를 하지 않는 것이 무엇보다 중요한데, 시장이 상승세일 때에는 강세 업종의 강세 주식을 매입하고, 시장이 하락세일 때에는 약세 업종의 약세 주식을 공매도하는 것이 실천 방안이다. 시장의 추세를 추적하는 지표로 TICK과 TRIN을 소개한다. 이들은 각각 당일 상승·하락 종목의 개수와 거래량을 반영한 지표다. 시장의 추세를 파악한 후 바로 개별 기업에 투자하기보다는 먼저 각 업종의 추세를 파악하는 것이 중요하다.

　8장과 9장은 '매크로 투자의 기본 규칙'을 다지는 내용이다. 우선 8장에서는 자금을 관리하고 보호하는 데 도움이 되는 여러 규칙을 소개한다. 저자가 소개하는 자금 관리 규칙의 핵심은 크게 '효과적

거래, 효과적 주문, 거래 비용 최소화'의 3가지다. 9장에서는 리스크 관리를 위한 12가지 규칙을 소개하고 있다. 리스크 관리는 자금 관리와 아주 밀접한 관계가 있으며, 크게 이벤트 리스크 관리와 거래 리스크 관리, 주식 거래 전후 조사 분석으로 요약할 수 있다. 리스크 관리의 규칙 가운데 '거시경제적 이벤트 일정을 살펴라', '의심스러울 때에는 관망하라', '신용거래를 조심하고 타인의 조언과 최신 정보를 무시하라' 등은 주린이라면 반드시 기억해야 할 조언이다.

10장에서는 주식시장을 거시적으로 바라보는 것이 거래 스타일이나 전략에 상관없이 매우 유용함을 세 가지 포인트로 강조한다. 첫째, 거시적 관점을 통해 증시의 전반적 추세를 더욱 잘 예측할 수 있다. 둘째, 서로 다른 거시경제적 뉴스들이 시장의 여러 업종에 미칠 수 있는 서로 다른 충격을 가려내도록 돕는다. 마지막으로, 거시적 관점은 시장 전체를 더욱 명확하게 바라볼 수 있게 한다. 이어서 저자는 매우 흥미로운 주장을 한다. 데이 트레이더와 기술적 트레이더 몇몇의 사례를 소개하며, 어떤 거래 전략을 취할지라도 거시적 환경을 이해하고 대응해야 함을 강조한 것이다. 증시에 오랜 경험이 있는 이들은 매우 공감할 내용이다.

11장은 실전 투자자들에게 유용한 내용으로, 모든 매크로 투자자가 주식을 거래하기 전에 면밀히 관찰해야 하는 체크리스트를 제시한다. 저자는 매크로 투자자의 목표를 총 세 가지로 설정한다. '주식 시장의 추세를 따를 것', '업종의 추세를 따를 것', '주식시장 내 업종들 간의 관계, 주식과 채권과 통화 시장의 관계를 살필 것'이다. 매크로 투자자의 거래 프로세스는 '주식시장 추세 판단→각 업종 추세 판단 →가능성 있는 거래 대상 선정→황금률에 따른 거래 시행'이다. 황금률은 시장이 상승·안정기일 때 강한 업종의 강한 주식을 매수하고, 시장이 하락·불안정기일 때 약한 업종의 약한 주식을 공매도하는 것을 의미한다.

저자는 이어 두 매크로 투자자의 사례를 비교 제시하며, 자기만의 추세 파악 방식과 종목 스크리닝 방식을 배양할 것을 강조한다. 내용은 길지 않지만 매크로 투자자가 나아가는 방향을 짧게 요약했다. 결국 추세 추종 투자자가 가격 흐름을 쫓아가는 것과 달리, 매크로 투자자는 시장과 업종, 금융시장 데이터의 연결 고리를 파악해 이를 추종한다고 말해준 것이다. 라세 헤제 페데르센이 《효율적으로 비효율적인 시장》의 3분 매크로 투자 전략에서 언급했듯이 이는 결국 전술적 자산 배분(tactical asset allocation) 또는 시장 타이밍(market timing)으로 연결되는 주제이기도 한다.

이 책이 다른 매크로 투자 서적에 비해 탁월한 점은 12장부터 마지막 20장까지 이어지는 3부 '매크로 투자 실전 매뉴얼'에 있다. 실전에서 매크로 투자를 실행하는 방법론을 제시하는데, 첫 장인 12장은 주식시장과 각 업종이 거시경제적 이벤트들에 반응해 움직이는, 체계적이고 예측 가능한 방식을 자세하게 설명한다.

저자는 선행·지행·동시 지표를 구분하는 것과 주가에 영향을 미치는 전망들의 역할을 재검토하는 일, 두 가지의 중요성을 강조한다. 지표의 공표 시점과 주가의 방향성 변동 시점을 기준으로 선행지표, 지행지표, 동시지표의 개념을 설명하고, 그중에서 선행지표가 주식시장에 미치는 충격이 다른 지수들에 비해 훨씬 작다고 설명한다. 이미 발표된 자료들을 기반으로 산출되기 때문이다. 저자의 관점에서 주가를 움직이는 것은 거시경제적 이벤트 자체가 아니라 그 이벤트에 대한 전망이고, 이를 스마트머니(smart money)라고 칭한다. 불특정한 시점에서 주가를 미리 움직이는 스마트머니의 역할로 거시경제적 이벤트가 막상 불거졌을 때 주가가 크게 변동하지 않게 되고, 우리는 언뜻 거시경제적 이벤트가 주가에 영향을 미치지 못한다고 착각하게 될 수 있다는 것이다.

13장은 거시경제와 금리, 주식시장의 연관 관계를 소개하며, 선행지표를 통해 경기 침체를 미리 진단하는 방법론을 다룬다. '알 만한 매크로 투자자'들은 경기 침체를 미리 알기 위해 두 가지 경제 지표를 살핀다. 하나는 자동차·트럭 판매량이고, 또 하나는 주택 착공과 건축 허가다. 여기에 경기 침체의 시작을 암시하는 중요한 신호 두 가지를 덧붙인다. 노동부가 발표하는 실업수당 청구 실적과 고용보고서 지표다.

우선 자동차·트럭 판매 지표는 대표적인 선행지표다. 소비자들은 경제 상황이 나빠질 경우 가장 먼저 자동차나 주택 같은 고가 품목의 구입을 미루거나 취소한다. 그렇기 때문에 자동차·트럭 판매 보고서는 상당한 관심이 필요한 지표다.

주택 보고서 역시 소매 활동과 고용 상황을 암시하는 중요 선행지표다. 이른바 '탄광의 카나리아'로 일컬어지는 주택 관련 지표는 미국 경제 전체 투자 비용의 4분의 1 이상을 차지하는 주택 산업의 주택 착공, 건축 허가, 신규 주택 판매, 기존 주택 판매, 건설비 지출 등을 집계해서 산출한다. 이들 지표는 상대적 관점에서 활용되어 지금이 경기 주기상 팽창 초기인지, 말기인지에 따라 달리 해석될 수 있다.

실업수당 청구 실적은 '생산업계의 경고'라고 할 수 있다. 새로운 사람들이 실업자 대열에 들어섰다는 사실은 생산업계의 모든 업종이 만족스럽지 않음을 일찌감치 경고하는 것이며, 같은 이유로 실업수당 청구는 경기 회복에 앞서 감소하는 경향을 보인다.

　고용보고서는 '월스트리트에서 아무도 건드리려고 하지 않는 큰 문제'로 불린다. 미국 경제에서 소비가 차지하는 비중이 절대적이기 때문에 미국의 고용보고서는 전 세계 금융시장 참가자들이 가장 주의 깊게 관찰하는 지표 중 하나다. 고용보고서에는 실업률, 비농업 일자리 수, 평균 노동 시간, 시간당 평균 임금 등 주요 자료들이 포함되어 있다. 통상 월스트리트의 주요 금융회사들은 고용보고서를 통해 전반적인 거시경제적 경향을 수립하고 이는 주식시장의 추세로 이어진다. 또한 고용보고서가 산출한 실업률은 정치적 다이너마이트로 작용해, 이에 대응하고자 하는 정치권의 재정·통화 정책 수립 시기에 영향을 미친다.

　월스트리트에서는 일반적으로 실업률을 선행지표로 여기지 않지만, 정계와 재계 모두 실업률에 주목하고 대응하려 한다. 미국 연준 또한 물가 안정과 함께 고용 안정을 주요 목표로 설정하고 있다. 고용보고서에 포함된 비농업 일자리 수 데이터는 현재 고용시장 환경을 대표하는 가장 중요한 지표이며, 이 외에도 평균 노동시간과 임금 같은 데이터 역시 중요한 시사점을 제공한다. 이를테면 경기 회복기의 평균 노동시간 증가나 임금 상승은 고용주들의 추가 고용에 대한 신호를 의미해 낙관적 신호로 간주된다.

　14장은 앞선 13장의 논의를 이어 시장과 업종의 순환을 쓰고 있다. 저자는 '상승세에는 강한 업종의 강한 주식을 매수하고, 하락세에서는 약한 업종의 약한 주식을 공매도하라'를 또 한번 강조한다. 쌍둥이 순환과 업종별 순환매에 대한 연구는 세 가지 관찰을 포괄한다. 첫째는 경기 순환과 주식시장 순환이 별도로 존재하고, 이들은 서로 아주 다른 국면으로 구성된다는 것이다. 둘째는 주식시장 순환과 경기 순환이 나란히 움직일 뿐만 아니라, 실제로 주식시장 순환이 경기 순환의 선행지표로서 역할을 한다는 것이다. 마지막으로 주식시장 순환의 서로 다른 지점에서 어느 업종이 가장 강하고 어떤 업종이 가장 약한지를 확실히 이해하고, 업종별 순환매와 효과적인 매크로 투자를 추구하라는 것이다.

그리고 주식시장의 순환 과정을 업종별로 사례를 들어 설명한다. 주식시장 순환은 '초반 강세 - 초중반 강세 - 중후반 강세 - 후반 강세 - 후반 강세 고점 - 초반 약세 - 후반 약세 접근 - 후반 약세'의 9단계로 구성된다. 주식시장 순환을 통해 각 업종 내 주식들의 가격이 변동하고, 이러한 변동을 가능케 하는 것이 바로 '스마트머니'라고 말한다. 경기의 꼭대기인 '후반 강세 고점' 구간에서는 경기 과열과 이로 인한 5차례 이상의 금리 인상이 나타난다. 에너지 가격 상승으로 에너지 관련 주식이 조명받는 가운데 인플레이션 압력이 증가한다.

이윽고 스마트머니는 화장품과 같은 소비 비순환 업종과 의료 업종으로 이동한다. 초반 약세 구간의 신호탄인 것이다. 경기는 침체 국면에 접어들며, 공장은 설비 투자를 멈추고, 소비자들은 사치를 멈춘다. 몇 차례의 추락 뒤에 금리 인하 조치가 이어지며 시장은 후반 약세 국면으로 접어드는데, 이때 자본집약적이고 금리에 민감한 공익사업이 가장 먼저 수혜를 입는다. 그 후로는 자동차와 같은 소비자 순환 업종과 금융 업종이 혜택을 받는다.

실전 투자자에게 14장이 매우 유용하다. 연준의 정책에 따라 주식의 위험 프리미엄이 오르내리고 투자자는 이를 포트폴리오에 적용하면 된다는 교과서적인 접근이다.

스마트머니의 존재 아래 경기 부양책에 따른 경제 회생 신호는 철도와 트럭 같은 육상 운송 업종에서 잇따라 나타나고, 증시는 초반 강세 국면으로 접어든다. 이후 기업들의 투자가 서서히 발생하면서 중반 강세 국면이 나타나고 기술과 자본재 산업에 혜택이 돌아간다. 이러한 중반~후반 강세 국면은 '경제가 모든 면에서 잘 돌아가고 있는', 완전고용이 달성되는 구간이다. 이후 알루미늄, 화학, 제지, 철강에 대한 수요가 절정에 이르고, 스마트머니는 기간산업과 원자재 업종으로 이동한다. 이쯤에서 연준은 다시 물가 상승을 우려하게 되고 금리 인상을 고려한다.

에너지 수요가 폭등해 원유 가격과 에너지 업종의 주가가 정점에 도달한다. 다시금 후반 강세~정점 국면으로 돌아온 것이다. 이와 같이 저자가 설명하는 거시경제와 주식시장 내 각 업종의 순환 과정은 주식 투자자들이 반드시 참고해야 한다.

이어지는 내용은 주요 경기 순환 지표다. 우선 GDP 보고서에 관련한 일반적 인식과 달리 저자는 GDP가 가장 중요한 지표는 아님을 다음 3가지 이유로 설명한다. 첫째로는 분기별로 발표된다는 것이고, 둘째는 자료의 변동 폭이 매우 크고 자주 수정해야 하며, 마지막으로는 GDP 보고서가 나올 때쯤이면 다른 유용한 정보가 너무 많아서 GDP 수치가 이미 어느 정도 예측 가능하다는 것이다. 이러한 이유로 저자는 GDP 대신 소비·투자에 관련한 월별 지표에 집중할 것을 강조한다. 결국 투자의 세계에는 적시성이 중요한데 GDP는 발표 시점이 너무 늦어 이미 금융시장에 실제 GDP의 변화가 반영되어 있다.

우선 소비와 관련해 매크로 투자자로서 4가지 지표를 참고해야 한다. 소비자 신뢰도, 소비자 신용, 개인 소득과 지출, 소매 판매다. 이 중에서 소매 판매 보고서가 가장 중요하고, 그다음으로 소비자 신뢰도가 이어짐을 저자는 강조한다. 소매 판매 보고서는 그달의 소비 유형의 주요 증거를 가장 먼저 제공할 뿐만 아니라, 광범위한 소비자 지출 유형을 시의적절하게 보여주는 지표이기 때문이다.

투자지출은 GDP의 20% 수준에 불과하지만 변동성이 크고 가끔 경기 순환에 극적인 효과를 미치기 때문에 매크로 투자자에게 매우 중요한 지표다. 실제로 투자는 경기 팽창기에는 GDP보다 훨씬 빨리 증가하고, 경기 침체기에는 더욱 가파르게 하락하는 경향이 있다. 투자 지표로는 기업의 재고와 판매, 내구재 주문, 공장 수주, 전국구매관리자협회에서 발표하는 구매관리자 보고서(ISM 지수)가 있다. 이들 중에서는 구매관리자 보고서가 가장 중요하다. ISM 지수는 기업의 구매관리자가 체감하는 경기를 보여주는 지표인데, 발표 시기가 빠르고 역사가 깊어 금융시장 내 중요한 의미를 갖는다. 한국의 거시 투자자들이 가장 자주 인용하는 지표도 ISM 제조업지수다. 세부 항목까지 상세히 보는 투자자도 많다.

예를 들어 코로나 이후 공급망 교란도 ISM 제조업지수의 세부 항목을 보면서 체크할 수 있다. 공급자 배송 속도는 2021년 5월 78.8pt로 고점을 기록한 후 하락세였고, 2022년 1월 64.6pt를 기록해 큰 화두였던 공급망 지연에 의한 병목 현상이 완화되고 있음을 알 수 있다. ISM 제조업지수 중 신규 주문 파트와 한국 수출 증가율을 비교해 보면 큰 틀에서 뱡향성이 비슷하다.

ISM 제조업지수

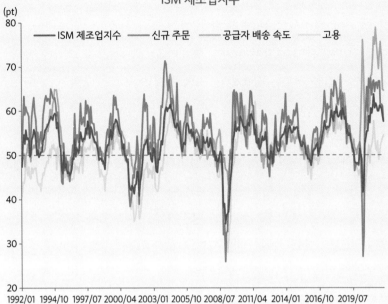

ISM 제조업지수와 한국 수출 증가율

자료: CEIC, 이베스트투자증권 리서치센터

15장은 매크로 투자자로서 인플레이션에 대처하는 방법을 제시한다. 저자는 인플레이션을 수요 견인 인플레이션, 비용 인상 인플레이션, 임금 인플레이션으로 나눈다. 임금 인플레이션은 수요 견인이나 비용 인상 인플레이션의 압력 때문에 생길 수 있으며, 아주 느린 속도로 진행되지만 세 가지 중 가장 위험할 수 있다. 2022년 2월의 가장 큰 고민도 결국 임금 인플레이션의 진행 여부다.

저자는 미국 유명 경제학자들의 이론을 들어, 인플레이션도 어떤 충격이 가해져서 상황이 변화할 때까지 같은 비율을 지속하려는 관성의 비율이 존재한다고 말한다. 어느 시기의 인플레이션 속성률 혹은 관성률은 어떠한 충격으로 상승 또는 하락할 때까지 지속되는 경향이 있다는 것이다. 그리고 이러한 인플레이션 속성률을 움직이는 충격은 곧 수요 견인 인플레이션 또는 비용 인상 인플레이션으로 설명된다.

임금 인플레이션은 경기 회복 후반 국면에서 주로 수요 과잉 압력의 결과로 나타난다. 이러한 경기 회복 단계에서 특히 노동조합의 교섭력이 최고로 높아지고, 노동협상에 따라 큰 폭의 임금 인상이 이루어지며, 다른 산업들이 차례로 영향을 받게 된다. 때때로 임금 인플레이션은 비용 인상 압력에 따라 일어나기도 하는데, 1970년대와 같이 극심한 스태그플레이션 시기의 비용 인상 인플레이션은 곧 생계비 연동 조항 등을 불러왔고 이에 따른 임금 인플레이션을 촉발했다.

임금 인플레이션 신호는 연준의 가장 강력한 대응과 주식시장의 극심한 반응에 부딪힐 수 있다. 연준과 월스트리트 모두 인플레이션 순환이 많이 경과된 단계에서 임금 인플레이션이 나타난다는 것을 알고, 임금 인플레이션을 치유하는 데 초강력 처방이 필요하며, 수요 견인 인플레이션보다 더 긴 치료 기간이 필요하다는 것 역시 인지하기 때문이다.

다음은 인플레이션 지수에 관한 내용이다. CPI(Consumer Price Index)로 불리는 소비자물가지수는 가장 중요한 인플레이션 지표다. 소비자물가지수의 쇼크는 주식과 채권 시장에 큰 충격을 가져온다. 이에 반해 생산자물가지수는 월스트리트에서 흔히 소비자물가지수에 비해 낮은 평가를 받는다. 그러나 매크로 투자자에게는 생산자물가지수가 여러모로 훨씬 중요한 지표가 될 수 있다. 생산자물가지수 변화가 장기적인 소비자물가지수의 변화를 낳을 수 있기 때문이다. 다시 말해 생산자물가지수는 소비자물가지수보다 더 일찍 인플레이션 조짐을 보여주는 지표다.

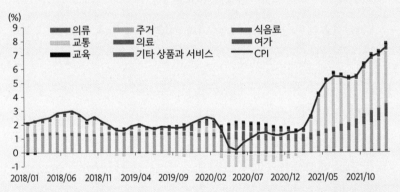

CPI 항목별 기여도

자료: CEIC, 이베스트투자증권 리서치센터

2022년 미국 CPI를 보자. 항목별 기여도를 보면 앞서 언급했듯 교통과 주거 부문이 물가 상승에 크게 기여하고 있다. 특히 1월 CPI의 연간 상승률이 7.5%를 기록했는데 그중 교통 부문이 물가 상승률의

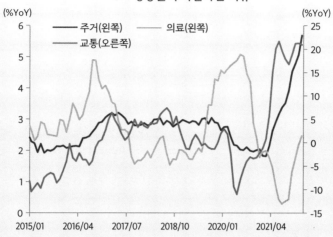

CPI 상승률이 가팔라진 이유

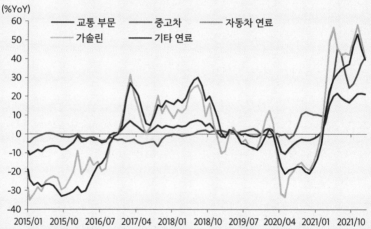

교통: 국제 유가와 중고차·신차 가격 상승

자료: CEIC, 이베스트투자증권 리서치센터

절반가량을 설명한다. 결국 물가 상승률의 방향은 교통 부문 가격 상
승률이 언제, 얼마나 빠른 속도로 변하는지에 따라 결정될 것으로 예
상할 수 있다.

그림에서 확인되듯이 교통 부문 상승률은 거의 20% 수준이고 교통 부문에 포함되는 중고차, 자동차 연료 등의 상승률도 40% 수준이다. 너무나 당연한 이야기일 수 있지만 국제 유가가 현재 수준에서 횡보하거나 소폭 하락하기만 해도 연료 상승률은 점차 하락할 것이며, 코로나로 인한 병목 현상이 해소되어 차질 없는 생산이 가능해진다면 중고차 등 병목 현상 관련한 특정 카테고리의 가격 상승률도 완화될 것으로 예상할 수 있다. 결국 매크로 투자자라면 이러한 데이터에 기반해 인플레이션 지속 여부를 추론하고 이를 포트폴리오에 반영할 수 있다.

GDP 디플레이터는 가장 광범위한 인플레이션 지표지만 분기별로 발표된다는 한계가 있어 지행지표로 간주되곤 한다. 추가적으로 임금 인플레이션의 존재를 밝힐 수 있는 결정적인 경제 지표는 고용비용지수와 시간당 평균 임금이다. 매크로 투자자는 이 두 가지 지표를 면밀히 살피면서 미리 조심해야 한다.

저자는 이어서 인플레이션 뉴스에 대한 주식, 채권, 통화 시장의 반응을 논한다. 우선 주식시장은 어떤 인플레이션에도 부정적으로 반응한다. 채권시장은 조금 더 복잡한데, 연준의 금리 인상에 따라 채권 가격에 금리 효과와 지분 효과가 상충되어 일어나기 때문이다. 마지막으로 통화시장에서는 연준의 금리 인상 기대가 단기적인 달러 가치 부양을 가져올 수 있다. 미국의 더 높은 금리가 외국 투자자들을 미국 채권시장으로 조금 더 유인할 것이기 때문이다. 달러 수요가 증대되고, 이에 따라 달러화 절상 압력이 상승하는 메커니즘이다.

15장에 이어 16장은 생산성에 관한 이야기다. 생산성 상승은 인플레이션에 훌륭한 해독제로 작용한다. 생산성을 높이면 인플레이션에 대한 두려움 없이 GDP를 훨씬 더 빠른 비율로 증가시킬 수 있다. 또한 생산성 증대는 노동자가 인플레이션을 반영한 실질임금의 향상을 누릴 수 있는 유일한 방법이다. 미국 경제 성장의 기초를 이루는 가장 중요한 추진력 중 하나로서 자본 투자, 더 좋은 교육, 개선된 경영, 기술 변화 등의 장기적 요인에 의해 추진될 뿐만 아니라, 경기 순환의 단기적 움직임에 강한 영향을 받는다.

똑똑한 매크로 투자자들은 반드시 이를 관찰해야 한다. 경제가 경기 순환의 어느 지점에 있는가에 따라 생산성 성장률의 등락에 연준이 매우 다르게 반응할 것이기 때문이다. 예를 들어 불황기에는 생산성이 하락한다. 경제가 주춤거리기 시작하면 기업들이 노동자들을 해고하는 속도보다 더 빠르게 생산성을 줄이기 때문이다. 이는 기업들의 고정비 부담을 높이는 결과로 이어지고 단위노동비용 상승을 가져와 시장에 충격을 줄 수 있다.

15장에서 인플레이션을, 16장에서 생산성을 논한 다음 17장은 이렇게 구축된 재정흑자와 잉여금을 갉아먹을 수 있는 재정적자를 말한다. 우선 재정적자 문제의 범위와 국가 채무 측정의 적정 기준을 이야기하고, 이에 관련해 국가의 부채와 GDP 규모를 비교하는 방법론을 제시한다.

다음으로 구조적 재정적자와 순환적 재정적자의 차이를 논한다. 구조적 재정적자는 경제가 완전고용 상태일 때에도 존재하는 예산 부족분이다. 현존하는 세금과 지출 프로그램의 구조 때문이며 예산의 구조적 부분을 조정(재정정책)함으로써 즉각 개선할 수 있다. 반대로 순환적 혹은 수동적 재정적자는 불경기에 영향을 미칠 수 있는 실제 예산 부족분이다. 이는 부분적으로 정부의 '자동 안정 장치'에 때문에 생긴 결과인데, 자동 안정 장치란 실업수당이나 식권, 각종 복지수당 등과 같이 경기 침체 기간에 늘어나는 정부 이전 지출을 말한다. 그러나 순환적 재정적자는 경기 순환의 하향 부분에서처럼 경제 자원들을 충분히 이용하지 못할 때 일어나는 세입 부족에서 생기는 결과다. 순환적 재정적자와 구조적 재정적자를 구별해야 하는 중요한 이유는, 연준과 의회가 정부 재량의 재정정책이 빚은 예산의 장기적 변화와 경기 순환이 부른 단기적 변화를 구분하는 데 도움을 준다는 점이다.

세 번째로 저자는 정부가 어떤 수단으로 재정적자를 메우거나 잉여금을 배분해야 하는지, 그리고 이러한 수단들이 주식, 채권, 통화 시장에 어떤 영향을 미치는지를 이야기한다. 재정적자를 메우는 방식은 크게 세금 인상과 채권 매도, 화폐 발행으로 나뉜다. 세계의 정치가들은 세금 인상을 지양하기 때문에 채권을 팔거나 화폐를 발행하는 방식을 가장 선호하는데, 이 두 방법 모두 주식과 채권 시장에 지대한 영향을 끼친다.

재정흑자일 경우 잉여금 배분이 주요 쟁점이 된다. 잉여금을 처리하는 방식은 감세, 지출 증대, 정부 부채의 세 가지로 볼 수 있다. 우선 감세는 경기를 팽창시키는데, 이때 이미 완전고용이 이루어져 있다면 인플레이션이 촉발될 수 있다. 정부 지출의 향상은 감세와 똑같은 결과를 낳아, 경기가 이미 활성화된 상태라면 인플레이션을 불러온다. 마지막은 국채를 매입하는 것이다. 가장 보수적인 방법처럼 보이지만 때때로 역효과를 낳기도 한다. 이를테면 2000년 연준 의장이던 앨런 그린스펀이 경기 냉각을 위해 이자율을 올렸을 당시, 미 정부는 예산 잉여금으로 국채를 사들였고, 그 결과 이자율을 다시 떨어뜨리고 말았다.

18장에서는 무역수지를 설명하면서 매크로 투자자는 세 가지 일을 수행해야 함을 강조한다. 첫째, 기본적인 국제수지 회계라는 맥락에서 무역적자 문제의 범위를 검토해야 한다. 경상계정과 자본계정의 차이와, 이 두 계정이 균형을 이뤄야 하는 이유를 반드시 알아내야 한다. 다음으로는 환율의 정의와 각 통화의 가치가 상대적으로 움직이는 이유를 이해해야 한다. 저자에 따르면 환율은 각국의 경제 성장률이 다르고, 상대적 금리 변화가 다르며, 인플레이션이 다르기 때문에 발생한다. 셋째, 미 상무부가 매월 발표하는 무역 보고서를 살펴보아야 한다. 여기에서 무역적자 변동이 수출에 기인하는지 수입에 기인하는지를 판별할 수 있어야 한다.

지진, 가뭄, 전염병 등의 사회적 대변동은 사람들을 혼란스럽게 만든다. 그러나 이는 곧 절호의 기회다. 19장에서 저자는 이러한 위험들이 본래 지닌 기회를 파악하려면 매우 특별한 거시적 사고가 필요하며, 그것은 철저한 연구에 기반한 선견지명이어야 한다고 말한다. 이어서 대만 지진과 후세인의 쿠웨이트 침공, 허리케인의 플로리다 상륙, 팔레스타인-이스라엘 갈등 등의 사례를 소개하며 이례적인 거시 이벤트에서 기회를 찾았음을 강조한다. 지나고 보면 2020년 코로나 이후 투자도 이러한 사회적 대변동이 준 절호의 기회였다.

마지막 20장은 '정치로 들어가서 경제로 나와라'라는 제목 아래 정치적 뉴스의 거시적 영향을 분석하라는 내용을 담고 있다. 저자는 정부가 보조금, 세금, 규제, 동의 명령 등을 관장하고 정부의 활동에 경쟁사들이 막대한 영향을 받을 수 있음을 항상 검토하라고 역설한다. 기업 인수 합병과 관련한 반독점법 이슈, 특허권 소송에 관련한 미 법원의 결정 등이 그것이다. 정치는 증시와 밀접한 연관이 있다. 특히 규제와 관련된 부분은 더더욱 그러하다.

이상으로 책의 전반적인 내용을 장별로 점검해보았다. 요약 부분만 봐도 느껴지겠지만, 이 책의 가장 큰 묘미는 일견 추상적이고 광범위하게 느껴지는 거시적 경제 현상의 속성을 직접적이고 구체적인 투자 아이디어로 연결한다는 점이다. 매크로 투자의 8가지 원칙, 리스크 관리의 12가지 수칙, 성공적 투자를 위한 거시경제 체크리스트 등 세부적인 투자 가이드라인 설정을 통해 주식 투자의 손실을 최소화하고 수익을 극대화하는 데 도움이 되는 방안들을 제시한다. '투자는 하되, 도박은 하지 말라', '추세에 역행하지 말라'와 같은 원칙들은 주식 투자를 처음 접하는 사람이라면 반드시 기억해야 할 문구다.

이 책을 가장 잘 활용하는 방법은 1~2부를 통해 매크로 투자의 원칙과 이론을 이해하고, 3부에 소개된 구체적인 방법론들을 실전 투자에 활용해보는 것이다. 3부에 소개된 구체적인 투자 기법들은 비단 초보 투자자들뿐 아니라 오랜 시간 주식시장에 참여한 전문 투자자와 기관투자가들 역시 반드시 참고할 필요가 있는 핵심 아이디어라고 생각한다. 특히 고용, 소비, 생산, 주택 등 다양한 경제 지표들을 해석하고 활용하는 방법이 자세히 소개되어 있는데 이는 거시경제 분석의 기초 나침반 역할을 한다. 경제 지표로 경기 여건을 판단하고 경기 순환에 맞게 업종별로 투자를 실행하는 것이 무엇보다 중요하기 때문이다.

다음 단계로는 업종별 투자 전략을 세우는 것이 필요한데, 가령 통상적으로 경기 회복 초기에는 기술과 자본재의 비중을 높이고 경기가 정점을 지나면 소비재와 공익사업 업종 위주로 투자하는 것이 유리하다는 결론을 내릴 수 있다. 다만 여기서 중요한 부분은 저자가 '쌍둥이 순환'이라 강조하는 것처럼 경기 순환과 주식시장 순환이 선후행성을 갖고 움직인다는 점이다. 경기 국면별로 적절한 업종별 순환매 전략을 수립해 안정적이고 지속 가능한 투자 수익률을 확보할 필요가 있다.

2008년 금융위기 이후 글로벌 경제가 저성장 시대에 접어들면서 일반 투자자들 사이에서 거시경제 분석이나 경기 사이클 판단에 대한 무용론이 확산하는 경향이 있다. 경제 성장률이나 금리, 통화량 등 거시 변수는 지루하고 딱딱하게 느껴지고, 당장 매일 변하는 주가 성과와는 무관하다는 인식 때문이다. 대신 특정 종목의 이슈나 테마에 의존해 단기 수익률을 추종하는 주식 투자 기법에 대해서는 관심도가 계속 높아지고 있다.

하지만 이는 앞서 서술한 대로 숲을 보지 않고 나무만 보고 산을 오르는 것과 같다. 낚시에 비유하면 바닷물의 온도와 방향이 변화하면서 어종 구성이 바뀌고 있는데 잘못된 낚시 도구를 갖고 배를 타고 바다로 나가는 것이다.

특히 최근 몇 년 동안은 주식 투자에서 매크로 투자의 중요도가 크게 부각되었다고 볼 수 있다. 코로나19로 인한 급격한 경기 충격과 뒤이은 각국 정부와 중앙은행의 유례없이 확장적인 경제 금융 정책은 주식을 비롯한 자산 가격이 급격하게 상승하는 배경으로 작용했다. 하지만 글로벌 경기가 정상 궤도에 재진입하고 과도하게 풀린 유동성이 물가 상승(인플레이션) 우려를 자극하면서 미 연준을 비롯한 주요국 중앙은행은 긴축 정책으로의 빠른 선회를 계획하고 있다. 이때문에 글로벌 금융시장의 변동성이 확대되고 달러 강세와 신흥국의 자금 유출이 심화하면서 국내 주식시장도 어려운 환경에 직면한 상태다.

결과론적 해석일 수는 있으나 경제 지표의 해석을 통한 경기 국면 판단, 통화정책 효과에 대한 과거의 경험과 금융시장 패턴, 경기 하강과 회복 국면에서 투자에 유리한 업종 선택 등, 이 책에서 제시하는 매크로 투자 방법론을 잘 활용한 투자자라면 코로나19 직후 우수한 투자 성과를 기록했을 가능성이 높다. 또한 최근 불거진 금융시장 불안 여건 속에서도 과거 인플레이션 시기를 참고해 적절한 투자 전략을 수립했다면 성공적인 리스크 관리 조치를 병행했을 것이다.

코로나19 이후 동학개미운동으로 대표되는 개인 투자자들의 적극적 주식시장 참여와 투자 저변 확대는 투자 노하우와 자금 동원 능력이 과거보다 크게 향상된 것을 의미한다. 투자 문화에서도 단기적인 이슈나 테마 위주로 쏠림 현상이 나타났던 것과 비교해 자산 배분, 포트폴리오 전략 관점에서 중장기적 투자 성과를 추구하는 형태로 변모하고 있다.

2020년의 주식 투자 기회를 놓쳤거나 최근의 리스크 관리에 어려움을 겪고 있는 투자자라 해도 아직 실망할 이유는 없다. 경기 순환과 마찬가지로 주식시장은 주기를 두고 순환하며, 매크로 투자 원칙에 기준을 두고 현재의 시장 상황을 지속 점검하고 대응한다면 좋은 투자 기회는 언제나 등장하기 때문이다.

《브라질에 비가 내리면 스타벅스 주식을 사라》는 주식시장에 참여해서 금융 자산에 투자하는 이들이 숲을 보고 나무를 가꿀 수 있도록 좋은 지침서가 되어줄 것이다.

윤지호
LS증권 리테일사업부 대표

브라질에 비가 내리면 스타벅스 주식을 사라

초판 1쇄 | 2022년 4월 25일
    17쇄 | 2024년 9월 25일

지은이 | 피터 나바로
옮긴이 | 이창식
감수 | 윤지호

펴낸곳 | 에프엔미디어
펴낸이 | 김기호
편집 | 양은희
기획관리 | 문성조
디자인 | 표지·유어텍스트, 본문·채홍디자인

신고 | 2016년 1월 26일 제2018-000082호
주소 | 서울시 용산구 한강대로 295, 503호
전화 | 02-322-9792
팩스 | 0303-3445-3030
이메일 | fnmedia@fnmedia.co.kr
홈페이지 | http://www.fnmedia.co.kr
ISBN | 979-11-88754-58-8 (03320)
값 | 18,000원